한 권으로 끝내는 중국 역사 〈이름 속에 숨겨진 중국 역사의 비밀〉

중국과 중국인의 혼(魂) 찾기,
쉽게 풀어쓰는 중국이야기

중국과 중국인의 혼(魂) 찾기

쉽게
풀어쓰는
중국이야기

이우각 저

생각과 사람들

CONTENTS / 차례

머리말

우선 복잡한 중국 역사를 주요 줄거리로 단순화시켜 누구나 이해하기 쉽게 했다. 단편적인 이해로 끝나지 않고 중국의 웅대(雄大)한 역사를 총체적으로 정리할 수 있게 했다. 어느 정도 현대사에 비중을 두어 자칫 과거에만 주목하기 쉬운 역사 공부를 지양했다. 가장 역동적이고 핵심적인 역사적 변화들은 주로 현대사 속에서 일어나기 때문이다.

또한 중요 인물들의 이름과 자(字)와 아호(雅號)를 뜻으로 풀어 새로운 각도에서 역사를 음미하게 했다. 특히 한자(漢字)는 제각각 그 나름의 의미를 지니고 있기 때문에 뜻을 살피면 살필수록 신비로운 암시와 운명적인 필연을 깨달을 수 있다. 그것은 사람의 의지가 들어간 이름이고 또 사람의 삶으로 대표되는 자(字)와 아호이기 때문이다.

먼저 중국의 혼(魂)을 찾고자 했다. 역사 속에 도도히 흐르는 중국의 혼을 찾아야만 비로소 중국과 중국인을 더 잘 이해할 수 있다고 확신했다. 그래서 역사를 창업(創業)과 수성(守城)으로 나누어 분석해 보았다. 당태종(唐太宗) 이세민(李世民)의 모범적인 치세를 담아 놓은 〈정관정요(貞觀政要)〉가 널리 보급된 이후 사람들은 정치의 요체(要諦), 국가 운영의 원칙이 바로 창업과 수성이라고 이해하게 되었다. 창업은 천하 통일을 이룬 영웅호걸들에 관한 것이고, 수성은 완성한 천하 통일을 유지하고 발전시킨 현군(賢君)과 명군(名君)들에 관한 것이다.

하지만 그 어떤 제왕(帝王)도 현신(賢臣)과 명신(名臣)들의 헌신적인 도움 없이 창업과 수성을 이룩한 경우는 찾아볼 수 없다. 그래서 창업과 수성을 현군과 현신 그리고 명군과 명신이 함께 이룩한 공동(共同)의 금자탑(金字塔)으로 서술했다.

그러나 창업과 수성을 중심으로 역사를 이해하다 보면 매우 중요한 핵심을 놓치기 쉽다. 즉, 권력의 이동과 유지에만 주목하다 보면 자연스레 상층부를 중심으로 역사의 한 단면만을 보기 쉽다는 것이다. 그래서 '기록과 창작'에 초점을 맞춘 역사적 이해 방법을 새롭게 생각해 냈다.

기록의 역사를 통해 역사를 기록한 사람들의 눈길을 따라가고 싶었다. 그들이 찾고자 한 역사의 핵심과 역사의 혼을 함께 찾고 싶었다. 흩어진 역사의 조각들을 한데 모아 완전한 실체, 완전한 형상으로 재창조해 놓은 그 신비로운 손길을 따라가고 싶었다. 그리고 창작의 역사를 낱낱이 살펴보며 역사의 수레바퀴를 돌리는 숨은 주인공들을 찾아내고 싶었다. 민중으로 불리는 그 이름 없는 주인공들을 역사의 무대 위로 다시 불러내 창작의 혼을 만나고 싶었다. 그 창작의 손을 따라가다 보면 중국의 혼과 중국인의 혼을 찾아낼 수 있을 것 같았다.

결국 중국의 혼, 중국인의 혼은 '통합과 개방'이었다. 통합은 내부적인 지향이고, 개방은 외부를 향한 지향이었다. 중원 대륙을 하나의 국토로 바라보면 통합이 가장 큰 과업이고 목표일 수밖에 없었다. 그리고 통합을 이루고 나면 당연히 눈을 외부로 돌릴 수밖에 없었다. 통합과 개방은 불변과 불멸의 혼(魂)이기 때문에 일시적인 수단일 수 없었다. 반드시 체질화하고 내면화해야 했다. 그래서 만리장성을 쌓고 한자 문명권을 넓혀 갔던 것이다. 만리장성은 폐쇄와 단절의 산물이 아니다. 만리장성은 통합과 개방의 산물이다. 통합의 의지와 개방의 의지가 하나로 모인 곳이 바로 만리장성이다. 그곳은 혼의 산물이고 또 혼이 모인 곳이기 때문에 그것을 실체화·형체화를 통해 만천하에 드러내야 했던 것이다. 그래서 기나긴 장성으로 그 모습을 드러내게 된 것뿐이다. 우리의 혼이 육신을 통해 존재하고 활동하는 것처럼 중국의 혼과 중국인의 혼은 만리장성과 한자 문명권을 통해 존재하고 활동하는 것이다.

창업과 수성을 중심으로 살펴본 중국 역사는 만리장성에 기반을 두고 있다. 또 기록과 창작을 중심으로 살펴본 중국 역사는 한자 문명권과 그 맥락을 같이한다. 필자는 창업과 수성, 기록과 창작을 통해 중국의 혼과 중국인의 혼인 '통합과 개방'을 일목요연하게 확인했다. 그래서 한자 문명권에 속한 모든 독자를 위해 이 책을 썼다. 한자 문명권이라는 거대한 우산 아래 모여 사는 모든 사람에게 중국의 혼과 중국인의 혼을 똑똑히 보여 주고 싶었다. 중국인들이 수천 년 동안 찾아낸 '통합과 개방의 정신'은 21세기 시대정신을 찾아가는 우리들을 위한 믿음직한 안내자가 될 것이다.

2014년 늦가을의 어느 날

국제정치학 박사/전문 저술가 이 우 각

CHAPTER 1.

중국 현대화(現代化)의 주인공들

오늘의 중국을 일으켜 세운 사람들이 있다. 역사는 곧 민중의 것이라고 하지만 민중은 결코 스스로 일어설 수 없다. 지도층이 있어야 한다. 또 지도자 그룹이 있어야 한다. 그리고 무엇보다도 그 지도층이나 지도자 그룹을 하나로 묶을 수 있는 걸출한 대표 지도자가 있어야 한다.

21세기 중국은 20세기 중국을 발판으로 일어섰다. 그 20세기 중국을 이끈 인물들 중 가장 대표적인 이가 바로 모택동이다. 모택동을 기억하자면 최소한 다음의 몇 가지를 먼저 생각하게 된다. 첫째, 하나의 사상과 이념으로 통일시켰다. 둘째, 중국 역사상 가장 넓은 땅덩어리와 가장 많은 인구를 하나로 통일시켰다. 셋째, 동서 냉전의 소용돌이 속에서도 제3세력을 대표하는 독특한 위상을 확립했다. 넷째, 무엇보다도 발로 뛰던 용을 날개 달린 용으로 다시 태어나게 했다. 다섯째, 서구 일변도의 현대 문명 속에 동양의 위상을 우뚝 세워 인류의 문명사와 문화사에 두 개의 중심을 만들어 놓았다.

모택동(毛澤東 : 1893. 12. 26~1976. 9. 9)의 자(字)는 윤지(潤之)다. 호남성(湖南省) 상담현(湘潭縣)의 소산(韶山)이 고향이다. 농사일을 돕다가 8세에 초등학교에 입학했다. 〈논어〉와 〈사서〉 등을 읽으며 어린 시절을 보냈다.

아버지의 반대로 상급 학교 진학을 포기한 채 농사일을 돕다가 16세가 되어서야 비로소 동산고등소학에 입학했다. 그 뒤 장사의 상향중학으로 옮겼다. 이 시절 〈민립보(民立報)〉를 열심히 읽으며 반청 혁명 사상에 물들기 시작했다. 신해혁명(1911. 10)이 일어나자 잠시 혁명군에 들어갔다가 이듬해 제대했다. 그 뒤 제1중학을 거쳐 제1사범학교에 입학했다. 영국 유학에서 돌아온 교사 양창제(楊昌濟)로부터 많은 영향을 받아 중국의 봉건적 굴레를 비판하게 된다. 재학 시

[그림 1] 중국을 하나의 사상과 이념으로 통일시킨 모택동

절인 1917년, 신민학회(新民學會)를 조직하여 호남성 지식인들의 혁명적 에너지를 하나로 묶는 역할을 했다.

이듬해 학교를 졸업하자 북경으로 옮겨 호남 청년들의 해외 유학을 도왔다. 양창제의 소개로 북경대학 도서관 주임인 이대소(李大釗)의 조교로 일하며 철학회와 신문학연구회 활동에 관여했다. 양창제로부터 유물론과 윤리학 강의를 들었다. 이 시절 무정부주의에 관한 책과 마르크스주의에 관한 책을 많이 읽었다. 5·4운동(1919) 이후 호남학생연합회를 설립하고 〈상강평론〉을 펴내기도 했다. 이 시절 그는 러시아혁명에 관한 책을 많이 읽었다.

1920년에는 상해에서 진독수(陳獨秀)를 만난 후 장사로 돌아와 1924년까지 장사 제1사범학교 부속 소학교에서 교장 겸 사범부의 어문 교사가 되었다. 그리고 1922년 29세 때 양창제의 딸인 양윤혜(楊開慧)와 결혼했다.

그 후 여름에는 상해의 중국공산당 창립 대회에 참석했다. 호남성 대표로서 중국공산당 제1차 전국 대표 대회에도 참석했다. 국공 분열 뒤에는 농홍군(農紅軍) 3천 명을 조직하여 정강산(井岡山)에 들어가 주덕(朱德)의 군대와 합류했다.

1934년 10월, 서금(瑞金)에서 섬서성(陝西省) 연안(延安)까지 1만 2,500km의 대서천(大西遷)을 시작했다. 도중에 귀주성(貴州省) 준의(遵義)회의에서 당 지도권을 장악했다. 서안사건(西安事件)을 거쳐 2차 국공합작에 성공하자 항일민족통일전선을 수립하고, 홍군을 국민혁명 제8로군으로 개편해 일본군에 대항했다.

1945년 8월, 중경에서 장개석(蔣介石)과의 회담 후 화평건국의 여러 원칙에 합의했지만 결국 내전으로 비화되고 말았다. 1949년 10월 1일(56세)에 비로소 중화인민공화국을 건국하고 국가주석 및 혁명군사위원회의 주석이 되었다.

1958년에 이르러 제2차 5개년 계획의 시작과 더불어 총노선, 대약진, 인민공사 등 소위 3면홍기(三面紅旗) 운동을 전개했다. 그러나 1959년 4월, 국가주석을 사임하고 이후 당 주석으로만 머물렀다.

1965년 10월 이후 연금 상태에 있다가 문화대혁명을 지휘했다. 유소기(劉少奇), 임표(林彪) 등을 숙청하고 1970년 이후 일인 체제를 확립했다. 그리고 1976년 4월, 천안문 사건 이후 완전 고립 상태에 머물다가 그해 9월 9일 83세의 나이로 생을 마감했다.

주요 저서로는 〈지구전론〉(1938), 〈신단계론〉(1938), 〈신민주주의론〉(1940), 〈인민 내부의 모순을 바로잡는 문제에 대하여〉(1957), 〈모택동어록〉(1964) 등이 있다. 이들 중 〈신민주주의론〉은 중국공산당 강령으로 채택되었다.

모택동(毛澤東)의 이름을 살펴보자.

못 '택(澤)', 동녘 '동(東)'이다. 못 '택'은 물 '수(氵)', 그물 '망(罒)', 다행 '행(幸)'으로 이루어져 있다. 즉, 물과 그물 그리고 행운으로 채워진 글자다. 물의 속성, 그물의 속성, 행운의 속성을 모두 지닌 글자다. 이것은 모택동 개인의 일생 및 천성을 암시하고 있다. 이 모든 게 대단히 포괄적이고 공세적이지만 어딘가 느긋하게 시간을 기다리는 모습이다. 포용성과 포괄성이야 말로 진정한 공세다. 또 느긋하게 기다리는 자세야 말로 진정한 공세다. 지구전을 준비하는 장수는 이미 이길 승산이 높기 때문에 더욱 길게 스케줄을 잡는 것이다.

동녘 '동'은 오른편을 의미하기도 한다. 물론 해가 뜨는 방향을 의미한다. 동녘 땅을 다 뒤덮을 큰 호수다. 모든 이가 주목하는 해 뜨는 방향이다. 모택동은 다민족국가, 이념이 다양한 국가를 한데 끌어모아 중국 역사상 최대의 통일국가를 세웠다.

해 뜨는 곳을 향하되, 오른편에서 그 해를 바라보는 사람은 두목 기질이 농후하다. 돋보이는 자리에 올라서는 야망가다. 모든 사람을 거머쥐는 통솔력과 최후의 승리를 담보하는 전략을 지닌 전형적인 승부사다.

첫째, 물의 속성을 지닌 사람이다. 물은 스며들거나, 합치거나, 녹이거나, 스스로 자신을 부풀려 바람 속으로 흩어지기도 한다. 쇠나 바위처럼 단단한 것도 마다하지 않고 지푸라기나 먼지처럼 가벼운 것들도 결코 마다하지 않는다. 살아 있는 한, 움직이고 머무는 한 제 영역을 끊임없이 넓혀 간다. 엄청난 공격력과 끈기를 지니고 있다.

둘째, 그물의 속성을 지닌 사람이다. 손으로 잡고 몽둥이로 잡는 것보다 몇 배 더 효과적이다. 일단 잡아도 고스란히 다시 살려 낼 수 있다. 그 무엇이든 손쉽게 붙잡을 수 있다. 〈삼국지〉의 영웅인 관운장도 오나라 장수인 마충의 쇠그물에 걸려 죽고 말았다. 그물보다 더 무서운 것은 없다. 다만 그 그물을 마음대로 써먹을 수 있는 사람이 많지 않아 무기처럼 여겨지지 않을 뿐이다.

셋째, 행운이 따라다니는 사람이다. 행운이 없으면 참으로 일어서기 어렵다. 행운이 없으면 임금의 아들이나 대부호의 아들로 태어나도 결코 그 자리를 오래 지켜 낼 수 없다. 임금이든 영웅호걸이든 일단 어느 정도의 행운이 뒤따라야만 제대로 역량을 발휘할 수 있다. 모택동의 연못에는 행운이 가득히 고여 있다.

넷째, 해 뜨는 곳으로 걸어가는 적극적이고 실천적인 사람이다. 또 낙천적이고 낭만적인 사람이다. 천성이 밝고 담대한 기질이다. 모진 환경에 처할수록 그 진가를 발휘하는 난세의 영웅 타입이다. 큰 책임을 질수록 더 큰 역량을 발휘하는 특이한 타입이다. 단순한 소영웅주의나 출세주의에 현혹될 사람이 결코 아니다. 윤리와 사명감이 가슴속에 도사리고 있는 전형적인 영웅호걸 상이다. 뜻만 크면 허풍쟁이가 되기 쉽다. 몸놀림만 바쁘면 일개미나 일벌이 되기 쉽다. 하찮은 일에 너무 집착하면 쇠똥구리처럼 늘 천한 곳에 머물 수도 있다. 가슴속에 꺼지지 않는 사명 의식이 깃들어 있어야 한다. 그 사명감이 방향이 되고, 불꽃이 되고, 이정표가 되어야 한다. 그래야만 평범한 필부의 만족을 털어 내고 영웅호걸의 시선을 되찾을 수 있다.

모택동의 자는 '윤지(潤之)'다. 윤택할 '윤(潤)', 갈 '지(之)'로 이루어져 있다. 윤택할 '윤'에는 '적신다'는 의미가 숨어 있다. 이름의 못 '택(澤)'과 연관되어 있다. 또 갈 '지(之)'는 이름의 동녘 '동(東)'과 연관되어 있다. 참으로 신기하지 않은가. 아무리 여러 개의 이름을 지녀도 그 의미는 본명과 대단히 흡사한 구조와 의미를 지니기 마련이다. 천성과 기질 그리고 운명과 천운이 이미 정해져 있고 주어져 있는데 어떻게 벗어날 수 있겠는가. 기껏해야 화장기일 뿐이고 옷 갈아입고 머리 모양 바꾸기일 따름이다.

　그의 고향은 호남성(湖南省) 상담현(湘潭縣)의 소산(韶山)이다. 호남성은 모택동의 이름처럼 물과 방향을 지니고 있다. 상담현 또한 물과 연관이 깊다. 소산(韶山)은 '아름다운 소리로 가득한 산'이다. 그 아름다운 소리는 바로 누군가를 부르는 소리다. 그 소리는 동서남북을 가리키는 손짓과 어우러져 있다. 분명한 방향을 가리키는 소리다. 헷갈리고 취하게 하는 그런 애매한 소리가 아니다. 그래서 모택동은 상해, 서금, 연안, 정강산, 북경 등지로 걸음을 옮기며 통일된 중국 건설에 한 걸음씩 다가갔다. 방향만이 아니다. 확실한 건국 이념과 통치 정신까지도 그 부르는 소리에 포함되어 있었다.

　소산(韶山)은 그가 가야할 곳은 물론 해야 할 일과 담을 정신까지도 모두 가르쳐 주었다. 동서남북을 다 돌아다녀도 결국에는 북경으로 집약되고 말았다.

　대장정의 끝인 섬서성 연안(延安)은 새로운 중국의 요람이자 새로운 이상의 씨를 뿌릴 밭이었다. '편안과 기쁨을 맞이한다, 안녕과 즐거움을 끌어들인다'는 의미의 지역 이름이다. 얼마나 잘 택했는가. 우연이라고 치부하기에는 무척이나 신기하지 않은가. 새로운 도약과 눈부신 성공으로 이어질 것이라는 강한 암시가 숨어 있는 지명이다. 더 높이, 더 강하게 일어서기 위한 웅크림이고 물러섬이었다.

　모택동의 휴먼 네트워크(human network)를 살펴보자.

　양창제(楊昌濟)를 알면서 그의 딸인 양윤혜(楊閏慧)가 모택동의 반려자가 되었다. 장인의 이름은 창성할 '창(昌)', 건널 '제(濟)'다.

또 아내의 이름은 윤달 '윤(閏)', 지혜 '혜(慧)'다. 그리고 보면 장인의 이름이 모택동을 도왔던 것이다. '번창하다, 건너다'는 의미가 모택동에게 다가가 승승장구하게 만들고 마지막 승자가 되게 해 주었다. 아내의 이름은 '보기 드문 슬기'라는 의미다. 즉, 보기 드물게 뛰어난 인재를 만나게 된다는 이름이다. 보기 드물게 뛰어난 인재가 되도록 돕는다는 이름이다. 장인의 이름은 프로펠러와 엔진이 되어주고, 아내의 이름은 대단히 높은 목표치를 제시해 주었다. 모택동으로 하여금 필부의 탐욕이나 소망 대신 나라와 백성을 생각하게 하는 드높은 이상을 지니게 해 주었다.

결국 모택동은 아내의 이름 덕에 국부(國父)가 되었다. 아내의 이름이 지닌 드높은 이상이 남편 모택동의 눈높이를 늘 드높여 준 것이다. 참으로 이상적인 이름이다. 혁명을 부르짖는 풍운아에게 걸맞은 이름이다. 특히 윤달 '윤'은 참으로 오묘한 의미를 지니고 있다. 정상이던 것이 비정상으로 변할 때, 그동안 비정상이던 것이 다시 정상으로 올라서는 것이다. 모택동이 부르짖은 이념과 방향은 과거의 것과 전적으로 달랐다. 이단이 정통이 되어야 하고, 변방이 중심이 되어야 하는 그런 시기였다. 관 위에 누워 있던 자가 관 속으로 들어가고, 자궁을 벗어난 새 생명이 그 관을 메고 산을 오르는 순간이었다.

인류가 처음 들어 보는 공산주의 혹은 사회주의의 메아리로 새로운 중국을 일으켜 세운 것이다. 윤달 '윤(閏)'은 그런 격변기를 암시하는 글자다. 윤달 '윤(閏)'은 모택동이 그런 격변기를 타고 새로운 중국을 세우게 될 것임을 강력하게 암시하고 있다.

모택동이 북경대학에서 만난 이대소(李大釗 : 1889~1927)와 상해에서 만난 진독수(陳獨秀 : 1879~1942)에 대해 살펴보자.

이대소는 큰 '대(大)', 볼 '소(釗)'로 이루어진 이름이다. 자는 '수상(守常)'이다. 지킬 '수(守)', 항상 '상(常)'으로 이루어져 있다. 얼마나 신기한 이름인가. 모택동으로 하여금 큰 물결과 큰 산을 보게한 사람이다. 모택동으로 하여금 '항상 변하지 않을 큰 이념과 큰 방향'을 지니게 도와준 사람이다. 북경대학에서 모택동이 느끼고, 새기고, 발견한 것들을 강하게 암시하는 이름과 자(字)가 아니던가.

필명은 '명명(明明)'이었다. 밝을 '명(明)'이 두 개 겹쳐 있다. 눈을 뜨게 해준 사람이니 밝은 곳으로 이끌어 낸 것과 같지 않은가. 그는 천진의 북양학당(北洋學堂)과 일본의 조도전(早稻田 : 와세다)대학을 나와 신문화운동에 참여했다. 1918년에 북경대학 교수가 되어사회 운동사를 강의했다. 러시아혁명을 찬양한 〈볼셰비즘의 승리〉와 중국 최초의 마르크스주의 이론인 〈나의 마르크스주의관〉을 펴내 중국공산당 창당의 사상적 기반을 닦아 놓았다. 1920년에는 북경대학 내에 '마르크스주의 연구회'를 창설하여 신문화운동의 지도자가 되었다. 또 1921년에는 중국공산당 창당에 참여했다. 1922년에는 국민당에 입당하여 국공합작을 추진했다. 뿐만 아니라 제5회 코민테른 대회(1924년 모스크바)에 참석한 후 국민당과 공산당의 지도자로 활약했다. 그러나 1927년(38세)에 이르러 장작림(張作霖)의 러시아 대사관 수색 사건 때 체포되어 총살을 당했다.

진독수는 홀로 '독(獨)', 빼어날 '수(秀)'로 이루어진 이름이다. 자는 '중보(仲甫)'다. 버금 '중(仲)', 클 '보(甫)'로 이루어져 있다. 이역시 참으로 신기하다. '홀로 우뚝 선다'는 이름이나 '제일 큰 것과 겨룰 만큼 크다'는 자(字)의 의미가 참으로 비슷하다. 아마도 자존심이 대단히 높았을 것이다. 그리고 '내가 하는 일이 장차 세상을 놀라게 할 것'이라는 확신이 대단했을 것이다.

모택동보다 14세 연상이니, 확신과 자신감을 심어 주고 미래를 낙관하게 만들었을 것이다. '우리는 지금 중국의 역사를 다시 쓰고 있다'는 생각을 갖게 했을 것이다. '우리는 역사에 길이 남을 위대한 인물이 될 것'이라는 자긍심을 드높여 주었을 것이다.

그의 아호는 '실암(實庵)'이다. 즉, '열매 맺는 집'이고 '익어가는 보금자리'라는 의미다. 중국공산당의 비조가 되는 셈이니 아호의 의미와 무척이나 흡사하지 않은가. 새로운 사상, 새로운 중국이 그의 가슴속에서 새싹을 틔우고 있었던 것이다.

그는 안휘성 회령(懷寧)의 부잣집에서 태어나 일본과 프랑스에서 유학을 했다. 상해에서 〈신청년〉이라는 잡지를 발간하여 문학혁명을 주창했다. 1917년에는 북경대학 문과대 학장이 되어 호적(胡適)과 함께 유교 사상을 비판했다. 또 1921년 7월에는 중국공산당 제1차 전국 대표 대회를 개최하여 중국공산당의 창당을 선포했다. 중앙서기에 피선되어 당 기관지인 〈향도주보(嚮導週報)〉를 발간했다. 그러나 1927년에 국공합작이 틀어지자 코민테른은 합작 실패의 책임을 물어 그를 총서기직에서 축출했다. 1929년, 당적을 박탈당하자 '동지에게 고하는 글[고전당동지서(告全黨同志書)]'을 발표하여 코민테른의 실책과 당 지도부의 오류를 규탄했다. 1933년에 상해에서 체포되어 6년 후 출옥했다. 만년에는 서구식 민주주의에 기울어 공산주의를 배격했다. 1942년 63세로 병사했다.

유소기(劉少奇 : 1898~1969. 11. 12)와 임표(林彪 : 1906~1971. 9. 13)는 모택동과 겨루려다 패배한 사람들이다. 유소기는 모택동보다 6세 아래였고, 임표는 13세 아래였다.

유소기의 이름은 적을 '소(少)', 기이할 '기(奇)'다. 얼마나 신기한가. '약하다, 이상야릇하다'는 의미가 있으니 어떻게 모택동을 이기겠는가. 이름부터 너무 섬세하고 유약하다. 이름만 보더라도 혼란스러운 상황을 극복하기는커녕 그 혼란에 휩쓸려 버릴 것만 같다.

그는 모택동과 같은 호남성 출신이다. 20대 초반부터 사회주의 운동에 뛰어들어 혼란기를 거치고, 국공 분열 후에는 러시아 동방대학으로 유학을 떠났다. 그리고 귀국 후에는 노동운동과 지하공작에 가담하다가 1940년대부터는 모택동에 버금가는 이론가로 손꼽혔다. 1948년에는 〈국제주의와 민족주의〉를 저술했다. 그리고 1959년에는 제2기 전국인민대표대회에서 모택동에 이어 국가주석이 되었다. 1966년에 있었던 문화 대혁명 과정에서 '중국의 흐루시초프'로 비판을 받았다. 1969년에는 제9기 전국인민대표대회에서 출당되어 모든 공직을 박탈당했다. 같은 해 11월, 71세의 나이로 생을 마감했다. 그가 세상을 떠난 후 1980년에 이르러 제11기 전국인민대표대회 제5회 중앙위원회 전체회의 폐막 성명을 통해 사후 복권이 이루어졌다.

임표(林彪)의 이름은 무늬 '표(彪)'다. '밝힌다, 깨우쳐 준다'는 의미를 지닌 글자다. 이는 호랑이 가죽 무늬를 암시한다. 최소한 겉으로는 호랑이만큼 무서운 존재다. 하지만, 대체 무엇을 밝히고 무엇을 누구에게 깨닫게 해준다는 말인가. 아마도 천성이 전략적이고 계산적이었던 모양이다. 남들이 미처 발견하지 못한 것을 알아내고 캐내는 지혜로움이 있었을 것이다.

호랑이의 이빨, 발톱, 근성을 지니고 있어도 될까 말까 한 권력 싸움에서 기껏 범 가죽의 얼룩덜룩한 무늬만 지니고 있었으니 무슨 수로 최후의 승자가 되겠는가. 그저 덤덤하고 약간 둔해 보이는 모택동에 비해 날렵해 보이고 치밀해 보였을 테니, 아마도 신세대 지도자로 여겨졌을 법하다. 최소한 대중은 그렇게 여겼을 것이다.

그는 호북성의 황강(黃崗) 출신이다. 황포군관학교를 나와 중국공산당에 입당했다. 주덕, 모택동과 함께 게릴라 활동을 전개했다. 20대 후반에는 대장정(1934~1935)에 참가했다. 31세에 팔로군(八路軍) 사단장이 되었다. 2차 세계대전 후에는 만주를 장악하여 소련군으로부터 일본군의 무기를 접수하기도 했다. 1950년에는 중남군 군정위원회 주석 겸 중남군구 사령원이 되었다. 이후 국무원 부총리, 국방위원회 부주석, 중앙정치국 위원, 정치국 상임위원, 국방부 부장을 역임했다. 그는 1959년부터 군 내부에 모택동 사상학습운동을 전개했다. 1960년대 중반에는 모택동의 '농촌으로 도시 포위' 전략을 세계 전략으로 확대했다. 1967년에는 문화 대혁명 속에서 모택동, 강청과 결합하여 군의 힘으로 권력을 장악했다. 1969년에는 중국공산당 제9기 전국대표대회에서 모택동의 후계자임을 당 규약으로 명기했다. 1971년 9월, 실각하자 반 모택동 쿠데타를 획책하다가 사전에 발각되었다. 결국 가족과 함께 소련으로 망명하던 중 몽골 지방에서 비행기가 추락하여 65세를 일기로 사망한 것으로 알려져 있다.

범 가죽을 뒤집어쓰고 범 행세를 하며 승승장구하다가 마침내 그 가죽 무늬가 허울임이 들통 나는 바람에 모든 것을 잃고 말았다. 얼마나 신기한 이름인가.

그의 고향은 하필 황강(黃崗)이다. 누를 '황(黃)', 언덕 '강(崗)', 즉 누렇게 드러난 벌거숭이 언덕이다. 비행기가 떨어진 몽골 평원과 그가 태어난 황강이라는 지명의 뜻이 어쩌면 이리도 일맥상통하단 말인가. 참으로 신기한 일이다. 우연이라고 치부하기에는 너무나 섬뜩할 정도로 둘 사이에 통하는 바가 많다.

강청(江青 : 1914~1991. 5. 14)은 1939년에 모택동과 결혼했다. 모택동보다 21세 연하였으니 각각 46세와 25세였다. 아호는 '운학(雲鶴)'이고 예명은 '남빈(藍頻)'이다. 본명은 이청운(李靑雲)이다. 산동성의 가난한 집안에서 출생하여 15세 때부터 연극을 했다. 결혼 후 섬서성 연안(延安)의 노신(魯迅)예술학원 연극예술과 교수가 되었다.

1960년대 문화 대혁명 시절에는 중국공산당과 중국공산군에서 문화 공작을 담당했다. 1970년대 들어 중앙정치국 위원으로 활약하다가 1976년에 '4인방 사건'으로 체포되었다. 1980년에 '임표, 강청 반혁명 집단'의 주범으로 재판에 회부되었다. 1981년에 사형선고를 받았으나 1983년 무기형으로 감형되었다. 1991년, 복역 중 77세에 옥사했다.

이름은 푸를 '청(靑)'이다. 파란 대나무 껍질처럼 새뜻한 빛깔이다. 아호는 구름 '운(雲)', 학 '학(鶴)'이다. 구름 속의 학이라는 의미다. 예명은 자주 '빈(頻)'이다. '연이어 무엇을 한다'는 의미 이외에 이상하게도 '찡그린다'는 뜻도 들어 있다. 표정 연기와 밀접한 관련이 있는 글자다. 되풀이해서 연습해야 하는 공연 예술의 속성과 밀접한 관련이 있다.

본명은 푸를 '청(靑)', 구름 '운(雲)'이다. 결국 본명 속의 푸를 '청(靑)'은 제2의 본명으로 사용하고, 구름 '운(雲)'은 아호에 섞어 활용했다. '푸른 빛깔'은 왕성한 생명력과 야심을 상징한다. 구름이나 학은 '공상, 망상, 환상, 상상'을 암시한다. 야심과 망상이 합쳐져 공연 예술에 젖어 들게 했던 것이다. 야망과 공상이 결합하여 정치적 야심을 불태우게 했다. 강청의 '문화'와 모택동의 '권력'이 만나 문화 대혁명으로 타오르고, 결국에는 두 사람 모두 좌절하게 만들었다.

모택동은 '잃어버린 10년'을 만든 장본인으로 남게 되었다. 강청은 '사형수, 무기수, 옥사'로 그 이력서의 말미를 장식하고 말았다. 야심과 망상이 합쳐지면 언제나 비싼 대가를 치른다. 부귀영화는 둘째고, 먼저 목숨과 이름(명예)을 송두리째 낚아챈다.

모택동과 좋은 관계를 맺은 대표적인 인물이 바로 주덕(朱德 : 1886~1976. 7. 6)과 주은래(周恩來 : 1898~1976. 1. 8)다. 이들은 모택동과 함께 정강산(井岡山)에서 중국공산군의 터전을 마련했다.

정강산은 모택동과 인연이 더 깊은 산이다. '우물이 있는 언덕으로 이루어진 산'이다. 언덕(산봉우리)과 강(岡)이 우물을 끼고 있기 때문에 〈주역〉의 건체(蹇滯)에 해당된다. 〈삼국지〉 후반부에 나오는 위나라의 등애(鄧艾)는 '산꼭대기에 올라서 있는데 갑자기 발밑에서 샘물이 용솟음쳐 올라오는 꿈'을 꾸었다. 해몽을 해보니, '서남방은 유리하나 동북방은 불리하다'는 것이었다. 서남방으로 가면 성공하지만 동북방으로 가면 죽을 수도 있다는 의미였다.

주덕과 모택동 모두 섬서성 연안에서 새로운 중국 건설을 꿈꿀 때가 훨씬 더 행복했을 것이다. 성공에 대한 희망을 지니고 살 때였기 때문이다. 하지만 둘 다 북경의 중앙 정치 무대에서는 기복이 좀 심한 편이었다. 막상 성공을 거두었지만, 그 성공을 지켜 나가고 빛나게 유지하기가 대단히 어려웠다.

서남방(연안)에 비해 동북방(북경)이 더 어수선하고 또 힘들었을 것이다.

주덕의 이름은 큰 '덕(德)'이다. 다닐 '행(行)', 곧을 '직(直)', 마음 '심(心)'이 합쳐진 글자다. 활동성, 곧은 성품, 단단한 심지(心志)를 암시한 글자다. 그는 전형적인 군인상이다. 〈삼국지〉에 나오는 명장들의 이미지와 매우 흡사하다. 관우, 조운, 황충 등을 떠올리면 지략과 용맹이 겸비된 명장들의 이미지가 금방 떠오른다.

그는 사천성에서 태어나 25세(1911)에 운남(雲南) 강무학당(講武學堂)을 졸업했다. 그리고 1915년에 이르러 북양군벌 토벌에 공을 세우고 호국군 여단장이 되었다. 1921년에 곤명(昆明) 경찰청장을 역임하고, 이듬해 주은래의 도움으로 베를린에서 마르크스주의에 대해 공부했다. 1926년에 귀국하여 운남 군관학교장 겸 공안국장을 역임하며 주은래, 하룡(賀龍) 등과 반군을 조직했다. 이후 중국공농홍군(工農紅軍) 총사령, 중화소비에트 임시정부 군사인민위원장을 거쳐 1934년에 장정(長征)에 참여했다. 1937년에는 국공합작 후 팔로군을 총지휘했다. 1947년에는 인민해방군 총사령이 되었다. 건국 후에는 국가부주석 겸 국방위원회 부주석, 중국공산당 중앙위 부주석, 정치국 상임위원 등을 역임했다. 모택동의 신중국 건설을 위해 주은래와 함께 충성을 다했다. 문화 대혁명으로 한때 격하되었지만 임표 실각 후 곧 복권되었다. 저서에는 〈중국공산당의 유격 전술〉(1945)이 있다.

이름처럼 그는 군인의 길, 혁명가의 길을 걸으면서도 잔혹한 테러나 보복을 극렬하게 반대했다. 그러면서 포로로 잡힌 국민당 군사나 일본군을 절대로 학대하지 못하게 했다. 본래 청나라의 과거 시험에 합격하여 관리의 길을 걸으려던 사람이었으니 무식한 하층민들과는 질적으로 달랐다. 그리고 베를린 유학을 통해 서구의 신사조와 신문화를 접하며 '신중국 건설의 유일한 대안으로 마르크스주의를 생각했던' 뛰어난 이념주의자이기도 했다.

주은래의 이름을 살펴보자.

은혜 '은(恩)', 올 '래(來)'로 이루어진 이름이다. 은혜 '은(恩)'은 주은래의 타고난 품성이 인자하고 온유함을 암시한다. 베푸는 성격이다. 남을 돕는 자애로운 천성이다. 게릴라 전사들로 구성된 중국 공산당 수뇌부에 주은래 같은 평상심(平常心)의 주인공이 있었다는 것은 무척 다행스러운 일이었다. 전쟁과 투쟁은 늘 비장하고 비상한 마음을 갈고 닦게 만든다. 그래서 물길이 잡히고 바람이 잦아들면 할 일이 없어지기 쉽다. 하지만 주은래처럼 평상심을 지닌 사람은 전쟁 시든 평화 시든 그 할 일이 있기 마련이다.

나무, 돌, 흙, 쇠로 이루어진 집에 딸린 아늑한 정원이 바로 주은래였다. 칼과 총으로 무장한 투사들 사이에서 계절의 변화를 감지하게 한 주인공이 바로 주은래였다. 창업과 건국에 혈안이 된 혁명꾼들 사이에서 주은래는 수성과 번영을 이야기하며 실제로 그 길을 위해 온몸을 불살랐다. 그는 〈삼국지〉의 제갈공명과도 같은 존재였다. 〈삼국지〉에 나오는 그 많은 모사(謀士)의 이미지와 대단히 흡사하다.

올 '래(來)'는 주은래의 미래 지향적인 안목을 암시한다. 사람 '인(人)'이 중심이 된 글자다. 사람들이 옹기종기 모여 하늘을 이고 함께 어울려 사는 형상이다. 주은래의 이름을 보면 '사람들의 행복을 위해 더욱 밝은 미래, 더욱 나은 나라를 꿈꾸는 한 거인의 모습'이 떠오른다. 건국을 위해서는 총과 칼 그리고 방패 이외에 깃발, 웅변, 문장이 필요하다. 주은래는 바로 그 깃발과 웅변 그리고 문장을 책임진 사람이었다.

그는 강소성의 회안 사람이다. 부유한 학자 집안 태생이다. 15세(1913)에 천진의 남개(南開)중학에 입학했다. 재학 중 5·4운동에 가담하여 투옥되자 결국 퇴학을 당하고 말았다. 19세(1917)에 일본으로 건너가 조도전(와세다)대학에서 공부했다.

그는 22세(1920) 때 프랑스로 건너가 파리대학에서 정치학을 공부했다. 1922년에 중국공산당 파리 지부를 창설하고 런던, 베를린, 모스크바를 여행했다.

장개석의 반공 쿠데타를 피해 무한(武漢)으로 가서 노동자 중심의 무장 규찰대를 조직했다. 1931년에는 광서성의 소비에트구에 들어가 군사부장과 정치위원으로서 정보 공작을 담당했다. 그는 또 혁명군사위원회 부주석으로 장정에 참가했다. 항일전 발발 후에는 공산당 대표로서 국공 관계의 원만한 처리를 위해 앞장섰다. 이때부터 그의 정치적·외교적 수완이 돋보이기 시작했다. 건국 후 최후까지 공산당 정권의 지도적 위치를 고수했다. 27년간 총리(1958년까지 외교부장 겸임)를 역임하며 신중국의 초석을 다졌다.

오늘의 중국을 이야기하며 절대로 빼놓을 수 없는 이름이 바로 등소평(鄧小平 : 1904. 8. 22~1997. 2. 19)이다.

그는 사천성에서 태어나 14세 때(1918) 프랑스로 건너갔다. 파리에서 공산주의 운동에 눈을 뜨고, 이후 모스크바의 중산대학에서 공부했다. 귀국 후에는 광서성에서 공산당 지하운동을 이끌었다. 1933년에는 소수파에 속했던 모택동을 돕고, 이후에는 그의 장정에도 참여했다. 항일전 기간 내내 팔로군 정치위원으로 활약했다. 건국 직전 장강 도하 작전과 남경 점령을 주도하여 신중국 건설에 큰 공을 쌓았다. 이후 정무원 부총리, 당 중앙위 비서장, 정치국 위원을 역임했다. 유소기를 지지하여 물질적 보상제도 도입과 엘리트 양성을 통한 실용주의 노선을 주창하다가 모택동과 노선 갈등을 빚었다. 그 결과 홍위병으로부터 '반모주자파(反毛走資派)'의 괴수로 낙인이 찍혀 실각했다.

1973년 3월, 그의 나이 69세 때 주은래의 추천으로 복권되어 국무원 부총리가 되었다. 하지만 1976년 1월에 주은래가 죽자 모택동을 추종하는 4인방(四人帮)의 견제를 받아 다시 실각했다. 그해 9월에 모택동이 죽자 화국봉(華國鋒)이 주은래 계열의 엽검영(葉劍英), 왕동흥(汪東興) 등과 결탁해 4인방을 축출했다. 1977년 7월, 엽검영의 강력한 추천으로 등소평은 다시 복직되었다.

그 후 5년 남짓한 기간의 권력 투쟁을 거쳐 1981년에 이르러 마침내 실권을 장악했다. 그가 전면에 나서자 중국은 공산주의 경제의 타성을 벗어나 실용주의 노선으로 재무장하게 되었다. 기업가와 농민의 이윤 보장, 지방 분권적인 경제 운용, 엘리트 양성, 외국인 투자 허용 등으로 중국 경제는 마침내 무서운 기지개를 켜기 시작했다. 1989년에 있었던 천안문 사건으로 잠시 난관에 봉착하기도 했지만, 부도옹(不倒翁)으로 불리며 세계의 주목을 받는 신중국을 재창건했다.

이름은 작을 '소(小)', 평평할 '평(平)'이다. 작을 '소(小)'는 등소평의 왜소한 외양과 섬세한 기질을 암시한다. 거창한 이상을 좇기보다 백성의 배를 불려 주는 쪽에만 집중했다. 즉, 현실적이고 실질적인 것들에만 주목했다. 천성이 간결하고 명료함은 물론 섬세하고 예리했기 때문에 남들처럼 거창한 것만 지향하지 않고 사소해 보이는 것들에 주목할 수 있었다.

평평할 '평(平)'은 뛰어난 정의감을 암시한다. 배고픈 이념, 굶겨 죽이는 나라는 그의 주공격 대상이었다. 허장성세로 세월과 역사를 더럽히는 말꾼들이나 혁명꾼들을 주공격 대상으로 삼았다. 그는 '풍선'이 지닌 위선과 거품을 배격하고 '알곡'이 지닌 진정한 실속과 내용을 추구했다. 특별한 정의감, 빼어난 의인 사상이 없으면 불가능한 일이었다. 그는 70대 중반을 넘어서서야 비로소 신중국 건설의 실질적인 사령탑이 될 수 있었다. 그 나이에 어떻게 그런 야망을 품을 수 있었겠는가. 체력이나 정신만으로는 도저히 불가능한 일이었다. 불꽃같은 정의관이 있었기에 80대 노인으로도 새로운 중국 건설을 꿈꿀 수 있었을 것이다.

13억 인구를 먹여 살리는 일이 바로 세상을 구하는 길이었다. 13억 인구를 먹여 살리는 일이 바로 세상의 4분의 1을 낙원으로 바꾸어 놓는 길이었다.

화국봉(華國鋒 : 1921. 2. 16~2008. 8. 20)은 등소평과의 권력 다툼에서 밀려난 사람이다. 산서성의 교성 출신으로 중학을 중퇴하고 항일 게릴라전에 뛰어들면서 공산당에 입당했다. 1949년에는 호남성의 상음현 당서기 겸 무장부대 정치위원으로 토지개혁을 지도하여 큰 성과를 올렸다. 그러다가 1959년에 모택동에게 발탁되어 호남성 위원회 서기로 승진한 후 240km에 달하는 수로 공사를 완수하여 주위의 주목을 받았다. 1969년에는 호남성의 실질적인 최고 지도자가 되었다.

그는 1971년에 중앙 무대에 진출하여 국무원에서 임표 사건을 조사했다. 이후 중앙위원, 중앙정치국위원, 국무원 부총리 겸 공안부장을 역임했다. 그는 또 주은래 사망 이후 국무원 총리직 대행을 거쳐 1976년 4월에는 국무원 총리가 되었다. 4인방 체포에 협조한 후 당 중앙위 주석, 당 중앙군사위 주석을 거치며 실질적인 최고 권력자로 부상했다. 모택동을 지지하여 문화 대혁명을 후원함으로써 초고속 승진 가도를 달렸다. 한때 등소평 일파에 의해 밀려났다가 1992년 제14기 전국인민대표대회에서 당대표로 선출되었다.

그는 이름이 참으로 야릇하다. 나라 '국(國)', 칼끝 '봉(鋒)'이다.

'나랏일의 맨 앞에 선다'는 의미다. '나라의 칼끝'이라면 바로 국가의 정상이다. 그는 이름 덕에 모택동의 눈에 들어 모택동의 권좌 주위에 머무를 수 있었다. 그리고 이름처럼 평생 나랏일에 매달려 있었다. '나라의 칼, 나라의 칼끝'으로 일생을 장식한 것이다.

화국봉에 이어 중국 권력의 정점에 선 사람이 바로 호요방(胡耀邦 : 1915~1989)이다. 그는 호남성의 유양현(瀏陽縣) 출신이다. 18세 때 공산당에 입당한 후 공산당 비서장인 등소평 휘하에서 조직부장으로 장정에 참여했다. 이후 조직과 청년 분야에서 활약하다가 문화 대혁명 이전까지 공산주의 청년단 업무를 주관했다. 그러나 1967년에는 유소기와 등소평의 앞잡이로 몰려 실각했다. 1972년에 주은래의 도움으로 복권되어 공직 생활을 재개하다가, 1976년에 등소평의 지시로 작성한 〈과학원 활동 보고〉가 '독초(毒草)'라는 비난을 받자 다시 실각했다.

모택동 사후 등소평이 재등장하자 그도 당 중앙위원이 되었다. 이후 당 선전부장, 중앙위 정치국 상무위원을 역임하다가 1981년 6월, 제11기 6중전회의에서 문화 대혁명 때 있었던 모택동의 오류를 비판하고 당 주석으로 승진했다. 그리고 1982년에 있었던 당 기구 개편으로 중앙서기처 총서기가 되었다.

그의 이름은 빛날 '요(耀)', 나라 '방(邦)'이다. 빛날 '요'는 빛 '광(光)', 깃 '우(羽)', 새 '추(隹)'로 이루어진 글자다. 빛의 속성, 깃털의 속성, 새의 속성을 모두 지닌 글자다. 빛을 좋아하는 새를 의미하기도 하고, 빛을 향해 높이 날아오른 새의 빛나는 날개를 상징하기도 한다. 결국 '나라를 빛내는 사람'이라는 의미가 된다. 그가 활약했던 1980년대의 중국은 한마디로 '빛을 향한 긴 여행'이고 '빛나는 세계를 향한 대장정의 시기'였다. 빛을 지닌 이름이 빛을 필요로 하는 중국 역사의 전면에 등장한 것이다.

호요방에 이어 거함격인 중국의 새 선장이 된 사람이 바로 조자양(趙紫陽 : 1919. 11~2005. 1. 17)이다. 그는 하남성의 와현(渦縣) 출신이다. 그는 중학교 중퇴 후 공산주의 청년단에 가입했다. 19세 때 공산당에 입당하여 각종 활동을 펼쳤다. 이후 광동성을 무대로 여러 직책을 거치며 활약했다. 1963년에는 광동성위원회 제1서기 겸 당 중앙 중남국 서기가 되었다. 1967년에 문화 대혁명으로 숙청되었다가 1971년에 복권되어 이후 사천성 당위원회 제1서기가 되었다. 또 1979년에는 당 중앙정치국 위원을 거쳐 제5기 전국인민대표대회 제3차 회의에서 국무원 총리가 되었다. 1987년 총서기, 1988년 군사위 부주석을 거치며 권력의 전면에 나섰지만 1989년에 민주화 시위에 대응하며 모호한 태도를 보여 결국 숙청되고 말았다. 오랫동안 가택 연금 상태로 지내다가 2005년 새해 벽두에 86세의 나이로 생을 마감했다.

그의 이름은 자줏빛 '자(紫)', 볕 '양(陽)'이다. 자줏빛 '자(紫)'는 이를 '차(此)', 실 '멱(糸)'으로 이루어진 글자다. 또 이를 '차(此)'는 그칠 '지(止)'와 비수 '비(匕)'로 이루어졌다. 자줏빛 '자(紫)'는 '이 것저것을 실 가닥으로 한데 묶어 둔다'는 의미다. 빛깔로만 보면 분명 고귀한 신분을 상징하고 희귀한 보석을 암시하지만, 글자의 내면을 살펴보면 '멈춘다, 그친다'는 의미와 함께 '비수를 실오라기로 가려 둔다'는 뜻도 들어 있다. 그런데 볕 '양(陽)'과 합쳐져 '고상한 빛깔로 세상에 드러난다'는 의미가 되었다. 한마디로 고관대작을 상징하는 이름이다. 고관대작이 되어 나랏일을 한다는 뜻이다.

하지만, 이상하게도 고향 이름에 소용돌이를 뜻하는 '와(渦)' 자가 들어 있다. 조자양의 말년이 소용돌이에 휩쓸릴 것을 내다본 고향 이름인가, 아니면 소용돌이를 만나 운명이 엇갈릴 수 있다는 것을 암시하는 고향 이름인가.

하여튼 범상한 고향 이름이 아니다. 최소한 바람 잘 날이 없는 나랏일에 관한 한 조자양의 고향 이름은 그 암시하는 바가 실로 크다.

조자양이 물러서자 강택민(江澤民 : 1926~)이 등장했다.

그는 강소성의 양주 출신이다. 상해교통대학 전기학과 시절 상해 학생 운동권의 핵심 인물로 두각을 나타냈다. 1946년에 공산당에 입당하여 지하활동을 전개했다. 그는 또 건국 이후 상해를 중심으로 산업계에서 일했다. 1955년에는 모스크바의 스탈린자동차 공장에서 1년간 연수했다. 귀국 후에는 장춘, 무한, 상해 등지에서 공장 관리자 및 공업 연구소 책임자로 일했다. 1966년에 문화 대혁명이 발발하자 숙청되어 10여 년간 피신 생활을 했다. 그러다가 1976년에 국무원 제1기계공업부의 책임자로 복귀했다. 이후 수출입 및 투자 관련 업무에서 활약하다가 전국인민정치협상회의 위원이 되었다. 1983년에는 국무원 전자공업부장이 되고, 이듬해에는 국무원 전자공업진흥위 부위원장을 지냈다. 1985년에는 상해시장에 이어 1987년에 이르러 상해시 당 서기장으로서 당 중앙정치국 위원이 되자 마침내 중앙 정치 무대의 핵심 인물로 부상하게 되었다.

1989년 천안문 사태 이후 당 총서기에 선출되어 1990년 4월에는 등소평의 마지막 공직이던 국가중앙군사위 주석에 올랐다. 이로써 당정의 최고 실권자가 되어 2004년 9월 19일 사임 시까지 14년 이상 21세기 새로운 중국 건설을 위한 초석을 마련했다.

그의 이름은 못 '택(澤)', 백성 '민(民)'이다. 얼마나 신기한가. 빛을 향해 줄달음치던 중국이 1990년대에 들어 다시 제자리로 돌아와 차분히 제2의 건국을 꿈꾸게 되었다. 강택민은 바로 모택동이 건조한 거함인 중국호(中國號)에, 등소평이 짠 그물을 걸고 먼 바다로 나가 풍어가(豊漁歌)를 부르게 한 지도자다.

동쪽의 큰 연못을 통해 온갖 물줄기를 한데 모은 모택동!

남다른 정의관으로 국가로서의 중국이 아닌 백성으로서의 중국을 주목했던 등소평!

그리고 빛을 향한 중국인의 바쁜 발걸음에 열심히 호각을 불어 주었던 화국봉과 호요방!

청년의 울컥거리는 가슴에 놀라 13억 거대 국가임을 잠시 잊고 있었던 조자양!

백성을 먹이기 위해 모택동이 판 큰 연못에 등소평의 그물을 열심히 던졌던 강택민!

모택동의 손가락 끝에 등소평은 커다란 냄비를 걸어 놓았다. 강택민은 그 커다란 냄비에 물을 붓고 쌀과 물고기를 앉혔다. 이제는 익은 밥과 기름이 둥둥 뜨는 국을 어떻게 나누어 주느냐가 문제다. 그러나 이제는 곳간을 채우는 일보다 나누어 주는 일이 더 중요하다. 즉, 백성이 느끼는 만족도를 어떻게 경영하느냐가 관건이다. 만족도란 참으로 들쭉날쭉한 요지경 속이라, 그 누구도 손쉽게 다루지 못했다.

이제 호금도(胡錦濤 : 1942. 12~)의 시대가 되었다.

그의 본적은 안휘성의 적계현(績溪縣)이지만, 정작 태어난 곳은 상해다. 그는 일찍이 어머니를 여의고 강소성의 태주(泰州)로 가 할

머니의 슬하에서 자랐다. 아버지인 호정지(胡靜之)는 태주의 토산품 잡화점에서 회계를 보았다. 그는 1959년에 북경 청화대학교 수리공정과에서 하천발전(河川發電) 분야를 전공했다. 6년간 한 과목을 제외하고 모든 과목에서 만점을 받았다. 그는 졸업 직전에 공산당에 입당했다. 졸업 후 3년간 학과 후배들의 정치 교육을 담당하는 정치보도원으로 일했다. 졸업 직후 문화 대혁명의 소용돌이에 휩쓸렸지만 소극적으로 참여하는 '소요파(逍遙派)'로 지냈다. 1967년에 농촌으로 '하방(下放)'되어 감숙성 수력발전소의 노동자로 배치되었다. 하지만 승진을 거듭하여 1971년에는 마침내 수리전력부 간부(제4공정국 기관당 총지부 부서기)로 발탁되었다. 이 무렵 대학 동창인 유영청(劉永淸)과 결혼하여 첫아이를 낳았다. 1974년에 발전소 공사가 끝나자 감숙성 건설위원회 비서로 취임했다. 여기서 그는 강력한 후원자가 되어 줄 감숙성 당 서기인 송평(宋平)을 만났다.

1982년 공산주의 청년단 중앙위 서기 및 전국청년연맹 제6기 주석을 거쳐 1984년에는 공산주의 청년단 중앙위 제1서기가 되었다. 그러나 8개월 뒤 태자당의 견제를 받아 귀주성 당 서기로 밀려났다. 1988년에 티베트 신강자치구 당 서기로 있을 때 티베트 독립운동 진압에 성공했다. 7년 동안의 지방 근무를 마치고 마침내 1992년 50세의 나이로 중앙당 정치국 상임위원 겸 중앙위 서기로 취임했다. 1992년에는 권력 서열 7위, 1997년에는 권력 서열 5위, 1998년에는 국가 부주석, 2003년에는 국가주석, 2004년에는 국가 중앙군사위 주석……

호금도의 승승장구를 보면 오늘의 중국 경제를 보는 듯하다. 그의 이름은 비단 '금(錦)', 물결 '도(濤)'다. 이상하게도 비단 '금(錦)'은 쇠 '금(金)'과 비단 '백(帛)'으로 이루어져 있다. '귀하다, 질기다,

값이 나간다'는 의미로 쇠 '금'을 붙인 듯하다. 물결 '도(濤)'는 '두루 비춘다'는 의미를 지니고 있다. 물 '수(氵)'와 목숨 '수(壽)'로 이루어진 글자다. 아마도 물의 속성을 오래 지니려면 끊임없이 일렁이는 물결이 되어야 하는 모양이다. 얼마나 신기한가. 중국인의 만족도를 높여 가야 할 주인공의 이름에 일렁이는 파도가 들어 있다. '비단결 같은 물결을 만들어 멀리까지 그 힘이 고루 퍼지게 해야 한다'는 이름이다.

시원찮은 물결은 힘이 없다. 또 더러운 물은 아무리 큰 파도를 만들어도 누구 하나 거들떠보지 않는다. 모두 외면할 따름이다. 말 그대로 '바람에 펄럭이는 비단결처럼 그렇게 눈부신 물결'이어야 한다. 처음에 일렁인 물결과 최후에 바위에 부딪힌 물결이 한결같아야 한다. 그래야만 고른 만족도로 기록될 수 있다.

모택동이 일구어 놓은 큰 논과 큰 밭에서 등소평은 과학영농으로 단위면적당 수확량을 획기적으로 늘려 놓았다. 마침내 곳간을 가득 채울 방법을 알아낸 것이다. 그리고 강택민은 큰 솥단지를 걸어 놓고 전 국민이 먹고도 남을 밥을 지었다. 이제 호금도는 크고 작은 밥그릇을 잘 헤아리며 각자의 식사량에 맞게 골고루 잘 담아 주어야 한다. 그리고 무엇보다도 배불리 먹은 후에 생각나는 것들을 잘 헤아린 다음 그중 몇 가지만이라도 충분하게 채워 주어야 한다.

이것이 각자의 성취욕이고, 자긍심이고, 미래에 대한 낙관이다. 당장 채워 줄 수 없다면 기다릴 수 있게 해 줘야 한다. 느긋하게 기다리도록 해 줘야 한다. 신뢰받는 정부, 즉 능력 있는 지도자가 하는 말은 의외로 잘 듣는다.

CHAPTER 2.

당(黨)과 방(幇)으로 상징되는 새로운 변화들

한동안 태자당(太子黨)이라는 말이 세상을 떠들썩하게 한 적이 있다. 권력자들의 자녀 및 친인척이 대를 이어 득세하는 현상을 빗댄 말이다. 당, 정, 군, 재계 실력자들의 자녀 약 4천여 명이 태자당에 속한다는 말이 있다. 태자당이라는 하나의 조직으로 뭉쳐져 있지는 않지만 결혼, 학교, 직장 등을 통해 그물처럼 얽혀져 있는 것으로 알려져 있다.

한때는 등소평의 장남인 등박방(鄧樸方)이 태자당의 실질적인 대부로 알려진 적이 있었다. 전국장애자협회 회장으로서 강화(康華)개발공사를 창립하자, 많은 이가 이를 두고 단순한 회사가 아니라 하나의 권부(權府)처럼 인식했다. 하지만 1988년 금융 비리가 드러나자 그룹 전체가 공중분해되고 말았다. 한편 등소평의 장녀인 등림(鄧林)의 그림은 작품성에 상관없이 최고 실력자들에게 줄을 대는 수단으로 활용되어 고가에 팔려 나갔다. 등림의 남편인 오건상(吳建常)은 하급 노동자 출신이지만 유색금속총공사의 사장으로서 재계의 실력자로 행세하기도 했다. 또 등소평의 대변인 역할을 했던 3녀 등용(鄧榕)은 한때 강택민 국가주석과 불편한 관계를 빚기도 했다. 정치권력에 너무 깊숙이 관여했기 때문이다. 그녀는 인민해방군 장성으로서 대외 무기 거래를 관장한 남편 하평(賀平)을 통해 막대한 재력을 쌓았다는 비판을 받기도 했다.

등소평의 장남인 등박방이 1980년대의 태자당을 대표했다면, 1990년대에는 막내 등질방(鄧質方)이 태자당을 대표했다. 그는 미국 유학을 마치고 귀국하여 1987년 이후 중국국제투자신탁공사에서 일반 사무원으로 일했다. 하지만 곧이어 막강한 인맥을 동원해 부동산과 주식거래 등으로 상당한 부를 축적했다. 그렇게 쌓은 막대한 부는 결국 사방(四方)공사 설립으로 결실을 맺었다. 등소평 사후에는 결국 등씨(鄧氏) 남매들의 전성기가 막을 내리고 새로운 실력자들이 등장했다.

등박방, 등림, 등용, 등질방, 오건상, 하평 등이 등소평의 태자당 멤버들이다. 통나무 '박(樸)'-모 '방(方)', 수풀 '림(林)', 보리수 '용(榕)', 바탕 '질(質)'-모 '방(方)', 세울 '건(建)'-항상 '상(常)', 평평할 '평(平)'……. 등소평의 자녀들은 이상하게도 모두 '나무'에 관련된 이름을 지니고 있다. 참으로 신기하지 않은가. 아버지의 그늘에 가려지기를 마다하고 불쑥 일어서서 자신들의 날갯짓을 무모하도록 열심히 했다. 나무는 이상하게도 큰 나무에 가려지거나 큰 나무 아래 서면 햇빛을 못 받아 곧 죽게 된다. 나무는 무슨 수를 쓰든 홀로 서야 한다. 그래야만 제 생명을 마음껏 펼칠 수 있다. 그래야만 제 꿈을 마음껏 펼칠 수 있다. 막내 등질방은 아마도 부친으로부터 이어받은 바탕을 활용해 성공하려 했을 것이다. 부친의 위세를 이용하기보다 차라리 자신만의 능력과 기질로 승부하려 했을 것이다. 등소평의 사위들은 '나무' 대신 '방향성'을 강하게 띤 이름을 지니고 있다. 전문 경영인으로 자리매김한 오건상은 '번영'과 '성장'을 암시하는 이름이다. 기업 경영에 걸맞은 이름이다. 무기 거래에 뛰어든 장군은 '세상의 잣대'를 암시하는 평평할 '평(平)'을 이름으로 지니고 있다. '무력이 세상 질서를 좌우한다'는 소신을 갖고 살았을 것이다. 첨단 무기가 바로 국력의 잣대라는 인식을 지니고 살았을 것이다.

보수파의 거두로 통했던 진운(陳雲)의 아들 진원(陳元), 전 국가 주석 양상곤(楊尙昆)의 아들 양소명(楊紹明), 부일파(薄一波)의 아들 부희래(薄熙來), 전 국가 부주석 왕진(王震)의 아들 왕군(王軍), 전 수도철강공사 회장 주관오(周冠五)의 아들 주북방(周北方) 등이 재계의 실력자들로 새롭게 등장했다. 구름 '운(雲)'은 으뜸 '원(元)'으로 이어졌다. 구름이 빛을 가려 준 덕에 곡식이 잘 자라 풍작을 거두었다. 오히려 '상(尙)'-맏이 '곤(昆)'은 이을 '소(紹)'-밝을 '명(明)'으로 이어졌다. '맏이가 되기를 바란다'는 아버지의 이름은 '밝은 곳으로 나간다'는 아들의 이름으로 연결되었다. 아버지는 '맨 앞에 서라!'고 했다. 아들은 아버지의 그런 소망에 의해 늘 '빛'을 바라보았다. 아들은 권력은 잠시 한때로 끝나지만 '돈'은 빛처럼 늘 변함이 없다고 여겼다. 그래서 아들은 '돈'을 통해 맨 앞에 서려고 했다. 하나 '일(一)'-물결 '파(波)'는 빛날 '희(熙)'-올 '래(來)'로 이어졌다. 아버지는 잔잔하게 이어지는 물결보다 한번 크게 부딪쳐 깨지는 큰 물결을 바랐다. 아들은 '불길처럼 활활 타오르는 미래'를 바랐다. 아버지는 큰 파도처럼 세상을 변화시키라고 했다. 아들은 '돈을 벌어 새로운 미래를 개척하는 것이 바로 세상을 변화시키는 지름길'이라고 여겼다. 벼락 '진(震)'은 군사 '군(軍)'으로 이어졌다. 아버지는 천둥 치듯 요란하게 굴기를 바랐다. 아들은 아버지의 그런 바람을 '돈벼락'을 좇는 말 달리는 군사로 표현했다. 갓 '관(冠)'-다섯 '오(五)'는 북녘 '북(北)'-모 '방(方)'으로 이어졌다. 아버지는 높은 벼슬을 바랐다. 아들은 가보지 않은 미지의 땅, 미개한 땅을 찾고자 했다. 그래서 아들은 아버지의 감투욕 대신 재물욕을 좇기로 했다.

주은래의 양자 이붕(李鵬), 중앙군사위 부주석 엽검영(葉劍英)의 아들 엽선평(葉選平), 국가 부주석 오란부(烏蘭夫)의 아들 오포혁(烏布赫), 전국인민대표대회 상무위원 장중로(張仲魯)의 아들 장호약(張皓若) 등은 정계의 실력자들로 자리매김했다. 이들 중 특히 두드러진 인물이 이붕(1928~)이다. 그는 사천성의 성도 출신이다. 1931년 그가 겨우 3세 때 공산당원이던 부모가 남창폭동 참가 후 국민당에 체포되어 처형당하자, 열사의 아들로 1939년에 주은래의 양자가 되었다. 장가구(張家口)공업전문에서 수학한 후 1948년에는 모스크바 동력대학에서 유학을 했다. 1955년에 귀국하여 길림성 풍만발전소의 기사장이 되었다. 1966년에 북경 급전국장 등을 거쳐 1979년에는 전력공업부 부부장이 되었다. 1981년에는 부장이 되어 마침내 중앙 정치 무대에 진출했다. 그리고 1987년에 중앙정치국 상무위원이 되면서 최고 지도자 대열에 진입했다. 1988년 4월에 국무원 총리가 된 후, 1993년 3월에는 제8기 전국인민대표대회에서 재선되었다.

부모를 잃은 어린 고아는 주은래(周恩來)라는 거인을 만나 마침내 '붕(鵬)' 새로 하늘을 훨훨 날았다. 부모에게 못 받은 '사랑'을 듬뿍 받으며 부모가 열어 주지 못한 '미래'를 활짝 연 것이다. 칼 '검(劍)' - 영웅 '영(英)'은 가릴 '선(選)' - 평평할 '평(平)'으로 이어졌다. 아버지는 '영웅의 칼'이 되어 세상을 변혁하라고 했다. 아들은 아버지의 그런 바람을 이어받아 '세상을 고르게 만드는 손길'이 되려 했다. 칼 대신 '말'을 휘두르는 정계에 뛰어든 것이다. 난초 '난(蘭)' - 사내 '부(夫)'는 베 '포(布)' - 붉을 '혁(赫)'으로 이어졌다. 아버지는 '평탄하고 유순한 삶을 살라'고 했다. 아들은 그래서 '붉게 타오르는 해'를 '베'로 살짝 가려 놓았다. 아버지의 소망을 아들이 그런 식으로 잘 이어받은 것이다. 버금 '중(仲)' - 미련할 '로(魯)'는 밝을 '호(皓)' - 같을 '약(若)'으로 이어졌다. 아버지는 '너무 앞장서지 말고 약간 미련한 척하며 살라'고 했다. 아들은 '눈부신 빛이지만 흔한 불빛인 것처럼 위장하고 사는' 쪽을 지향했다. 아버지의 바람을 아들이 고스란히 수용하고 체질화·내면화한 것이다. '사람을 다루는' 정치에 뛰어든 아들들은 한결같이 아버지의 이름 덕을 톡톡히 보고 있다. 아버지의 이름이 뜻하는 대로 천성과 재능을 잘 조화시키며 거칠게만 느껴지는 정치 무대에서 쑥쑥 잘 성장했다.

1989년 6월 4일, 천안문 사건을 촉발한 중국 민주화 운동의 핵심 요구 중 하나가 바로 '태자당의 비리 척결'이었다. 여론을 의식한 중국 지도부는 1997년 8월, 태자당 출신들의 공산당 내 승진을 늦출 것을 결정했다.

상해방(上海幇)이라는 말이 있다. 전 국가주석 강택민이 상해시장 (1985), 상해 당 서기장 겸 중앙정치국 위원(1987)을 거쳐 국가주석의 자리에 올랐기 때문에 그의 후광을 입어 중앙 정치 무대에 진출한 사람들을 상해방이라고 일컫게 된 것이다.

경제부총리(1991)를 거쳐 제5대 총리를 지낸 주용기(朱鎔基)도 상해시장 출신이다. 정치국 상무위원 위건행(尉健行), 이남청(李嵐淸), 중앙정치국 위원 정관근(丁關根), 상무부총리 황국(黃菊), 전국인민 대표대회 상무위원장 오방국(吳邦國), 외교부장 당가선(唐家璇), 국가발전계획위원회 주임 증배염(曾培炎), 교육부장 진지립(陳至立), 국가안전부장 허영약(許永躍), 건설부장 유정성(俞正聲) 등이 상해방으로 분류된다. 이들 상해방은 중국 경제가 나아갈 방향을 상해에서 찾고자 했다. 즉, 개혁과 개방의 진정한 목표가 바로 경제 부흥을 통한 중국 전체의 상해화(上海化)에 있다고 본 것이다.

상해방의 대표적 인물인 주용기(朱鎔基 : 1928. 10. 22~)는 호남성의 장사 출신이다. 유복자로 태어나 10세에 어머니마저 여의고 큰아버지 집에서 자랐다. 하지만 3세 때 〈논어〉를 익혔을 정도로 천재였다. 〈수호지〉를 워낙 좋아해 등장인물 108명의 이름과 아호를 모두 기억할 정도였다. 당연히 무엇을 하든 일등을 놓친 적이 없었다.

1947년 청화대학교에 입학한 뒤 공산당 산하 신민주주의 청년연맹에 가입해 대학자치회 주석을 맡았다. 졸업 후 동북인민정부 공업부에 취직했지만 1957년 '반 우파 투쟁' 때 당적을 박탈당하고 직위해제가 되었다. 그는 또 문화혁명 때도 우파로 몰려 1970년부터 5년간 돼지 사육에 매달려야 했다. 이후 1978년에 전 동북인민정부 부비서장 마홍(馬洪)이 소장을 맡고 있던 중국사회과학원의 공업 연구실 주임이 되면서 두각을 나타내기 시작했다.

1987년에 상해시장을 거쳐 1989년에 이르러 천안문 사태 때는 역사의 전면에 있게 되었다. 그는 텔레비전 연설만으로 격앙된 대학생들을 자제시켜 무력 동원을 하지 않고 시위대를 해산시켰다. 1991년에 상해를 방문한 등소평에게 개혁 구상을 브리핑한 뒤 '경제를 아는 사람'으로 인정받았다. 같은 해 국무원 부총리로 승진해 국영기업 간 상호 부채 문제를 해결했다. 1993년부터 본격적인 경제개혁에 나서자 대항 세력의 반발도 그만큼 커졌다. 그는 "100개의 관을 준비해라. 99개는 그들의 것이고 나머지 하나는 내 것이다."라고 말하며 강하게 밀어붙여 반발을 조기에 가라앉혔다.

1998년 3월에는 주은래, 화국봉, 조자양, 이붕에 이어 제5대 총리에 올라 국유기업, 금융기구, 정부기구의 3대 개혁을 추진하며 개혁과 개방을 착실히 연착륙시켜 나갔다.

강택민으로부터 시작된 상해 인맥을 살펴보자.

주용기, 위건행, 이남청, 정관근, 황국, 오방국, 당가선, 증배염, 진지립, 허영약, 유정성……. 강택민(江澤民)은 '백성을 모이게 하고 마시게 하는 큰 연못'이다. 주용기(朱鎔基)는 '쇠를 녹여 새 물건을 만들 듯이 기반 자체를 다시 쌓는다'는 이름이다. 위건행(尉健行)은 '기죽지 않고 어깨 펴고 나다닌다'는 이름이다. 무엇을 하든 강한 추진력과 고집으로 밀고 나간다는 뜻이다. 이남청(李嵐淸)은 '상쾌한 산바람처럼 새로운 활력을 불어넣는다'는 이름이다. 변혁과 창조를 암시한다. 새로운 기운과 새로운 도약을 암시한다. 정관근(丁關根)은 '뿌리와 관계된 일을 한다'는 이름이다. 근본을 고쳐 새것을 만드는 이름이다. 황국(黃菊)은 '씨 뿌려 가꾼 것을 활짝 꽃피운다'는 이름이다. 꽃을 싫어하는 이가 어디 있는가. 꽃은 결실로 이어지는 필연적인 징검다리다. 그래서 미래가 있고 설렘이 있다. 오방국(吳邦國)은 '고을 구석구석을 챙겨 나라 전체로 이어간다'는 이름이다. 나라의 통치에 관련된 이름이다. 가슴에 품은 뜻이나 꿈이 남다르다는 것을 암시한다. 당가선(唐家璇)은 '집안의 아름다운 보물'이다. 집안을 자랑스럽게 드러내 주는 '아름다운 보석'이다. 나라를 대표하고 백성을 대표하여 밖으로 아름답게, 화려하게 잘 드러낸다는 이름이다. 증배염(曾培炎)은 '번영과 성장을 더욱 북돋운다'는 이름이다. 성장과 도약, 진취와 비상을 암시하는 적극적이고 공세적인 이름이다. 진지립(陳至立)은 '쓰러진 것들을 기어이 일으켜 세운다'는 이름이다. 성공이나 성취와 연관된 이름이다. '기필코 일으켜 세운다'는 이름이니 함께 일하는 이들 모두 덕을 입을 이름이다. 허영약(許永躍)은 '쉬지 않고 달린다'는 이름이다. 대단한 적극성이고 진취성이다. 성취욕이 남다른 이름이다. 유정성(俞正聲)은 '올바른 소리로 방향을 잘 잡는다'는 이름이다. 귀로 들어 아는 것들이 얼마나 많은가. 소리가 똑바르면 누구든 제대로 걸을 수 있다. 소리가 바로 길잡이다. 소리가 바로 메시지다. 하나같이 적극적이고 변혁적인 이름들이다.

상해방의 공통된 메시지는 개혁과 개방 그리고 성장과 도약이다. 모두 진취적이고, 의욕적이고, 실천적이다. 중국의 앞날을 위해 딱 어울리는 이름들이다. 이름에 각자의 천성과 기질이 있다면 상해방은 바로 21세기 새로운 중국이 만들어 놓을 타임캡슐이다.

하지만 이상하게도 문화혁명의 선봉에 섰던 〈사인방〉의 핵심 인물들 또한 모두 상해를 기반으로 경력을 쌓았었다. 강청과 함께 사형선고를 받은 장춘교(張春橋 : 1917~1991)는 상해 〈해방일보〉 사장을 거쳐 상해시 당 제1서기, 상해혁명위원회 주임을 역임했다. 모택동의 후광을 업고 정치국 상무위원과 부총리를 역임하다가 모택동 사후 날벼락을 만났다. 〈부르주아에 대한 전면 독재〉를 발표하며 문혁의 기수 노릇을 자처한 것이 화근이었다. 1976년 9월이 되어 모택동이 죽자 바로 그해 10월에 화국봉, 왕동흥에 의해 〈사인방〉 체포령이 내려졌던 것이다. 그리고 1977년 8월, 문혁종결선언이 있자 문혁과 직·간접적으로 연관된 이들은 모두 역사의 전면에서 사라져야 했다.

무기징역형을 언도받은 왕홍문(王洪文 : 1935~1992)은 상해 면방직공장 노동자를 거쳐 문혁의 바람을 타고 당 중앙위원과 당 부주석을 역임했다. 20년형을 언도받은 요문원(姚文元 : 1931~)은 상해에서 대학을 마쳤다. 1965년에는 상해신문에 〈신편 역사극 '해서(海瑞)의 면관(免官)'을 평함〉을 발표하여 문화혁명의 계기를 제공했다. 문혁의 이론과 선전을 지도하며 '문혁 폭풍'을 최대한 활용했다. 1969년에는 당 정치국원으로 발돋움했다. 결국 '문혁 태풍'을 타고 승승장구하던 〈사인방〉은 모택동이 죽고 문화혁명으로 고통을 받은 이들(예 : 등소평)이 다시 전면에 부상하자 자연스럽게 일소되고 말았다. 1960년대와 1970년대를 청산하고 1980년대로 진입하기 위한 어쩔 수 없는 역사의 '정반합(正反合)'이었다.

1980년대는 문혁 태풍이 아니라 새로운 개혁과 개방의 태풍이 필요했다. 장춘교(張春橋)는 '봄기운을 불러들이는 다리가 된다'는 이름이다. 문혁 '훈풍'을 일으켜 결국 문혁 '광풍'으로 변질시켰다가 그 광풍에 함께 휩쓸리고 만 것이다. 훈풍을 불러들인 다리는 광풍이 일자 함께 무너지고 말았다. 왕홍문(王洪文)은 '큰 물 같은 사조(思潮)에 휩쓸린다'는 이름이다. 요문원(姚文元)은 '글과 사상을 무기로 큰일을 도모한다'는 이름이다. 그는 이름 뜻대로 이론과 선전의 귀재로 군림하다가 그 이론과 선전이 낡은 것으로 치부되기 시작하자 마침내 함께 도태되고 말았다.

강택민과 주용기를 앞세운 〈상해방〉은 개혁과 개방의 물결을 일으켜 새로운 중국을 건설했다. 장춘교, 요문원, 왕홍문을 앞세운 상해 출신의 〈사인방〉은 문화혁명이라는 때 아닌 광풍을 일으켜 역사의 한 토막을 싹둑 잘라 내고 그 잘라 낸 역사의 '슬픈 운명'과 함께 영원히 나락(奈落)으로 떨어지고 말았다.

다음은 석유방(石油幇)이다. 2000년 이후 새롭게 주목받고 있는 국무원 석유부 혹은 석유학원(대학) 출신의 인맥을 일컫는 말이다.

대표적인 인물로는 2003년 3월 국무위원에 임명된 주영강(周永康) 정치국원 겸 공안부장, 증경홍(曾慶紅) 국가 부주석, 그리고 첫 여성 부총리인 오의(吳儀) 등이다. 특히 주영강은 강택민의 측근으로 공안 분야의 전력이 없는데도 공안의 책임자가 된 사람이다. 석유학원을 졸업하고 동북지방 유전지대에서 일하다가 국무원 석유부가 해체된 뒤 중국 석유총공사 사장, 국무원 국토자원부 부장, 사천성 당서기를 지냈다. 증경홍 역시 1980년대 석유부에서 일한 적이 있다. 오의는 석유학원 출신으로 연산(燕山)석유화학 부사장을 지냈다.

주영강(周永康)은 '오래도록 평안하게 한다'는 이름이다. 번영과 성장 그리고 안정과 평화를 암시하는 이름이다. 증경홍(曾慶紅)은 '좋은 일을 더욱 뚜렷하게 드러낸다'는 이름이다. 경사스러운 일을 더욱 두드러지게 한다는 이름이니 그 얼마나 좋은가. 날마다 경사가 겹칠 이름이다. 오의(吳儀)는 '지닌 총명함이 겉으로 잘 드러난다'는 이름이다. 속과 겉이 같다는 말이다. 속과 겉이 같아 주위 사람들로부터 쉽게 신망을 얻는다는 이름이다. 주영강은 '안정 성장'과 연관되어 있다. 증경홍은 '성장과 도약'을 부채질할 이름이다. 오의는 '국민의 신뢰를 얻어 큰일을 성취할' 이름이다. 각자의 사명은 다르지만 하나같이 21세기 새로운 중국 탄생을 예고하는 바람직한 이름들이다. 세 사람의 이름 속에 이미 중국의 미래가 새겨져 있다.

다음은 청화대학교 인맥을 의미하는 청화방(淸華幇)이다. 혈연을 중심으로 한 태자당이나 지연을 중심으로 한 상해방과 달리 청화방은 청화대학교 출신으로 이어진 학연을 의미한다. 청화대학교는 중국의 MIT(매사추세츠공과대학교)로 통하는 명문이다. 경제 발전이 지상 과제로 대두되면서 자연스럽게 과학기술의 메카로 통하는 청화대학교 학맥들이 개혁과 개방의 물결을 주도하게 되었다.

제5대 총리로 경제개혁과 산업 발전을 이룩한 주용기, 국가주석 겸 당 총서기로 제4세대 지도부를 대표하는 호금도, 전국인민대표대회 상무위원회 위원장 오방국, 정치국원 겸 상무부총리인 황국, 정치국 상무위원 오관정(吳官正), 국가발전계획위원회 주임 증배염, 최고인민검찰원 검찰장 가춘왕(賈春旺) 등이 대표적 인물들이다. 그밖에 2008년 북경올림픽을 계기로 급부상한 국가체육위원회 주임 오소조(吳紹祖), 국가개발은행장 진원, 사천성 성장 송보서(宋寶瑞) 등도 청화대 인맥들이다.

청화방의 활약으로 이제 청화대는 북경대를 앞지르는 인기를 누리고 있다. 주용기는 이미 새로운 중국 건설을 위해 몸 바친 사람이다. 호금도는 이미 거함인 중국호의 실질적인 선장으로 자리를 굳혔다. 오방국이나 황국 또한 중국 지도부의 핵심 인물로 떠올라 있다.

오관정(吳官正)은 '관직에 올라 바르게 다스린다'는 이름이다. 국가 공복(公僕)에 가장 잘 어울리는 이름이다. 가춘왕(賈春旺)은 '봄기운처럼 왕성하게 한다'는 이름이다. 성장과 번영을 암시하는 이름이다. 오소조(吳紹祖)는 '이어주고 도와주는 선조가 된다'는 이름이다. 후손을 생각하며 '일하는 조상'이 있는 한 세상은 더 나아지게 마련이다. 송보서(宋寶瑞)는 '보배 같은 인물이 되어 상서로운 일을 만든다'는 이름이다. 스스로 보배가 되어 주위에 복된 일을 많이 만든다는 이름이니 참으로 이상적인 이름이다. 이처럼 청화방 인맥들은 하나같이 '일'과 그 일을 통한 남다른 '보람'을 암시하는 이름들을 지니고 있다. '일'을 통해 '보람'을 찾고 '일'을 통해 애국애족을 한다는 이름들이다. 21세기 새로운 중국 탄생을 예고하는 선한 일꾼들이다. 한마디로 모두 다 번국지인(繁國之人)이고 번국지맥(繁國之脈)이다.

그렇다면 제4세대 지도부의 또 다른 핵심 인물인 온가보(溫家寶 : 1942. 9~)는 대체 어디에 속한 인맥인가. 그는 천진 태생으로 1967년에 북경지질학원 광산학과를 졸업했다. 문화 대혁명 때는 하방운동으로 감숙성의 지질국 지질역학기술원으로 쫓겨났다. 1976년의 당산 대지진 이후 지진예보 전문가로 인정받아 감숙성 지질국의 부처장이 되었다. 이후 승진을 거듭해 감숙성 지질국 부국장과 중앙정부 지질광산부 정책법규연구실 주임을 역임했다. 1983년에는 지질광산부의 부부장이 되었다. 1986년 중앙판공청 주임을 거쳐 이듬해에는 제13차 전국인민대표대회에서 당 중앙위원 겸 중앙서기처 후보서기로 임명되었다. 1989년 6월 천안문 사건 때는 시위 학생들의 입장에 동조했음에도 불구하고 축출되지 않았으며, 오히려 1992년에 중앙정치국 후보위원 겸 중앙서기처 서기로 승진했다. 국무원 부총리 겸 당 중앙농업영도소조 조장, 공산당 정치국 상무위원을 거쳐 2003년 3월에는 당 서열 3위인 국무원 총리로 임명되었다. 이로써 그는 호금도, 오방국에 이어 당당히 제4세대 지도부의 핵심으로 떠오른 것이다. 온가보는 태자당, 상해방, 석유방, 청화방 등 그 어디에도 속하지 않는 독자적인 인맥이다. 굳이 따진다면 엔지니어 출신들로 뭉쳐져 있는 석유방이나 청화방 인맥과 통한다고 볼 수 있다.

온가보는 '집안의 보배가 된다'는 이름이다. 공산주의는 모든 사람을 동지 혹은 동무로 보니 '집안'이 바로 '사회와 국가'인 셈이다. 그렇다면 제6대 총리인 온가보는 '나라의 보배가 된다'는 이름이다. 중국을 위해, 중국 인민을 위해 참으로 다행스러운 이름이다. 주은래(周恩來), 화국봉(華國鋒), 조자양(趙紫陽), 이붕(李鵬), 주용기(朱鎔基), 온가보(溫家寶)로 이어진 중국의 총리 라인이다.

'공자의 인의(仁義)'로 다가온 주은래는 만인 평등의 공산국가를 건국했다. '나라의 칼끝'이었던 화국봉은 비로소 국가 정의를 바로 세우려고 했다. '온 나라를 두루 비추는 상서로운 빛'이었던 조자양은 주은래의 평등과 화국봉의 정의 위에 민주적 색깔을 덧입히려 했다. '하늘을 힘차게 날아다니는 새'였던 이붕은 새로운 중국을 세계에 드러내는 일에 더욱 박차를 가했다. 나라를 자신의 큰 날개에 실어 만방에 높이 드러내려 했다. 한마디로 애국애족의 열정을 다시 한 번 불사르려고 했던 것이다. 주용기는 건국 이후 다져진 국가의 기틀을 다시 뜯어 재조립함으로써 새로운 중국 건설의 기초를 다져 놓았다. 그리고 경제성장이 만들어 내는 거품을 준법 의식 고취로 최대한 막아 보려고 애썼다.

이제 온가보는 달리기 시작한 경제와 춤추기 시작한 사회를 적절히 통제하여 중국이라는 큰 그릇 속에 가지런하게 담아 놓아야 한다. 갈고, 닦고, 깨뜨리고, 모양을 내서 감춰진 빛깔을 드러내야만 비로소 보물의 반열에 들 수 있다. 온가보는 단순한 크기나 잠재력으로 저울질하던 중국을 어엿한 하나의 보물로 취급받게 해야 할 사명을 띠고 있다.

21세기 신중국은 북경올림픽대회(2008)를 통해 역사적인 큰 획을 긋게 될 것이다. 등소평의 백묘흑묘론(白猫黑猫論)으로 촉발된 독특한 실용주의 노선으로 '홀로 급히 뛰는 중국'을 만들었다면, 올림픽 이후에는 '주위를 둘러보며 함께 뛰는 중국'으로 다시 태어나야 한다. 세계가 중국을 두려워하는 이유가 따로 있다면 그것은 바로 '유용한 변신을 거듭하며 육중하게 달려 나가는 그 혼연일체(渾然一體)의 모습' 때문이다. 단순히 인구가 많다든가, 땅덩어리가 크다든가, 경제성장이 눈부시게 높다는 것만을 들먹이며 두려워하는 것이 아니다. 변화할 때 변화하는 그 놀라운 변신의 모습에서 세계는 중국의 무서운 잠재력을 간파하고 겁을 집어먹는 것이다.

등소평의 백묘흑묘론은 벌써 1960년대 초에 세계의 주목을 받았다. 4인방의 우두머리 격인 강청(江靑)은 1962년 중앙서기처 회의석상에서 공개적으로 등소평의 백묘흑묘론을 '자본주의를 확산시키려는 사악한 저의'라고 매도했다. 강청은 등소평의 '10대 죄상'을 규탄하면서도 백묘흑묘론을 전면에 내세웠다. 사실 등소평의 묘론(猫論)은 모론(摸論)을 빼놓고는 논할 수 없다. 동전의 양면처럼 묘론과 모론이 함께 존재할 수밖에 없기 때문이다. 묘론은 '흰 고양이든 검은 고양이든 쥐만 잘 잡으면 좋은 고양이[불관백묘흑묘, 능조도노서취

하호묘(不管白猫黑猫, 能抓眺老鼠就是好猫)]'라는 말이다. 또한 모론(摸論)은 '돌다리도 더듬어 가며 강을 건너야 한다[모석두과하(摸石頭過河)]'는 말이다.

등소평은 강청에게 공개적으로 비난받았던 그 백묘흑묘론을 꼭 30년 뒤인 1992년 10월, 공산당 제14차 전국대표대회에서 중국적 사회주의 이론 확립을 주창하며 사회주의 시장경제 체제의 심화(深化)와 토착화(土着化)를 위해 보폭을 더 크고 힘차게 할 것을 강조했다.

등소평은 모스크바 유학 시절에 동료들로부터 '소강포(小鋼砲)'라는 별명을 들었다. '작은 대포'라는 말이다. 둥근 얼굴, 다부진 체격에 유창하고 확신에 찬 언변을 겸비했기 때문에 다들 그런 식으로 불러 주었다. 등소평의 본명은 등선성(鄧先聖)이다. 후에 등희현(鄧希賢)으로 고쳤다가 상해에서 장석(張錫)과 결혼하며 비로소 등소평(鄧小平)으로 굳어졌다.

등선성과 등희현이라는 이름은 도학(道學)에 몰두하거나 학문에 전념할 가능성이 높다. 관념적이고 사색적인 만족을 더욱 소중하게 여기는 이름이기 때문이다. 소강포와 등소평이라는 별명과 이름 덕분에 백묘(白猫)와 흑묘(黑猫) 모두 고양이를 많이 잡으며 '좋은 고양이', 즉 하호묘(是好猫)가 될 수 있었다. 색깔에 상관없이 모두 쌍묘도(雙猫圖) 속의 주인공으로 사랑을 받게 된 것이다. 등소평의 개인 사무실에는 '고양이 두 마리가 두 눈을 반짝이며 팽팽히 긴장해 있는' 쌍묘도가 걸려 있었다고 한다.

등소평은 아이들의 시끌시끌한 소리를 '가장 아름다운 음악'이라고 했다. 문화혁명의 와중(渦中)에서 장애자가 된 장남을 씻겨 주며 아들이 시키는 대로 고분고분 따라 하는 것을 오히려 즐거워했다. 잠시나마 몸이 불편한 아들의 하인이 된 것을 오히려 고마워했다.

기록사진을 책임진 여후민(呂厚民)은 '등소평 부자의 모습을 보면 아버지의 사랑이 어떤 것인지를 생생하게 느낄 수 있다'고 전했다. 격주로 가족회의를 열며 본인이 직접 참석할 수 없는 경우에는 비서로 하여금 대신 참석하게 했다. 아버지의 자리, 가장의 자리를 그런 식으로라도 꼭 채워 놓으려 했던 것이다. 4대가 오순도순 모여 식사를 하게 되면 누가 빠졌는가를 반드시 헤아려 음식을 남겨 놓도록 했다. 외국 순방을 마치고 입국했을 때는 어린 증외손녀가 눈에 띄자, 공식적인 의전을 뒤로 미룬 채 아이 앞으로 성큼성큼 걸어가 덥석 끌어안고 다정하게 입을 맞추기도 했다. 이것이 바로 20세기를 정리하는 '작은 거인' 등소평의 진면목이었다. 20세기를 마지막으로 장식할 가장 중국적인 모습을 그런 식으로 나타냈다. 독선과 아집, 폐쇄와 냉소가 개인적으로나 국가적으로 얼마나 치명적인가를 문혁(文革)의 광포한 파고(波高)를 넘어오며 절절히 느낀 그였다.

　이제 21세기가 활짝 열렸다. 개방과 개혁, 자율과 통합이라는 이율배반적인 흐름들이 21세기의 첫 10년을 지배하고 있다. 정신없이 달려가면 반드시 방향을 잃고 좌초하게 되어 있다. 홀로 초일류가 되려고 혈안이 되면 개인이나 국가나 몇 차례의 널뛰기 뒤에 반드시 고꾸라지게 되어 있다. 스스로 보편적이지 않다고 여기는 길에 누가 손뼉을 치며 환호성을 질러 주겠는가.

　21세기는 경제적 힘만 가지고는 결코 세계의 지도국(指導國)이 될 수 없다. 대의명분이 분명한 국가적 방향이어야 한다. 감성과 상상력이 지배하는 세기에는 그 감성과 상상력에 걸맞은 리더십이 필요하다. 수백만 혹은 수천만 명이 제 발 혹은 제 뜻으로 언제든지 한 방향으로 쏠리고 또 한곳으로 몰려들 수 있는 무시무시한 자발적(自發的) 통합의 세기에 살고 있다. 몇 가지 그럴듯한 추억으로 물든 대

중적 인기인의 장례식을 수십 억 인구가 한꺼번에 숨을 죽이며 주목하고 응시하는 세기에 살고 있다. 쉬이 꺼지고 또 쉽게 식을 불꽃이고 열풍이지만, 그 전파력이 가히 가공할 만하다. 지진과 해일 그리고 광풍으로 서로 묶여 있고 얽혀 있듯이 세계는 바야흐로 뜨거운 불덩어리처럼 하나로 뭉쳐 이글이글 타오르고 있다.

21세기 지도국은 변화된 세기에 제대로 적응하며 딱 한 걸음만 앞서 가야 한다. 21세기 리더십은 함께 가되 눈길은 한 걸음 앞에 있어야 한다. 20세기는 모택동과 등소평이라는 걸출한 영웅을 만나 대단히 성공적으로 마무리 지을 수 있었다. 이제 21세기는 시작 단계에 불과하다. 아직도 갈 길이 너무 멀다. 하지만 '대중과 함께 걷되 눈길을 딱 한 걸음 앞에 두어야 한다'는 원칙만은 변함이 없다.

CHAPTER 3.

창업(創業)의 주인공들

'첫 황제' 진시황의 짧지만 굵은 일생

4백 년 장수국가(長壽國家)를 세운 유방(劉邦)

유비, 조조, 손권의 〈삼국시대〉를 통일하고 진(晉)나라를 세운 사마염(司馬炎)

3대 37년 단명(短命)으로 끝난 양견(楊堅)의 수(隋)나라

3백 년 역사를 중원에 새긴! 당(唐)나라 이씨(李氏) 왕조

3백 년 문화 대국을 세운 조씨(趙氏) 일족의 송(宋)나라

북방 유목 민족의 중원 진출 : 몽골의 백 년 통치와 원(元)나라

'한족(漢族)의 부흥'을 내건 명(明)나라 주씨(朱氏) 왕조

북방 민족의 중원 진출 : 만주족의 청(淸)나라

청(淸)나라 멸망 후 중원 대륙을 떠맡은 중화민국(中華民國)

'첫 황제' 진시황의 짧지만 굵은 일생

진시황(秦始皇 : BC 259~BC 210 / 재위 BC 246~BC 210)은 혼란과 폭력으로 얼룩진 춘추전국시대(BC 8세기~BC 3세기 춘추시대의 시작은 주나라가 낙양으로 천도한 BC 770년 혹은 〈춘추〉의 첫해인 BC 722년으로. 봄전국시대의 시작은 BC 453년 혹은 BC 403년으로 예견)에 종지부를 찍은 사람이다. 중국 역사 최초로 통일국가를 건설하여 마침내 '중국 대륙'을 세계 정치사에 뚜렷하게 새겨 놓았다.

중국 최초의 중앙집권적 통일 제국인 진(秦 : BC 221~BC 206)나라를 건설하여 최초의 창업자가 된 것이다. 시황제의 창업에는 조(趙)나라 갑부인 여불위(呂不韋)의 이름이 등장한다. 그가 정략적으로 조나라에 인질로 와 있던 시황제의 부친인 장양왕을 도와 진나라의 왕으로 세웠기 때문에 시황제가 있게 되었다는 것이다. 시황제는 13세에 즉위했지만 어린 나이라 태후의 신임을 얻은 여불위와 노애 같은 권신들에게 휘둘려야 했다. 하지만, 21세가 되자 친정을 시작하여 권신인 여불위와 노애를 제거하고 법가(法家)인 이사(李斯) 등을 중용하여 법 제도 정비와 부국강병책을 강력히 추진했다. 또 30세(BC 221)가 되자 한(韓), 위(魏), 초(楚), 연(燕), 조(趙), 제(齊)나라를 차례로 정복하여 마침내 천하 통일의 대업을 완수했다.

통일 후에는 스스로 시황제라 칭하며 법령 정비와 군현제 실시를 서둘렀음은 물론 문자와 도량형 그리고 화폐를 통일했다. 뿐만 아니라 전국적인 도로망 건설에 박차를 가하며, 정복한 나라의 성곽과 요새를 모조리 파괴했다. 새 시대가 도래한 것을 만천하에 과시하기 위한 일련의 대대적인 조치들이었다. 전국의 부호 12만 호를 수도인 함양으로 강제 이주시켰다. 또 민간의 무기 소지를 금지하여 반란의

[그림 2] '법규와 가르침'을 의미하는 자신의 이름에 걸맞게 법치주의를 강조한 진시황

소지를 원천 봉쇄하고 사상과 이념의 통일을 위해 악명 높은 분서갱
유(焚書坑儒)를 단행했다. 의술과 과학기술에 관련된 서적과 진나라
의 기록만 남기고 모두 불태워 없앴다. 또한 흉노족을 무찌른 뒤 황
하 이남의 땅을 되찾았다. 그리고 전국시대 각국의 장성을 개축하여
요동에서 감숙성 민현에 이르는 만리장성을 건설했다. 이어 베트남
북부와 해남도까지 영토를 확장했다. 전국을 5회나 순행하며 각처
에 자신의 공덕을 기리는 비석을 세워 놓았다. 하지만, 아방궁과 여
산(驪山) 기슭의 수릉(壽陵) 공사 등으로 국고와 국력을 너무 탕진했
다. 결국, 마지막 순행 도중 49세에 죽고 말았다. 수행 중이던 권신
이사와 환관 조고(趙高)가 유언을 위조하여 호해(胡亥)를 2대 황제로
옹립했지만, 곧이어 반란이 일어나 이내 망하고 말았다.

　진시황과 불가분의 관계를 맺게 된 여불위(BC 235년 자결)는 본
래 하남(河南)의 대상(大商)이었다. 조(趙)나라 수도인 한단(邯鄲)에

머물 때 볼모로 와 있던 진나라의 서공자(庶公子) 자초(子楚)를 도와 그가 진나라의 장양왕(莊襄王)으로 등극하도록 음으로 양으로 도왔다. 여불위는 당연히 장양왕의 후광을 업고 진나라의 승상이 되어 문신후(文信侯)에 봉해졌다. 사마천이 〈사기〉에서 여불위의 친자식이라고 기록한 태자 정(政)이 등극하자, 여불위는 상국(相國)의 지위에 올라 중부(仲父)라는 칭호로 불렸다. 하지만, 태후(진시황의 생모)와의 사사로운 관계가 들통나자 파직되어 결국 자결하게 되었다.

그는 3천 명에 이르는 식객들을 동원하여 춘추전국시대의 중요한 사료인 〈여씨춘추〉를 편찬하기도 했다. 얼마나 자긍심이 높았던지 책을 함양의 시문(市門)에 걸어 놓고 '한 자라도 고칠 수 있다면 천금을 주겠다'고 공언하기까지 했다.

진시황과 직결된 권신 이사(李斯 : BC 208년 공개 처형)와 환관 조고를 살펴보자. 이사는 초(楚)나라 땅인 하남성의 상채현(上蔡縣) 사람으로 순자(荀子)의 법가 사상을 이어받았다. 진나라의 승상이 된 여불위에게 발탁되어 운하를 완성하는 등 많은 일을 했다. 진나라가 6개국을 통일한 후에는 봉건제 대신 군현제를 실시하게 하여 승상의 자리에 올랐다. 분서갱유를 단행하게 한 장본인으로 알려져 있다.

시황제 사후 환관 조고와 공모하여 막내아들 호해(胡亥)를 황제로 옹립함으로써 장자 부소(扶蘇)와 장군 몽념(蒙恬)을 자결하도록 만들었다. 하지만 환관 조고의 참소로 투옥되었다가 장터에서 공개 처형되었다.

한편 조고(趙高 : BC 207년 처형)는 시황제의 순행에 동행하던 중 황제가 평대(平臺), 즉 하북성(河北省) 거록현(鉅鹿縣)에서 병사하자 승상 이사와 공모하여 유서를 조작했다. 후계자를 장자 부소에서 막내 호해로 고친 것은 물론이고 부소와 장군 몽념을 자결하게 만들기까지 했다. 실권을 장악하자, 우둔한 2대 황제 호해를 마음대로 조종하며 공자(公子)와 공녀(公女) 24명을 죽였다. 또 각지에 반란이 일어나 나라가 위태롭게 되자, 2대 황제를 모살하고 부소의 아들 자영(子嬰)을 황제로 옹립했다. 하지만, 곧 신임 황제 자영에게 3족을 멸하는 극형을 당했다. 3대 황제 자영도 재위 46일 만에 후일 한고조가 되는 유방(劉邦)에게 항복했다. 자영은 한 달 뒤 함양에 입성한 항우(項羽)에 의해 죽고 말았다.

이사와 조고의 유서 조작으로 자결한 장군 몽념(蒙恬 : BC 209년 자결)은 진시황의 천하 통일과 그 후의 흉노 정벌에 혁혁한 전공을 올렸다. 만리장성이 완성된 후에는 북쪽 변방을 경비하는 총사령관으로서 상군(上郡), 즉 섬서성의 부시현(膚施縣)에 주둔했다. 시황제 사후 환관 조고와 승상 이사의 흉계로 투옥되자 결국 자결했다. 부친은 몽무(蒙武)다.

진시황의 이름은 정사 '정(政)'이다. 바를 '정(正)', 두드릴 '복(攴)'으로 이루어진 글자다. 바를 '정'에는 '처음'이라는 의미가 있다. 그가 '처음으로 바르게 두드리는 소리'를 내자 하늘과 백성이 그를 중국 최초의 전제군주로 세운 것이다. 또 정사 '정(政)'은 '법규'와 '가르침'을 의미하기도 한다. 그가 법치주의를 특히 강조한 것이나 사상 통일을 강제로 밀어붙인 것과 결코 무관하지 않은 이름이다. 시황제(始皇帝)라는 칭호는 그가 직접 고른 것이고, 호랑(虎狼)이라는 별칭은 다른 사람들이 붙여 준 별칭이었다. '첫 황제'라고 불리기를 바랐지만 민심과 천명은 그를 '범처럼 용맹스럽지만 이리처럼 거칠고 사납다'고 보았다.

그가 황제가 되도록 도운 사람은 부친 자초(子楚)와 대상 여불위(呂不韋)였다. 부친의 이름에는 '회초리로 종아리를 친다'는 의미가 있고 막강한 재력가 여불위의 이름에는 '부드럽지 않다, 거역하지 않는다'는 의미가 있다. 이게 대체 무슨 뜻인가. 직역을 하면 '가죽이 아니'라는 의미다. 그렇다면 단단한 뼈라는 말인가, 아니면 부드러운 속살이라는 뜻인가. 아버지의 '회초리'와 후원자의 '뼈'가 태자 정을 시황제로 만들어 놓았다. 사마천에 의하면 여불위가 곧 시황제의 생부가 된다고 하니, 어쩌면 생부의 '뼈'와 양부의 '회초리'가 첫 황제를 탄생시킨 것인지도 모를 일이다. 그래서 시황제는 강력하고 독선적인 절대군주가 될 수 있었을 것이다.

재위 36년(천하 통일 이전과 이후를 합쳐)간 '회초리'와 '뼈'의 속성을 십분 발휘했다. 그 두 가지 속성을 통해 천하를 통일하고 최초의 통일국가를 건설할 수 있었다. 그 두 가지 속성을 통해 잘 정비된 법 제도와 웅장한 만리장성을 역사 속에 등장시킬 수 있었다. 그 두 가지 속성을 통해 화려한 아방궁과 거대한 수릉을 후대에 남길 수 있었다.

이사(李斯)는 '쪼갠다, 떠난다'는 이름이다. 군현제(전국을 36개 군으로 나눈 후 각 군에 황제가 임명한 관리를 파견)를 통해 중앙집권제를 확립하고 제도 및 사상의 통일에 집착하여 분서갱유를 단행하기도 했다. 마침내 황제의 유서를 조작하여 후계 구도 자체를 완전히 바꿔 놓기도 했다. 이내 환관 조고에게 일방적으로 당하고 말았지만, 한때는 이민자의 처지로 막강한 권세를 누리며 제2의 조국인 진나라를 마음껏 요리했다. '쪼갠다', '떠난다'는 이름 뜻에 걸맞은 일생이었다. 일을 맡으면 너무도 철저하게 하지만, 그 일로 인해 제자리를 떠나게 된다는 이름이다.

반면 조고(趙高)는 환관인 주제에 엄청난 권력을 누렸다. 권모술수가 대단했던 모양이다. 높을 '고(高)'에는 '멀다'는 의미와 '값이

비싸다'는 뜻도 있다. '높고 고상하게 될 운세'이기도 하지만 '사람들로부터 멀어지게 될 운세'이기도 하다는 뜻이다. 한때는 지략과 역량이 뛰어나 권력의 정점에 이를 수 있었을 것이다. 하지만, 그 권력의 내막을 속속들이 알게 되자 스스로 황제가 된 듯이 굴었다. 권력을 사람 죽이는 무기로 사용하기 시작했던 것이다. 한마디로 너무 높이 올라갔던 셈이다. 너무 높이 올라가다 보니 스스로 붙들고 있던 잔가지가 부러져 함께 추락하고 말았다.

이사와 조고에게 죽임을 당한 진시황의 장남 부소(扶蘇)와 장군 몽념(蒙恬)을 살펴보자. 부소는 도울 '부(扶)', 깨어날 '소(蘇)'다. 결국 간신배들의 권력욕을 일깨우고 우둔한 막냇동생 호해의 야심을 일깨워 준 셈이다. 엉뚱한 것들이 '깨어나자' 그의 운세는 곧 땅에 떨어지고 말았다. 장군 몽념은 편안할 '념(恬)'이다. 비록 권좌에서 밀려나 죽고 말았지만 '차라리 편안하다'고 여겼는지도 모른다. 간신배들의 극성과 천하 통일 대업의 와해를 목격하며 죽기를 각오했을 것이다. 더구나 그는 변방의 총사령관으로서 국경이 얼마나 시끄러운가를 철저하게 목도한 사람이다. 내부가 소란하고 부패하면 곧바로 망하게 된다는 사실을 누구보다도 잘 알고 있었다. 자신이 목숨 바쳐 건국한 진나라의 얼마 남지 않은 최후를 예감하며 스스로 죽기를 바랐는지도 모른다. 아버지 몽무(蒙武)의 굳셀 '무(武)'와 달리 편안할 '념(恬)'을 이름으로 지니게 된 것부터가 참으로 이상하다. 마치 격랑에 휩쓸릴 수밖에 없는 나약한 운세를 미리 점찍어 놓은 듯하다.

진시황의 장남 부소의 아들인 자영은 진나라의 제3대 황제에 올랐지만 재위 46일 만에 나라가 망하는 것을 지켜봐야 했다. 그리고 한 달 뒤에는 초패왕 항우에게 죽고 말았다. 자영(子嬰)의 이름에는

'잇는다'는 의미와 '연약하다'는 뜻도 들어 있다. 황제의 자리를 이어 놓기는 했지만 두 달도 채 못 채우고 여린 새싹처럼 시들고 말았다. 이름이 된 갓난아이 '영(嬰)'이 참으로 의미심장하기만 하다. 조개 '패(貝)' 둘을 계집 '여(女)'가 이고 있는 형상이다. 조개 '패'는 '보물'을 의미하기도 하고 '비단'을 뜻하기도 한다. 비단 옷을 겹겹이 껴입은 여자란 말인가. 귀한 신분이기는 하나 정작 그 몸이 불편하지 않겠는가. 이길 수 없는 감투, 견디기 힘든 신분을 지니게 된다는 암시 같기도 하다.

유방은 항복만 받았다. 하지만 항우는 아예 싹을 자르고 말았다. 유방(劉邦)의 이름은 나라 '방(邦)'이지만 항우(項羽)의 이름은 서적 '적(籍)'이다. 유방의 자는 끝(막내) '계(季)'고, 항우의 자는 깃 '우(羽)'다. 얼마나 신기한가. 유방은 그저 '진나라의 끝'을 보고자 했다. 하지만 항우는 '명부에 기록된 이름 자체를 하늘로 흩날리려' 했다. 항우는 일찍이 진시황처럼 막강한 황제가 되고자 했다. 회계산(會稽山)으로 행차한 진시황을 보고 "언젠가는 반드시 저 녀석을 대신해 줄 테다."라고 다짐했었다. 결국 진시황은 그가 22세 되던 해에 죽고 말았지만, 그는 몇 년 뒤에 시황제의 손자를 죽이게 되었다.

진시황은 평대(平臺), 즉 하북성의 거록현(鉅鹿縣)에서 병사했다. 평대는 '천하를 다스리는 권부(權府)'를 암시한다. 시황제가 움직이는 곳, 머무는 곳이 바로 천하의 중심이었다. 거록현은 클 '거(鉅)', 사슴 '록(鹿)'으로 된 지명이다. 클 '거'에는 '높다, 희다'는 의미가 들어 있다. 덩치가 큰 흰 사슴을 암시한다. 흰 사슴은 귀한 사슴이다. 결국 진시황이 병사한 거록현은 '황제의 방문'을 암시하고 있다. 지명(地名) 그대로 흰 사슴이 와서 머물다가 최후를 맞았다. 13세에 왕이 되어 39세에 천하 통일의 대업을 완수하고, 49세에 전국 순방

중 병사했다. 삼황오제(三皇五帝)의 전설에 나오는 인황(人皇) 혹은 태황(泰皇)의 '황(皇)'과 오제(五帝)의 '제(帝)'를 합쳐서 '황제'라는 호칭을 지어낸, 말 그대로 '첫 황제'였다.

시황제의 즉위 직후 조성하기 시작한 시황릉 혹은 여산릉은 높이 가 116m, 사방이 각각 600m에 달하는 거대한 규모로 70여만 명의 죄수가 동원되어 만들었다. 궁전과 누각 등의 모형은 물론이고 수은 이 흐르는 강과 바다가 있었다. 그리고 천장은 진주로 아로새긴 해 와 달 그리고 별들로 반짝였다. 고래 기름으로 만든 초, 침입자를 제 거하기 위한 활, 구리로 만든 관, 신하들과 호위하는 군마와 수레를 상징하는 수만 개의 도용 등 진시황의 무덤은 시황제의 일생을 압축 해 놓은 하나의 거대한 파일이다.

그가 짓다가 만 아방궁은 아직도 꿈의 궁전으로 사람들의 환상 속 에 남아 있다. 그가 점령한 6개국의 궁전을 본뜬 육국궁을 비롯하 여 수백 개의 궁전이 있던 수도 함양은 BC 207년 항우가 지른 불길 에 자그마치 3개월 동안이나 계속 탔다고 한다. 궁전과 궁전은 담장 으로 가려진 복층 고가도로로 끝없이 이어져 밖에서는 절대로 볼 수 없었다고 하니, 그 엄청난 규모와 시설은 가히 상상조차 할 수 없다. 그리고 흉노족의 침입을 막기 위해 몽념 장군과 30만 명의 군사가 10여 년에 걸쳐 완성한 만리장성은 2200년이 지난 지금도 불가사의 한 대역사로 손꼽히고 있을 정도다.

진시황의 일생을 보면 전형적인 영웅의 삶임을 고백하지 않을 수 없다. 매일 1석(30kg)의 서류를 결재하지 않으면 잠을 자지 않았을 정도로 헌신적인 군주였다. 전국을 5차례나 순회했다. 재위 37년째 되던 해 10월, 5번째 시찰에 나서서 회계산(會稽山 : 절강성 소흥 현 / BC 5세기 경 월왕 구천이 오왕 부차에게 패하고 20년 뒤 '회계의 치욕'을 설욕한 이야기로 유명)을 다녀오는 길이었다. 승상 이사와 환관 조고가 수행했다. 조고는 옥새를 맡고 있었다. 당시 20여 명의 황자들 중 맏이인 부소는 황제의 미움을 사 북쪽 상군 지방의 군대를 감독하고 있었다. 그의 휘하에는 명장 몽념이 있었다. 반면 막내 호해는 황제의 총애를 받아 지방 시찰에 동행을 했다. 그런데 황제는 사구 지방에 이르자 갑자기 중병이 들고 말았다. 임종을 맞이하게 된 황제는 환관 조고를 시켜 맏아들 부소에게 보낼 편지를 쓰게 했다. 하지만 황제는 편지를 보내기도 전에 운명하고 말았다.

유서와 옥새를 쥐고 있던 조고는 승상 이사와 밀담을 나누었다. 이사는 '여행 중에 운명했고 태자도 아직 정해져 있지 않으므로' 일단 황제의 죽음을 비밀에 부치도록 했다. 황제의 유해를 수레에 안치한 채 지방 시찰을 강행했다. 그러면서 환관 조고가 수레 안에 앉아 황제 구실을 했다. 수라상도 받고 보고와 결재도 평상시처럼 진행했다. 조고와 이사는 마침내 유서를 고쳐 시찰에 동행 중인 호해를 정식 후계자로 세우는 대신 맏이 부소와 명장 몽념을 없애기로 결정했다. 죽은 황제의 이름으로 궁정 쿠데타를 결행한 셈이다. 하지만, 이사와 조고의 결탁에 의한 시황제의 유서 조작도 '총 15년'에 불과한 진나라의 천수(天壽)를 단 1년도 더 늘일 수 없었다. 진나라는 결국 '첫 황제'를 낳은 것으로 역사 속에서 그 사명을 다하고 말았다.

4백 년 장수국가(長壽國家)를 세운 유방(劉邦)

유방(BC 247~BC 195 / 재위 BC 202~BC 195)의 자는 계(季)다.

패(沛), 즉 강소성의 풍현(豊縣) 출신이다. 농사꾼의 아들로 태어났지만 가사는 돌보지 않고 건달들과 어울려 다니며 허송세월했다. 장년에 이르러서야 하급 관리인 사수(泗水)의 정장(亭長)이 되었다. 그는 여산의 시황제릉 조성 공사에 인부들을 실어 나르는 일을 했다. 그런데 호송 도중 도망치는 자들이 부쩍 늘자 그에 대한 책임을 추궁 받게 되었다. 유방은 아예 남은 인부들마저 해산하고 자신도 멀리 도망치고 말았다.

시황제 사후 진승(陳勝)과 오광(吳廣)이 반란을 일으키자 전국 곳곳에서 군웅이 할거하게 되었다. 유방도 향리 지도자들과 청장년들의 지지를 받아 진나라 타도를 내걸고 군사를 일으켰다. 스스로 패공이라 칭하고 세력을 불려 나갔다. 이듬해 북상하여 항량 및 항우의 군대와 연합 세력을 구축했다. 항우의 군대가 동쪽에서 진나라 주력부대와 접전하는 사이 유방은 관중(關中 : 섬서성)으로 북진하여 수도 함양을 점령하고 마지막 황제인 자영으로부터 항복을 받아냈다. 수도 함락 즉시 가혹한 법령을 폐지하고 법 3장을 공표하여 민심을 수습했다. 가혹한 진나라의 형법을 폐지함은 물론 "사람을 살해한 자는 사형에 처하고, 사람을 상해하거나 남의 물건을 훔친 자는 그 죗값을 받는다."라는 내용이었다.

함곡관(函谷關 : 하남성 북서부로 황하 남안 영보 남쪽 5km 지점)에 머물다가 한 달 늦게 함양에 도착한 항우는 군대가 4배나 많은 것을 무기로 삼아 유방을 죽이고자 했다. 10만 군사를 홍문(鴻門), 즉 섬서성의 임동현(臨潼縣)에 집결시켜 놓고 연회를 베푼 후 유방을 불렀다. 유방은 100여 기만 이끌고 홍문에 이르러 항우에게 정중히 사과했다. 항우를 군주로 섬기겠다는 서약이자 항복이었다. 항우는 심복인 범증(范增)의 계책대로 항장(項莊)을 시켜 유방을 아예 제

[그림 3] 유방이 '새로운 나라의 머리'가 되는 데 결정적인 전환점이 된 홍문연

거하려 했다. 하지만 장량과 번쾌의 기지로 유방은 가까스로 탈출에
성공했다. 항우는 유방을 한왕(漢王 : BC 206)에 봉해 한중(漢中)을
다스리게 했다. 그리고 항우 자신은 팽성(彭城), 즉 서주(徐州)를 도
읍지로 삼고 서초(西楚)를 건국한 후 스스로 패왕(霸王)이라 칭했다.

　이후 4년여 동안 유방과 항우 사이에 패권 다툼이 벌어졌다. 강자
이던 항우는 유능한 심복들을 거느리고도 제대로 활용하지 못했다.
반면 약자이던 유방은 항우의 부하였던 이들까지 모두 수하에 거느
리며 심복들의 지략을 백분 활용했다. 그 결과 유방은 해하(垓下)의
결전(BC 202)에서 항우를 무너뜨리고 마침내 최후의 승자로 등장했
다. 소하(蕭何), 조참(曹參), 장량(張良), 한신(韓信), 번쾌(樊噲) 같
은 지략가들이 유방의 천하 통일을 뒷받침해 주었다.

　유방은 비록 일개 서민 출신이었지만 성격이 대담하면서도 치밀
한 탓에 최후의 승자가 될 수 있었다. 남다른 포용력과 인재를 적재

적소에 잘 활용하는 뛰어난 용인술 덕분에, 시황제의 진나라에 이어 한나라 유씨(劉氏) 왕조를 세울 수 있었다. 자그마치 408년간 이어질 장수 왕조가 역사 속에 당당히 등장한 것이다. 총 422년간(BC 202~AD 220)이지만 왕씨(王氏) 가문을 대표한 왕망(王莽)이 신(新 : 8~22)나라를 세워 갑자기 한나라의 맥을 14년간 단절시켜 놓았기 때문에 실제로는 408년간이 되고만 것이다. 장안(長安)을 도읍지로 한 전한(혹은 서한)과 낙양(洛陽)을 도읍지로 한 후한(혹은 동한)으로 나뉘지만 변함없이 유씨 왕조였다.

유방이 한나라를 건국하는 데 가장 큰 걸림돌이 된 것은 바로 한동안 진나라 타도의 연합 세력이던 항우(項羽 : BC 232~BC 202)였다. 항우의 이름은 적(籍)이다. 그는 임회군(臨淮郡)의 하상현(下相 縣 : 강소성) 출신이다. 사마천은 〈사기〉에서 항우가 입버릇처럼 떠들었다는 말 한마디를 소개하고 있다. 즉, '문자는 제 이름을 쓸 줄 알면 충분하고, 검술이란 한 사람을 상대할 뿐인 하찮은 것'이라고 했다는 것이다. 젊은 시절부터 시황제의 휘황찬란한 행차를 보며 '후일 반드시 시황제보다 더한 권세를 누리겠다'고 다짐했었다.

그는 진시황 사후 진승과 오광이 반란을 일으키자 숙부인 항량과 더불어 진나라 타도를 위해 군사를 일으켰다. 시황제가 지방 시찰 기념으로 세운 회계산 근처의 회계군(會稽郡)으로 쳐들어가 태수를 참살했다. 이후 유방과 연합 세력을 구축한 후 진나라 군대를 도처에서 무찌르며 함곡관을 넘어 관중으로 진격했다. 그런데 연합 세력의 다른 한 축인 유방이 먼저 수도인 함양을 함락했다.

유방이 함양을 점거한 채 일방적으로 군정(軍政)을 단행하자 항우는 배신감에 치를 떨며 10만 대군을 홍문에 집결시켰다. 연회를 베풀고 유방을 초대하여 죄를 물을 셈이었다. 하지만 2만여 군사가 고

작인 유방은 100여 기만 거느린 채 홍문에 이르러 항우의 수하로 들어갈 것을 다짐했다. 항우의 암살 음모를 가까스로 모면하자 항우는 못 이긴 척하며 유방을 한왕에 봉해 한중 땅으로 내보냈다.

하지만 유방은 천하 통일의 야심을 불태우며 항우를 대상으로 통일 전쟁에 돌입했다. 팽성을 수도로 삼고 서초왕국을 세운 항우와의 4년에 걸친 통일 전쟁에서 유방은 최후의 승리를 거두고 마침내 한 (漢)나라를 건국했다. 자신이 세운 제후들의 잇따른 반란으로 혼란에 빠진 초패왕 항우는 해하 결전에서 한왕 유방에게 완전히 포위되자 마침내 자결했다.

유방의 이름은 나라 '방(邦)'이고 자는 끝 '계(季)'다. 시황제 무덤 공사에 인부를 호송하는 잡역에 종사하던 일개 서민이 격변기를 틈타 난세의 영웅으로 등장했던 것이다. 패공(沛公)에서 한왕(漢王)으로 변신하더니 4년 만에 기어이 천하 통일을 이룩하고 한고조(漢高祖)가 되었다. 나라 '방'이라는 이름이 참으로 심상치 않다. '끝머리'를 뜻하는 자(字)와 함께 생각해 보면 '나라를 세우고 그 머리가 된다'는 의미가 된다.

반면에 항우의 이름인 '적(籍)'은 '문서'나 '기록'을 의미한다. 자는 깃 '우(羽)'로 가볍기 그지없는 깃털을 뜻한다. 깃털 끝을 날카롭게 깎고 다듬어 붓 대신 사용하던 시절을 상상한다면 항우의 이름과 자(字)는 신기하게도 일맥상통한다. '새로운 나라의 머리가 된다'는 유방과 '붓과 책이 되어 보고 들은 것을 기록한다'는 항우는 최후의 통일 전쟁에서 각각 승자와 패자로 나뉘고 말았다.

유방의 심복들을 살펴보면 '왜 유방이 승자가 되고 항우가 패자가 되었는지' 쉽게 짐작할 수 있다. 대표적인 인물이 바로 장자방(張子房)으로 통하는 장량(張良 : BC 168년 사망)이다. 한때(BC 218)는 시황제를 박랑사(博浪沙 : 하남성의 박랑현)에서 습격한 후 하비(下邳 강소성의 하비현)에 은신한 적도 있었다. 그때 황석공(黃石公)으로 부터 〈태공병법서〉를 물려받아 병법의 대가가 될 수 있었다고 한다.

진승과 오광의 반란으로 진나라 말기가 혼란에 빠지자 그는 유방의 진영에 가담하여 항우와 대결해야 하는 유방을 적극 도왔다. 항우의 함정에 빠져 죽게 된 유방을 살려 낸 '홍문(鴻門)의 회(會)'가 대표적인 사례다. 그는 소하와 더불어 한나라 건국에 큰 공을 쌓고 유후(留侯)에 책봉되었다. 이름은 어질 '량(良)'이다. '지략과 역량이 뛰어남'을 암시하는 이름이다. 무엇을 하든 남을 앞지른다는 이름이다. 자는 자방(子房)인데 '아늑한 공간을 만들어 귀한 것들을 가지런히 모아 둔다'는 의미를 지니고 있다. 이름은 타고난 재주를 가리키고 자(字)는 주어진 사명을 암시한다. 결국 '뛰어난 역량으로 혼란을 수습하고 반듯한 나라를 세운다'는 의미로 풀어 볼 수 있다.

소하(蕭何 : BC 193년 사망)는 유방과 고향이 같다. 강소성의 패군(沛郡) 풍현(豊縣) 태생이다. 진나라의 하급 관리 시절부터 건달 생활을 하는 유방과 가깝게 지냈다. 유방이 진나라 토벌군을 일으키자 친족 수십 명을 거느리고 유방을 도왔다. 유방이 수도인 함양을 먼저 함락하자, 그는 진나라 승상부의 도적(圖籍)과 문서(文書)를 입수해 후일 한나라 경영의 기초 자료로 활용했다. 유방과 항우가 마지막 결전을 벌일 때는 관중에 머물며 군량과 군마의 보급을 원활하게 했다. 그 결과 한나라 건국 후 행해진 논공행상에서 으뜸가는 공신으로 평가되었다. 찬후(酇侯)로 봉해지고 식읍 7천 호를 받았다. 후일 한신을 제거하고 상국(相國)이 되어 한나라의 기초를 다졌다.

그런데 이름이 참으로 묘하다. 이름인 어찌 '하(何)'는 결국 '원인을 철저히 캐내는 분석적인 기질'을 암시하는 셈이다. 사람 '인

(人)', 옳을 '가(可)'가 합쳐진 글자다. 옳을 '가(可)'는 수용적이고 포용적인 천성을 암시한다. 이름 속에 결국 '분석적인 기질과 수용적인 심성'이 함께 들어 있는 셈이다. 국가 경영에 걸맞은 이름이다.

한신(韓信 : BC 196년 참살)은 회음(淮陰 : 강소성) 출신이다. 진나라 말기인 혼란기가 시작될 무렵에는 초나라의 항량과 항우를 섬겼다. 하지만 10여 년 가까이 궁전의 경비를 담당하는 하급직에 머물자 한왕인 유방에게 귀순했다. 그러나 유방도 한신의 보잘것없는 외모를 기준으로 삼아 처음에는 군량을 관리하는 치속도위로 기용했다. 그때 승상인 소하가 다시 도망치려는 한신을 붙들어, '대장군으로 봉해 중책을 맡겨야만 천하를 통일할 수 있다'고 강력하게 천거했다. 그러자 유방은 소하의 주장을 따라 목욕재계하고 예를 갖춰 일개 하급 장교에 불과한 한신을 대장군에 봉했다. 그 결과 해하의 결전에서 항우를 패망시키고 유방으로 하여금 최후의 승자가 되게 했다.

전공을 인정받아 제왕(齊王), 초왕(楚王)이 되었지만 한나라가 차츰 안정되어 가자 '유씨(劉氏) 이외는 왕이 될 수 없다'는 통치 원칙에 의해 차츰 소외되기 시작했다. 건국 직후 회음후로 강등되었다가 5년 뒤 진희(陳豨)의 반란에 연루되었다는 모함을 받고 유방의 황후인 여후(呂后)에게 참살 당했다.

농사일에 관심이 없어 건달처럼 유랑할 때 무뢰배의 가랑이 밑을 태연하게 기어갔다는 일화나, 한 노파가 주는 밥을 염치 불고하고 맛있게 먹었다는 이야기는 주어진 상황에 순응하는 그의 일면을 이야기할 때 자주 인용된다. '수치와 염치를 모르는 한심한 사람'으로 놀림을 받으면서도 가슴에 품은 웅지를 포기하지 않고 기어이 천하 통일의 대업을 완수했다는 점에서 '한신류(韓信類)의 영웅관'을 세워 놓은 셈이다.

이름은 믿을 '신(信)'이다. 항우 밑에서 10년간이나 한직에 머문 일을 생각하면 그의 남다른 인내심을 엿볼 수 있다. 천운을 믿고 타고난 자신의 능력을 믿기에 그토록 긴 기간을 거뜬히 참아 낼 수 있었을 것이다. 고향 이름이나 마지막으로 지녔던 작위에 한결같이 회음(淮陰)이라는 말이 들어 있다. 응달진 음침한 곳을 뜻하는 그늘 '음(陰)'이 들어 있다. 평생 긴 그림자가 따라 다녔던 셈이다. 평생 양지와 음지를 오가며 살아야 했다. 난세에는 양지를 만나지만 안정기에 접어들면 다시 음지로 밀려나고 마는 운세였던 것이다.

실제로 한신은 항우를 떠나 유방을 섬기기 시작한 후에도 불평을 늘어놓다가 모반의 의혹을 사 사형선고를 받은 적이 있었다. 그런데 사형 집행관인 하후영(夏侯嬰)이 한신의 비범함을 알아보고 유방에게 감형을 요청했다. 유방은 사형을 면하게 해준 후 군량을 담당하는 하급 장교인 치속도위(治粟都尉)로 임명했다. 세상 사람들은 한신과 소하의 관계를 놓고 '성역소하패역소하(成亦蕭何敗亦蕭何)'라며 얄궂은 운명을 이야기했다. 치속도위인 한신을 대장군으로 만든 사람도 소하였고, 회음후 한신을 궁궐로 불러들여 자신의 경호원으로 하여금 붙잡아 죽이게 한 이도 바로 소하였다는 것이다. 남송 때 홍매(洪邁)가 편찬한 〈용재수필(容齋隨筆)〉에 나오는 말이다. 사마천은 〈사기〉의 '회음후열전'에서 한신을 특별하게 다루고 있다. 초왕 시절의 한신을 이야기하며 옛 친구 종리매(鐘離昧)를 식객으로 거두어들였다가 유방의 미움을 사게 된 사실을 적고 있다. 친구의 처지를 이해해 스스로 자결한 종리매의 수급을 들고 유방을 찾았지만 예상을 뒤엎고 결박당하자 크게 외쳤다는 것이다.

"과연 사람들의 말이 맞구나! 교활한 토끼가 죽고 나면 사냥개도 잡혀 삶아지게 마련이다. 높이 나는 새가 잡히고 나면 좋은 활도 광 속에 들어가고, 적국이 토벌되고 나면 지략 있는 신하도 망하기 마련이다. 천하가 평정되고 나니 이제 나도 마땅히 삶아지는구나!"

여기서 토사구팽(兎死狗烹)이라는 유명한 말이 생겨났다. '산토끼 가 죽고 나면 사냥개도 잡혀 삶아지게 된다'는 말이다. 한신의 기구 한 처지를 '삶아지는 사냥개'에 빗댄 것이다. 교토사양구팽(狡兎死 良狗烹) 혹은 교토사주구팽(狡兎死走狗烹)이라고도 표현한다.

또한 〈사기〉의 '회음후열전'에는 국사무쌍(國士無雙)이라는 말도 나온다. 승상인 소하가 유방에게 한신을 천거하며 '나라의 신하로 보면 한신 만한 사람이 없다'는 뜻으로 '지여신자(至如信者) 국사무 쌍(國士無雙)'이라고 했다는 것이다. 유방이 항우에게 밀리자 유방 진영의 장수들과 군사들이 많이 도망쳤다. 유방이 들으니 소하마저 도망쳤다고 했다. 그래서 무척 낙담하고 있는데, 이틀 후 소하가 한 신을 붙잡아 왔다. 유방은 반갑기도 하고 괘씸하기도 해서 볼멘소리 로 물었다. "왜 하필 한신 같은 작자를 데리고 왔느냐?"라고 하자, 소하는 '장수는 얼마든지 보충할 수 있지만 한신만은 국사(國士)로 서 둘도 없는 사람'이라고 했다. 소하의 천거로 한신은 대장군이 되 었고, 유방은 천하를 얻었다. 역사는 이래저래 한신처럼 '양지와 음 지를 넘나든 영웅호걸들의 발자취로' 채워지게 마련이다. 양지에서 만 자라는 '꽃'이나 음지에서만 사는 '버섯이나 이끼'는 이래저래 역 사의 주인공이 될 수 없는 모양이다.

진평(陳平 : BC 178년 사망)도 한때는 한신처럼 항우의 심복이었 다가 유방에게 귀순하여 천하 통일의 대업 완수에 가담했다. 가난한 농부 출신으로 혼란기에 항우 진영에 가담하여 도위(都尉)를 지냈 다. 그 후 유방의 호군중위(護軍中尉)가 되어 군 감찰 업무에 종사했다. 한나라 건국 후에는 곡역후(曲逆侯)에 봉해졌다. 한고조 사후 혜제(惠帝 : 한고조 장남) 때는 좌승상과 우승상을 역임했다.

여후(呂后 : BC 241~BC 180)의 섭정 시기(BC 195~BC 180) 내내 애를 먹다가 여후 사후에 한고조의 손자들인 제왕(齊王) 유양(劉襄), 주허후(朱虛侯) 유장(劉章) 형제와 내응하여 여씨 일족의 국정 농단을 척결했다. 소제(少帝) 유홍(劉弘)을 폐하고, 한고조의 4남인 유항(劉恒)을 5대 문제(文帝 : BC 202~BC 157 / 재위 BC 180~BC 157)로 옹립하여 여씨 일족에게 휘둘렸던 한나라를 다시 유씨 천하로 고쳐 놓았다. 또 여후는 여씨 일족의 여자 9명을 왕후로 만들었다. '한나라 황실 종친만 왕이 될 수 있다'는 한고조의 유훈을 어기고 여씨 일족의 많은 이를 왕으로 세워 권력을 나눠 갖게 했다. 항우의 부하였던 진평이 결국 여씨의 손아귀로부터 한나라 황실을 구한 셈이다.

이름이 평평할 '평(平)'이다. 혼란을 가라앉히고 불공평을 바로잡는다는 이름이다. 얼마나 신기한가. 여후의 폭정 15년을 바로잡고 한고조의 유훈을 다시 세웠으니 그만하면 이름에 걸맞은 것이 아닌가. 태위 주발(周勃)과 손을 잡고 양왕(梁王) 여산(呂産), 조왕(趙王) 여록(呂祿), 연왕(燕王) 여통(呂通) 등을 죽였다.

그런데 태위 주발의 이름이 참으로 신기하다. '갑자기 일어난다'는 이름이다. 여후가 15년간의 폭정을 끝내고 죽자 주발은 '갑자기 기운이 샘솟아' 여씨 일족을 무너뜨린 것이다. 혁명이란 '느닷없는' 속성을 지니고 있기 마련이다. 15년 이상 굳혀진 여씨 일족의 권력 철옹성을 일거에 무너뜨리는 일이었으니 참으로 갑작스럽고 느닷없었을 것이다.

조참(曹參 : BC 190년 사망)은 패군 출신으로 원래 진(秦)나라의 옥리였다. 유방이 군사를 일으키자 한신과 더불어 군인으로서 활약했다. 70여 군데의 상처가 있음에도 불구하고 용맹을 떨쳐 건국 후에는 평양후에 봉해졌다. 한고조 사후 소하의 천거로 그를 이어 상국에 올라 혜제를 보필했다. 백성들은 '소하는 법령을 만들고 조참은 법치를 실현했다'며 두 사람의 공로를 칭송했다.

이름은 간여할 '참(參)'이다. '참여한다, 헤아린다'는 의미를 지닌 이름이다. 아마도 성정이 의외로 신중하고 치밀하여 행정에도 남다른 특기가 있었던 모양이다. 두루 섭렵할 정도로 안목과 식견이 남달랐던 모양이다. 그러기에 전문 행정가에 견줄 수 있는 소하가 그를 상국(相國)으로 자신 있게 추천할 수 있었을 것이다.

번쾌(樊噲 : BC 189년 사망)는 패군 출신으로 원래 개고기를 파는 천한 신분이었다. 유방이 거병하자 무인으로 참여했다. 출신은 미미하지만 혁혁한 전공을 쌓아 유방의 핵심 참모가 되었다. 홍문(鴻門)의 모임에서는 항우에게 죽게 된 유방을 극적으로 탈출시켰다. 건국후 좌승상을 거쳐 상국을 지냈다. 그 후에도 여러 차례 크고 작은 반란을 평정하고 창건기의 국가를 반석 위에 올려놓았다. 그 공로를 인정받아 무양후(舞陽侯)에 봉해졌다.

이름이 하필 목구멍을 의미하는 '쾌(噲)'자다. '밝다, 시원하다'는 의미도 들어 있다. 즉, 목구멍은 생명줄로서 생명의 통로이자 생명 유지의 비밀 통로다. 번쾌의 목구멍은 막혀 있지 않다. 시원하게 열려 있고 또 크게 뚫려 있다. 그래서 주군인 유방을 홍문의 모임에서 살려 낼 수 있었다. 유방은 번쾌의 목구멍을 통해 다시 생명을 이어갈 수 있었다. 유방은 번쾌의 시원하게 열린 목구멍을 타고 마침내 천하 통일의 대업을 완수할 수 있었다. 대단한 목구멍이다. 그 목구멍을 통해 한나라가 탄생한 셈이다.

한고조 유방에 의해 죽고 만 개국공신인 영포(英布 : BC 195년 참살)는 안휘성 출신이다. 법을 어겨 팔이나 얼굴에 먹물로 죄명(예 : 강도)을 새기는 자자형(刺字刑)을 당했기 때문에 경포(黥布)라고도 불렸다. 본래 도적의 무리에 속해 있었는데, 진승(陳勝)이 반란을 일으키자 초나라 항량의 수하로 들어갔다. 항우의 부장으로 공을 세우고 항우 18왕의 한 사람으로 급부상했다. 항우와 유방의 싸움에서는 유방 측에 가담하여 전공을 쌓고 회남왕(淮南王)에 봉해졌다. 하지만 모반의 혐의를 받고 한고조에게 주살 당했다.

이름은 베 '포(布)'다. '가리는' 천이고 '베푸는' 천이기에 전력이 흉물스러운데도 불구하고 입신양명했을 것이다. 넓은 천으로 단단히 가리고 덮는데 그까짓 먹물 글자쯤이야 무슨 대수겠는가. 이름 덕에 흉측한 전력을 이겨 내고 '왕'과 제후가 될 수 있었다. 하지만 난세를 지나 마침내 통일을 이루자 그동안 가려졌던 천이 바람에 흩날리고 마침내 숨겼던 죄명이 되살아나게 된 것이다. 그래서 자신이 충성을 다해 황제로 세운 한고조에 의해 죽고 만 것이다. 정상적인 엘리트(elite)가 등장하자 전력이 의심스러운 영포 같은 존재는 자연히 도태당하고 말았다. 별칭인 경포(黥布)라는 소리만 들어도 여느 사람들은 소름이 끼칠 일이 아닌가. 먹물로 살 속에 죄명을 새겨 영원히 지워지지 않게 하는 끔찍한 형벌을 두고 '경(黥)을 친다'고 했다. 경포라는 말만 들어도 사람들은 그 수치스럽고 끔찍한 형벌을 상상했을 것이다. 그는 통일 직후 낙향하여 조용히 지냈어야 했다. 남들이 덮어 주고 잊어 주기를 기다리지 말고 스스로 진흙을 뒤집어쓰고 숨었어야 했다.

항우의 일급 참모였던 범증(范增)은 자그마치 70세에 혼란기의 한가운데로 나와 항우를 보필했다. 계략이 뛰어나 항우를 연전연승 하게 하고 마침내 아부(亞父)라는 존칭을 듣게 되었다. 홍문의 회에서 유방을 죽이도록 간청했지만 항우가 받아 주지 않았다. 그 후 오히려 한나라의 첩자로 오인 받아 실권을 빼앗겼다.

이름이 더할 '증(增)'이기에 남들 같았으면 지레 죽었을 나이에 천하 통일을 다투는 용호상박(龍虎相搏)에 뛰어들었다. 어릴 적부터 꿈꾸던 천하 대업의 일급 모사로 잠시나마 격변의 중심에 놓여 있었다. 아마도 이름처럼 나이가 들수록 큰 꿈을 더욱 굳세게 다졌을 것이다. 만일 유방을 섬겨 천하 통일의 승자가 되었더라면 더 많은 이야기를 만들어 놓았을 것이다.

유비, 조조, 손권의 〈삼국시대〉를 통일하고 진(晉)나라를 세운 사마염(司馬炎)

사마씨 일족의 진나라 건국은 하내군(河內郡 : 하남성)의 온현(溫縣) 출신인 사마의(司馬懿 : 179~251)로부터 시작되었다. 두 아들 사마사와 사마소를 거느리고 〈삼국지〉의 또 다른 영웅으로 등장한 사람이 바로 사마의다. 〈삼국지〉의 주인공이 바로 제갈공명(諸葛孔明)이라면, 사마의는 바로 그 주인공의 호적수이자 최후의 승자였다.

조부인 사마의와 부친인 사마소(司馬昭 : 211~265)의 피땀 어린 공든 탑 위에 천하 통일의 위업을 살짝 얹은 사마염(司馬炎 : 236~290 / 재위 265~290)은 실로 행운아 중의 행운아였다. 유비와 제갈량의 촉한은 부친 사마소가 통일했다. 사마염은 280년 손권의 동오를 통일하고 조조 후손들의 위(魏)나라를 무너뜨림으로써 마침내 천하 통일을 완성했다. 그것도 폭력적인 혁명 대신 위나라 마지막 황제인 원제(元帝)의 선양 형식을 통해 먼저 위나라 황제가 된 후 곧이어 사마씨 일족의 진나라를 건국했다.

그의 어머니는 왕숙(王肅)의 딸이다. 자연히 왕씨(王氏) 일족은 사마씨 왕국의 외척으로 권력의 한 부분을 나눠 지니게 되었다. 개국 공신인 가충(賈充)의 딸 가남풍(賈南風)을 후일 혜제(惠帝)로 등극하는 태자 사마충(司馬衷)의 태자비로 삼았다. 〈삼국지〉 속의 그 많은 영웅호걸을 다 제치고 어떻게 사마염이 천하 통일을 이룰 수 있었을까. 당시 제갈량이 목숨 걸고 통일을 부르짖었고, 조조와 손권은 물론 유비도 자나 깨나 천하 통일을 외쳤다. 그런데 어떻게 천명이 사마씨 일족의 하나인 사마염에게 달콤한 홍시처럼 툭 떨어졌을까.

그의 이름은 활활 타오르는 불꽃을 의미하는 염(炎)이다. 이상하게도 '남쪽'이라는 의미도 들어 있다. 남쪽을 향해 번져 가는 불꽃이라는 말인가, 아니면 남쪽을 환하게 비추는 횃불이라는 말인가. 하여튼 그는 남쪽의 동오(東吳)를 무너뜨리고 조조 후손들의 위(魏)나라 명(命)줄을 싹둑 끊었다. 자는 안세(安世)다. '세상을 평안하게 한다'는 뜻이다. 난세를 끝내고 태평성대를 열어 놓는다는 의미다. 이름이 불꽃인 덕분인지, 그는 40대 중반에 이르자 갑자기 호색한이 되어 수천 명의 궁녀들을 두고 주지육림에 흠뻑 빠져들고 말았다. 수치스럽게도 역사 속에서는 천하 통일의 달성자로 기억되기보다 희대의 호색한(好色漢)으로 기억되고 있을 정도다. 정말 이름값 한번 톡톡히 한 셈이다. 그래도 어릴 적부터 불리던 자(字)가 '천하 통일을 달성하고 새 세상을 연다'는 뜻이라서 29세에 진(晉)나라를 창건할 수 있었을 것이다. 그의 아버지 사마소는 아마도 큰아들인 사마염의 호색 기질을 간파했기 때문에 형인 사마사의 양자로 입적시킨 차남 사마유(司馬攸)를 더 총애했는지도 모른다.

하지만 사마염은 결국 국가를 건설하며 많은 모순을 잉태한 제도를 중심에 놓았기 때문에 마치 진시황의 진(秦)나라처럼 창업 시기가 끝나자마자 기우뚱거리기 시작했다. 즉, 사마씨 일족만을 전적으로 신뢰하여 권력과 병권을 함께 틀어쥐게 했다. 조조의 후손들이 위나라를 경영하며 황족인 조씨(曹氏) 일문을 인위적으로 억압했기 때문에 든든한 후원 세력이 없어 쉽게 멸망하고 말았다고 여겼던 것이다. 그래서 믿을 데는 사마씨 일족뿐임을 확신하고 병권을 함부로 맡겨 다들 호시탐탐 중앙 무대의 움직임만을 주시하게 만들고 말았다.

먼저 수도로 진입하여 권력 다툼에 끼어드는 것이 바로 대권을 장악하는 지름길이었다. 그러다 보니 나중에는 이방 민족이든 야만족이든 가리지 않고 제 군사로 끌어들여 군세를 자랑하게 되었다. 그 결과 이방 종족과 변방 야만족으로 하여금 중원 대륙을 마음대로 활개 치게 만들었다. 사마염 사후 여덟 명의 왕들이 낙양의 권력 다툼에 멋대로 끼어들어 혜제의 재위 기간(291~306) 내내 '왕자의 난' 혹은 '8왕의 난'으로 불리는 유혈 쿠데타를 앞다퉈 일으켰다. 마지막까지 살아남은 동해왕 사마월은 16년간 근근이 황제의 자리를 버텨 낸 48세의 혜제를 독살하고 혜제의 동생을 3대 황제인 회제(懷帝)로 세웠다.

사마염이 세운 진나라는 마침내 한고조였던 유방의 한나라처럼 두 왕조, 두 시기로 명확히 갈라지고 말았다. 낙양을 도읍지로 한 서진(西晉 : 265~316)과 건강(建康 : 오나라의 수도인 건업 남경)을 도읍지로 정한 동진(東晉 : 317~419)이 바로 그것이다. 낙양의 서진은 사마염 사후 급격히 퇴조하여 건국 후 36년 만에 남흉노가 평양(平陽)에 세운 한(漢)나라의 유총(劉聰)에 의해 멸망했다. 무제 사마염, 그의 장남 혜제(惠帝 : 258~306) 사마충(司馬衷), 혜제의 동생 회제(懷帝 : 287~313. 4), 회제의 조카 민제(愍帝 : 300~317. 12) 사마업이 서진의 황제들이었다. 하지만 회제와 민제는 흉노족의 포로가 되어 온갖 치욕을 당한 후 비참하게 죽고 말았다. 가후(賈后)에 이어 혜제의 황후가 되었던 양후(羊后)는 다시 흉노의 한(漢)나라를 계승한 전조(前趙) 유요(劉曜)의 황후로 들어갔다.

사마염의 불꽃이 36년 만에 스스로 꺼지자 사마의의 증손자인 사마예(司馬睿 : 276~322 / 재위 317~322)가 남경(南京)에 동진을 건국하여 진나라를 계승했다. 15세에 낭야왕(瑯琊王)을 승계하여 41세에 망한 서진을 대신해 동진을 건국하고 황제가 된 것이다. 316년 서진의 마지막 황제인 민제가 흉노의 유요에게 포로가 되자 스스로 진왕이라 칭하며 연호를 건무(建武)로 정했다. 이듬해 12월, 민제가 피살되자 그는 진나라의 대통을 이어 황제 원제(元帝)가 되었다.

북진을 계속하여 서진의 땅을 차지하려 했지만 낭야의 명문인 왕돈(王敦)이 반란을 일으켜 수포로 돌아가고 말았다. 재위 5년 만에 46세에 병사했다. 이름은 슬기로울 '예(睿)'다. 천자에 관한 것을 이야기할 때 으레 슬기로울 '예'를 앞에 붙여 특별히 구분했다. 한마디로 가장 귀하게 여기는 글자였다. 자는 경문(景文)이다. '눈부신 색채'를 의미하기도 하고 '빼어난 문장'을 암시하기도 한다. 이름은 '타고난 슬기'를 뜻한다. 자(字)는 '타고난 기질이나 운세가 범상치 않음'을 암시한다.

사마예가 세운 동진은 건국 102년 만인 419년 공제(恭帝) 때 군벌 유유(劉裕)에게 망하고 말았다. 유유는 남조의 송나라를 세우고 무제(武帝 : 재위 420~422)로 등극했다. 사마씨 일족의 진나라는 사마염의 사후 15년에 걸친 '8왕의 난'을 거치며 설상가상으로 이방 민족의 발호와 국가 창건으로 이어지는 5호 16국시대(304~439)와 겹치고 말았다. 그렇게 놓고 보면 진나라는 반쪽 통일에 불과했던 셈이다. 하지만 다른 측면에서 보면 중원 대륙에 발붙이고 사는 모든 영웅호걸의 국가 창건을 위한 경쟁의 시기였다. 창업 열풍이 125년 간이나 중원 대륙을 불태웠던 것이다.

진시황과 한고조 유방 그리고 진무제(晉武帝) 사마염으로 이어졌던 천하 통일의 기운은 사마씨들의 통치력 부족으로 5호 16국시대 (314~439)와 남북조시대(420~589)로 이어지며 120년 이상 조각 이불 형태의 중원을 만들고 말았다. 다양성은 고사하고 너무 자주 변했음은 물론 너무 잘게 쪼개져 정신이 없을 정도였다. 제2의 춘추전국시대가 도래한 듯했다. 송(宋), 제(齊), 양(梁), 진(陳)으로 이어진 한족(漢族)의 남조(南朝)는 그래도 정벌과 약탈보다는 선양 형식을 선호했다. 북조(北朝)는 5호(胡) 16국을 통일한 선비족 탁발씨(拓跋氏)의 북위(北魏)로부터 북주(北周)까지 이어졌다. 역사적으로는 조씨 일족의 위나라와 사마씨 일족의 진나라를 남북조시대와 합쳐 아예 위진남북조시대(魏晉南北朝時代 : 221~589)로 부르기도 한다. 조조의 아들인 조비에 의해 후한이 멸망하자, 진정한 중원의 주인이 사라지고 자그마치 368년간이나 누더기 천하 지도로 존재했다는 것이다.

3대 37년 단명(短命)으로 끝난 양견(楊堅)의 수(隋)나라

화북을 통일한 북주(北周)의 외척인 양견은 북주의 마지막 황제인 정제(靜帝)로부터 선양을 받아 수나라 문제(文帝)로 등극했다. 8년 뒤에는 남조의 진(陳)나라를 멸망시키고 마침내 진시황과 한고조 유방에 이어 진정한 천하 통일을 달성했다. 비록 양제(煬帝), 양광(楊廣), 공제(恭帝), 양유(楊侑)로 이어진 단명 왕조였지만 중원 대륙을 실질적으로 통일했다는 점에서 역사적으로 그 의미가 대단히 크다.

양견의 처는 북주의 주국(柱國)을 지낸 독고신(獨孤信)의 딸이다. 처형(妻兄)은 북주 명제(明帝)의 황후였다. 양견의 딸은 북주 선제(宣帝)의 황후이자 마지막 황제인 정제(靜帝)의 모친이었다. 양견은 정적인 위지형(尉遲迴) 등을 제압하고 상국의 자리에 올라 수왕(隨王)에 봉해졌다. 그리고 외손자인 마지막 황제 정제로부터 선양을 받아 수(隋 : 581~618)나라를 창건했다. 도읍을 강릉(江陵 : 호북성)으로 정하고 남조 양(梁)나라의 황실 자손이 다스리던 후량(後梁)을 점령했다. 곧이어 차남인 진왕(晉王) 양광(楊廣)을 총대장으로 삼아 남조의 진나라를 통일했다. 동진(東晉)의 남천(南遷) 이래 272년 만에 남과 북을 통일한 것이다. 양광은 형인 양용(楊勇)을 제치고 천하 통일의 공로를 앞세워 2대 황제인 양제(煬帝)가 되었다.

하지만 이들은 의욕이 지나칠 정도로 넘친 부자였다. 아버지 양견이나 아들 양광 모두 대대적인 토목공사와 잦은 원정으로 내치를 소홀히 했다. 그 결과 2개월에 걸친 양현감(楊玄感)의 반란을 필두로 곳곳에서 반란이 일어났다. 태원(太原 : 산서성)의 유수(留守)인 이연(李淵)은 나날이 격화되는 난리로 양제가 행차한 강도(江都 : 양주)가 고립되자 군사를 일으켜 장안을 점령하고, 양제의 손자인 양유(楊侑)를 공제(恭帝)로 옹립했다. 이연은 양제가 강도에서 신하인 우문화급(宇文化及)에 의해 피살되자 공제의 선양을 받아 당(唐)나라를 창건했다. 한편 양제의 총신(寵臣)인 왕세충(王世充)은 공제의 아우인 월왕(越王)을 옹립하여 수나라를 잇도록 하다가 곧바로 폐위시키고 스스로 정(鄭)나라를 세웠다.

같은 양씨(楊氏)이면서도 충신과 역신 사이를 오고 간 가문이 있었다. 양소(楊素 : 606년 사망), 양현감(楊玄感 : 613년 자결 후 효수) 부자가 바로 그 경우에 해당된다. 아버지 양소는 문무를 겸비한 영웅호걸이었다. 섬서성의 위남(渭南) 출신으로 북주의 신하였다가 양견이 창업의 야심을 품자 그를 도와 남조의 진(陳)나라 토벌에 혁혁한 공을 세웠다. 고경(高穎 : 607년 역모죄로 처형)과 합세하여 태자 양용(楊勇)을 폐하고, 그 아우인 양광(楊廣)을 태자로 봉하게 했다. 하지만 이상하게도 양견, 양광 부자로부터 경원시 되어 만년에는 외롭게 지내야 했다.

아버지의 정치적 말로가 자극제가 되었는지, 장남인 양현감은 후일 대대적인 반란을 일으켜 두 달 동안이나 수나라를 뒤흔들어 놓았다. 그는 아버지를 닮아 문무를 겸한 호걸풍이었다. 그는 문학을 특히 좋아해 지인(知人)들이 많았다. 수양제 양광이 내치를 소홀히 하여 민심이 들끓자 슬며시 역심을 품게 되었다. 613년에는 양제의 제2차 고구려 원정을 틈타 여양(黎陽)에서 이밀(李密) 등과 짜고 반란을 일으켰다. 하지만, 낙양 공격에 실패하고 서쪽으로 도주하다가 장안에서 온 관군과 고구려 원정을 중단하고 회군한 원정군의 협공을 받아 대패했다. 자결로서 최후를 장식하자 그의 시신은 3일 동안 낙양에 효수(梟首)되었다. 하지만 그의 반란 이후 전국 각처에서 반란이 일어나 마침내 수나라의 멸망을 재촉하게 되었다.

아버지 양소(楊素)의 이름은 소박할 '소(素)'다. 색깔로 보면 흰색이고, 무늬로 보면 단순하면서도 담백한 모양이다. 자는 처도(處道)다. 곧 '처(處)'에는 '분별한다'는 의미도 있고, 또 '앓는다'는 뜻도 들어 있다. 길 '도(道)'에는 '순하다'는 의미도 있고, 또 '말한다'는 뜻도 들어 있다. '분별하여 말한다'는 풀이도 가능하고 '고통을 말한다' 는 풀이도 가능하다. 이름은 흰 빛깔이니 빛에 가깝다. 타고난 기질과 천성이 고귀하다는 의미다. 자인 처도(處道)는 '옳고 그름을 잘 알아 무엇이 문제고 해결책인가를 분명하게 밝힌다' 는 뜻이다. 아버지 양소의 귀한 품성과 분명한 판단력이 아들에게 이어져 대대적인 반란으로 폭발했는지도 모른다.

아들 양현감(楊玄感)은 '신비롭고 오묘한 것을 느낀다' 는 이름이다. 시국이 어떻게 돌아가고 천운이 어떤 식으로 주어지는가를 분명하게 알고 있었다는 뜻이다. 하지만, 그에게는 아무래도 천운이 따라주지 않았던 것 같다. 2개월 동안의 반란이었으면 나름대로 최선을 다한 셈이다. 어쨌거나 황제의 고구려 원정을 막지 않았는가. 그리고 반란의 도화선이 됨으로써 결국 자신이 분노하던 수나라 양씨 황실의 득세를 가로막았지 않은가. 자결할 수 있었다는 것부터가 천복(天福)이었다. 죽은 다음에 효시되는 거야 세상의 질서이니 막을 수 없다고 해도 최소한 치욕스러운 최후만은 스스로 피할 수 있었지 않은가.

양소, 양현감 부자는 권력의 부침에 울고 웃었지만 고귀한 천성과 기질을 타고난 탓에 그나마 천복의 끝자락을 붙잡을 수 있었다. 아버지 양소는 아들의 반란과 비극적인 최후를 보지 않고 죽었다. 아들 양현감은 '신비롭고 은밀한 것을 알아챈다' 는 이름처럼 천명을 억지로 붙잡으려다가 뜻대로 안 되자 스스로 목숨을 끊어 천명의 저울질을 가로막았다. 일방적인 천명의 왕래를 일방적인 자결로 응수한 셈이다.

이밀(李密 : 582~618)은 양현감을 도와 반란을 주도한 사람이다. 요령성의 조양(朝陽) 출신으로 문무를 겸한 호걸풍이었다. 뜻이 웅대하여 '천하를 구할 사명'이 자신에게 있다고 여겼다. 양제 밑에서 잠시 벼슬을 지내다가 곧 그만두고 학문에만 골몰했다. 그러다가 양현감의 부친인 양소의 눈에 들어 양씨 부자와 친밀하게 지냈다. 친구인 양현감의 반란을 도와 주모자로 붙잡혔지만 곧 탈주하여 망명길에 올랐다. 그 후 여러 군웅을 만나 포부를 이야기하다가 나중에는 적양(翟讓)의 군에 들어가 적양을 대신해 우두머리가 되었다. 낙양을 점거한 왕세충을 공격하다가 이연이 당나라를 세우자 당 왕조에 귀순했다. 하지만, 합당한 대우가 없자 모반을 꾀하다가 이내 피살되었다.

이름은 촘촘할 '밀(密)'이다. 꽉 들어찬 모습이다. 너무 달라붙어 답답해 보이는 형상이다. '은밀한 것을 좋아하는 실속파'임을 암시한다. 무엇이든 자기 위주로 판단하는 일면이 강하게 느껴지는 이름이다. 촘촘하고 그윽한 모습이니 아무리 생각해도 아리송하다. 자는 현수(玄邃)다. 검을 '현(玄)'에는 '오묘하다, 아득하다'는 의미가 들어 있다. 이룩할 '수(邃)'에는 '도달한다, 이룬다'는 뜻도 있고 또 이상하게도 '사무친다'는 의미도 들어 있다. '오묘한 것을 이룬다'는 풀이도 되고 '아무도 모르는 것들로 가슴속이 사무친다'는 풀이도 가능하다. 이름에는 '무엇을 하든 끝장을 본다'는 의미가 들어 있다. 전형적인 완벽주의자 타입이다. 자(字)에는 '아무도 못할 일을 이루어 낸다'는 높은 이상과 목표가 들어 있다. 말 그대로 직접 천자가 되어 한 세상을 통치했어야 직성이 풀렸을 이름이다. 이래저래 난세의 영웅이고 평화 시의 역신이다. 틀이 꽉 잡힌 세상에서는 이래저래 반역의 주역이 되기 쉬운 스타일이다. 태어난 고향마저도 '아침 해'를 상징하는 조양(朝陽)이다. 여느 아침 해가 아니다. 궁궐을 환히 비추는 아침 해다.

〈구당서(舊唐書)〉의 '이밀전'에는 그가 반역을 하며 세상에 공표한 격문 내용이 기록되어 있다.

"남산의 대나무를 죽간(竹簡 : 종이 발명 이전의 필기 재료)으로 만들어 다 기록해도 그(수양제)의 죄를 모두 적을 수 없다. 동해의 물을 다 끌어다 써도 그의 죄악을 씻어 낼 수 없다.[경남산지죽 서죄무궁 결동해지파 유악난진(磬南山之竹 書罪無窮 決東海之波 流惡難盡)]"

이 격문에서 그는 수양제의 사치와 대규모 토목공사를 꼬집고 있다. 수양제의 거듭되는 원정으로 백성의 부담이 얼마나 큰가를 신랄하게 지적하고 있다. 이밀의 수양제 비난과 연유하여 경죽난서(磬竹難書)라는 말이 생겨났다. '지은 죄가 너무 커서 다 기록할 수 없다'는 말이다. 실제로 시호인 양제의 양(煬)은 '흉포한 황제'였음을 상징하는 글자라고 한다. 형을 제치고 황태자가 된 일, 아버지를 살해하고 부친의 비(妃)를 범했다는 소문, 간악한 계략에 능해 누구든 걸리기만 하면 해를 입는다는 말 등 수양제 양광을 따라다니는 험담은 이루 다 헤아릴 수 없을 정도였다. 만리장성 수축, 낙양 주위에 동경(東京) 조성, 남북을 연결한 대운하를 이용해 화려한 용주(龍舟) 순행, 3차에 걸친 고구려 원정 실패 등으로 백성들의 부담과 희생이 눈덩이처럼 자연스럽게 불어났다. 이밀의 격문은 바로 그러한 민심의 향배를 정확히 꼬집어 남산의 죽간과 동해의 바닷물을 들먹이고 있는 것이다. 한마디로 황제를 대역 죄인으로 보고 있는 것이다.

연호마저 하필 대업(大業)이다. 결국 경치 좋은 강도(江都 : 양주)에서 희희낙락하다가 신하인 우문화급(宇文化及)에 의해 죽고 말았다. 그의 나이 49세였다.

아버지 양견(楊堅)의 이름은 굳세다는 의미를 지닌 굳을 '견(堅)'이다. 신하 '신(臣)'과 또 '우(又)' 그리고 흙 '토(土)'가 합쳐진 글자다. 비록 신하의 몸으로 태어났지만 흙을 돋우고 또 돋워 산을 이루고, 그 산 위에 자기 나름의 궁전을 짓는다는 이름이다.

장인의 이름은 독고신(獨孤信)이다. '잘 믿는다'는 뜻을 지닌 이름이다. 장인의 '기대하는 마음'이 사위 양견을 천하 통일의 고지로 향하게 했을 것이다.

아들 양광(楊廣)의 이름은 '경계가 그려진 광활한 땅'이기도 하고 '화려하고 웅장한 궁전'이기도 하다. 아버지가 흙산 위에 세운 나라를 조금이라도 더 넓히기 위해 그토록 여러 차례 토목공사를 펼치고 해외 원정을 결행했던 모양이다. 새로운 나라를 세운 아버지와 나라를 넓혀 놓은 아들의 업적이 두 사람의 이름에 그대로 묻어 있다. 참으로 신기하지 않은가. 아들이 사라지자 신하들은 역사 속에 쬘 '양(煬)', 이 한 글자를 어렵게 선택하여 양제라는 시호를 올렸다. 한 글자 한 글자에 하늘이 들어 있고 천명과 천운이 새겨져 있다.

수양제의 고구려 원정에 관한 꿈은 고구려 명장인 을지문덕(乙支文德)에 의해 여지없이 꺾이고 말았다. 수양제의 이름인 넓을 '광(廣)'은 '큰 집을 짓고자 하는 야심'으로 가득 차 있다. 을지문덕의 이름에서는 '높은 담장을 쌓는 지략'이 물씬 풍긴다. 멀리 뻗어 나가려는 광(廣)을 높은 담장을 쌓는 문덕(文德)이 가로막은 셈이다. 광은 빈집이고, 문덕은 그 빈집을 채우는 내용물이다. 한 나라에 태어났더라면 이상적인 협력을 이루었을 이름들이다. 하지만, 각자 원수로 만났는데 어떻게 서로 부응할 수 있었겠는가.

그런데 수양제의 고구려 원정 뒤에는 다른 요인이 있었다고 한다. 고구려의 침략에 넌덜머리가 난 신라가 수나라를 움직여 고구려를 치고자 했다는 것이다. 신라 진평왕(眞平王)은 고승인 원광(圓光 : 542~640)에게 '수나라 황제에게 보낼 걸사표(乞師表)를 짓도록' 명령했다. 원광은 외국 군대를 끌어들여 살생하는 일을 반대했지만, '신라에 살며 신라의 물과 채소를 먹는데 어떻게 왕명을 거역할 수 있느냐'며 마지못해 어명을 따랐다. 진평왕은 원광이 지은 걸사표를 수나라 황제에게 보냈다. 수양제는 진평왕의 긴급 요청을 받아들여 이듬해 고구려 원정을 단행했다.

원광은 중국을 자주 왕래한, 소위 중국통이었다. 그는 진(陳)나라 금릉(金陵)의 장엄사(莊嚴寺)와 소주(蘇州)의 서산사(西山寺)에서 수도한 적이 있다. 특히 서산사에서는 강론으로 명성을 얻기도 했다. 장안에서는 담천(曇天), 혜원(慧遠), 영유(靈裕) 등에게 법을 배우기도 했다. 그는 화랑도의 세속오계(世俗五戒) 이념으로 잘 알려진 고승(高僧)이다. 속성은 박씨(朴氏)다. 수양제의 행적에는 그처럼 신라와 고구려의 역사에 얽힌 단면이 고스란히 배어 있다.

3백 년 역사를 중원에 새긴 당(唐)나라 이씨(李氏) 왕조

수나라 말기에 반란이 걷잡을 수 없이 퍼져 나가자 진압을 위한 노력 또한 숨 막히게 전개되었다. 그중 진양(晉陽)에서 반란을 진압하던 태원(太原) 방면 사령관 이연(李淵 : 565~635)은 차남 이세민(李世民 : 598~649)과 함께 장안을 점령했다. 수나라 2대 황제인 양제가 신하 우문화급에게 시해되자, 자신이 옹립한 양제의 손자인 공제(恭

帝)를 협박하여 선양 형식을 밟음으로써 당나라를 건국하게 되었다.

이연은 선비족(鮮卑族) 계통의 무장으로서 서위(西魏)와 북주(北周)를 섬긴 이호(李虎)의 손자다. 아버지 이병(李昞)이 일찍 죽자 7세 때 당국공(唐國公)의 작위를 승계했다. 이모가 수나라 문제 양견의 후비(后妃)였기 때문에 당연히 수나라의 귀족이 되어 황제의 신변을 경호하는 천우비신(千牛備身)이 되었다. 그 후 각 지방의 자사(刺史) 및 태수를 지냈다.

수나라 말기, 3차에 걸친 고구려 원정 등으로 민심이 흉흉해지자 '이씨가 양씨를 대신할 것'이라는 소문이 돌기 시작했다. 그는 52세가 되던 해(617)에 군사 요충지인 태원에 파견되어 돌궐족(突厥族)에 대한 방비를 맡게 되었다. 그는 이때를 놓치지 않고 아들 건성(建成), 세민(世民), 원길(元吉) 등과 함께 군비 확충에 박차를 가했다. 같은 해 7월, 3만 명의 군사로 태원을 떠나 11월에는 마침내 장안을 점령했다. 하지만 세상의 이목을 의식하여 양제의 손자를 공제로 추대하고 자신은 당왕(唐王)에 봉해져 관중 땅을 다스렸다.

이듬해 양제가 양자강 유역의 강도(江都)에서 시해되자, 이연은 공제로부터 선위를 받아 마침내 당나라를 건국하게 되었다. 하지만 내란이 곳곳에서 일어난 상황이라 몇 년간은 중원의 군웅들인 적양(翟讓)의 후계자 이밀(李密 : 582~618), 도둑 고사달(高士達)의 부하로서 하(夏)나라를 세운 하북(河北)의 두건덕(竇建德 : 573~621), 낙양의 왕세충(王世充) 등을 진압하는 데 진력해야 했다. 하지만 태평성대를 열어 보기도 전에 왕자들의 난이 일어나고 말았다. 차남 이세민이 태자인 장남 이건성(李建成)과 제 아우인 이원길(李元吉)을 죽인 '현무문(玄武門)의 변(變)'(626)이 발발하고 만 것이다. 때문에 당고조(唐高祖) 이연은 아예 차남에게 양위하고 상황(上皇)으로 물러앉았다.

아버지를 도와 중원 통일에 앞장섰던 당태종(唐太宗) 이세민은 비록 형제들을 제거하고 대위에 올랐지만, 재위 23년간 현명한 군주로 남아 후세에 '정관(貞觀)의 치(治)'라는 칭송을 듣게 되었다. 그의 연호(年號)가 바로 정관(貞觀)이었기 때문에 그의 통치 기간을 통틀어 '정관의 치'로 부르게 되었다. 명신인 방현령(房玄齡 : 578~648), 두여회(杜如晦 : 585~630), 위징(魏徵 : 580~643) 등이 그를 도와 현군이 되게 했다.

방현령은 제주 임치(齊州 臨淄 : 산동성) 출신으로 18세에 수나라의 진사가 되었다. 이세민의 측근으로 활약하다가 그가 태종으로 즉위한 후에는 중서령이 되었다. 태종의 고구려 원정 때는 수도인 장안을 지켰다.

두여회는 경조 두릉(京兆 杜陵 : 산서성의 장안현) 출신으로 수나라 때 현위(縣尉)를 지낸 후 초야에 묻혀 있다가 태종이 등극하자 진왕부병참군(秦王府兵參軍)이 되어 전국 각처를 돌아다녔다. 방현령을 통해 태종에게 천거된 후에는 병부상서를 지내고 채국공(蔡國公)에 봉해졌다. 법령과 인사 제도를 정비하여 당나라의 기초를 튼튼히 다져 놓았다. 자는 극명(克明)이다.

위징은 곡성(曲城 : 산동성) 출신으로 본래 이밀의 부하였다가 이연의 장남인 이건성의 측근으로 활약했던 사람이다. 이세민이 태종으로 즉위한 후 그의 인격과 직언에 이끌려 재상으로까지 중용했다. 자는 현성(玄成)이다. 여러 이민족(예 : 투르크인, 서역인 등)의 복속을 이끌어 내고 천가한(天可汗 : 천자에 해당)이라는 존칭을 듣기도 했다. 특히 투르크인들은 당나라와의 무역로를 '천가한에게 이르는 길'이라는 뜻에서 '참천가한도(參天可汗道)'라고 불렀다.

이연(李淵)의 이름은 연못 '연(淵)'이다. 모든 것을 한데 끌어모으는 큰 연못이다. 수나라에 실망한 백성들을 당나라로 끌어모았다. 민심은 썩어 들어가는 수나라를 버리고 이연이 새로 파놓은 당나라로 몰려들었다. 깊은 연못이라 쉬이 썩어 들어가지 않고 3백 년 가까이 버틸 수 있었을 것이다. 이연이 수나라 사람들을 한데 모으기 위해 새롭게 파놓은 '연못'은 290년간 버티며 20명의 황제들을 내놓았다.

아버지 이연을 도와 천하 통일을 달성한 이세민(李世民)의 이름은 '세상의 모든 백성을 비추는 태양'이다. 세상을 비추는 것은 오직 태양 하나뿐이다. 아버지 이연이 천하를 통일하고 큰 연못을 만들어 백성들을 한데 모았다면, 아들 이세민은 모인 백성들뿐만 아니라 연못 밖의 백성들까지 고루 비추는 눈부신 태양을 하늘에 띄워 놓았다.

당나라 초기를 탄탄하게 다져 놓은 명신들은 바로 방현령, 두여회, 위징이었다. 방현령(房玄齡)의 이름은 '오묘한 시대를 만든다'는 뜻이다. 검을 '현(玄)'에는 '오묘하다'는 뜻이 있고 연령 '령(齡)'에는 '세월과 시대'가 들어 있다. 건성으로 지나가는 세월이 아니다. 아이들의 치아가 하나 둘씩 자라나듯 그렇게 차곡차곡 채워지고 한발 한발 앞서 나가는 세월이다.

두여회(杜如晦)의 이름은 '어둡게 한다, 어리석게 만든다'는 의미다. 이게 대체 무슨 뜻인가. 어째서 어둡게 하고 어리석게 만든다는 뜻인가. 어둠은 자궁과 잉태를 암시한다. 새로운 기운이 다시 일어날 조짐이다. 새로운 빛을 만들어 내기 위한 비밀스러운 휴식이다. 40년을 채 못 넘긴 수나라를 대신하여 3백 년 가까이 이어질 장수 왕조를 창조하는 일인데, 어떻게 긴 밤과 긴 잠이 없을 수 있겠는가. 두여회의 자는 극명(克明)이다. '빛을 이긴다'는 뜻이다. 그렇다면 빛을 이기는 어둠이라는 말인가. 아마도 '빛을 잉태한 어둠'을 의

미할 것이다. 단순한 어둠이 아니다. 단순한 밤이 아니다. 단순한 잠이 아니다. 눈부신 빛과 빛나는 생명을 잉태한 어둠이고 밤이다.

위징(魏徵)의 이름은 '불러들인다, 한데 불러 모은다'는 뜻이다. '꼬치꼬치 캐묻는다'는 뜻도 들어 있다. 그래서인지 그는 굽히지 않는 직선적인 성격으로 유명했다. 강직하고 정정당당해서 많은 이가 그를 두려워하면서도 또 존경했다. 그렇기에 반란군 괴수인 이밀의 부하였던 사람인데도 살아남았던 것이다. 태종 이세민이 제거한 비운의 태자 이건성의 심복이었는데도 태종의 신임과 총애를 가장 많이 받았다. 오극이 당태종의 업적을 기려 편찬했다는 〈정관정요(貞觀政要)〉는 위징과 태종의 대화록이라고 해도 과언이 아닐 정도다. 자는 현성(玄成)이다. '오묘한 것을 이룬다'는 뜻이다. '캐묻는' 천성을 바탕으로 '오묘한 것을 이루도록 하려고' 하늘은 그를 반란군의 손에서 건져 내어 3백 년간 이어질 당나라의 기틀을 확립하게 했다.

〈정관정요〉에는 정치를 아주 비장하게 묘사해 놓았다. '백성을 편안하게 하는 것이 통치자의 첫 번째 임무'라고 강조한 후 "백성을 다치게 하거나 백성으로 하여금 몸을 바쳐 받들도록 강요하면 제 허벅지 살을 베어 먹는 것과 같다."고 했다.

"배는 부를지 모르지만 곧 죽게 될 테니 얼마나 어리석은 짓이냐?"

'넓적다리를 벤다'는 것은 '할고(割股)'에 관한 내용이다. '제 살을 깎아 먹는다'는 뜻으로 할고담복(割股啖腹)으로도 사용한다.

이연(李淵)과 이세민(李世民) 부자가 현신들의 보좌를 받으며 세운 당나라는 태종의 후궁인 무씨(武氏)로 인해 한바탕 깊은 수렁에 빠져야 했다. 태종의 사후, 그의 아들인 고종의 황후가 된 무후(武后)는 권력욕이 지나칠 정도로 컸다. 그녀는 남편 고종에 이어 등극한 두 아들 중종과 예종을 멋대로 주무르다가, 그것도 성에 안 차자 마침내 예종을 폐하고 주(周 : 690~705)나라로 국호를 바꿔 중국 역사 최초의 여황제가 되었다. 바로 측천무후(測天武后 : 705. 12. 16 사망)의 무주혁명(武周革命 : 690)이다. 그래도 그녀는 죽기 전 자신이 유폐한 중종을 후계자로 다시 세웠다. 무씨 왕조 건국의 꿈을 접고 다시 이씨 왕조로 대통을 이어가게 했다.

하지만, 그녀의 며느리인 중종 비 위후(韋后) 또한 시어머니 뺨칠 정도로 권력욕이 강했다. 남편 중종을 독살하고 아들 온왕(溫王)을 등극시켜 대권을 마구 휘두르다가 결국 상왕(相王)의 아들인 이융기의 쿠데타로 망하고 말았다. 이융기(李隆基)는 바로 태종의 '정관(貞觀)의 치세(626~649)'에 맞먹는 '개원(開元)의 치세(713~742)'를 연 당현종(唐玄宗 : 685~762 / 재위 712~756)이다.

무후(武后)와 위후(韋后)에 이어 또다시 여난의 기운이 일어나 양귀비(17세에 현종의 18왕자인 수왕의 비가 되었다가 27세에 현종의 귀비가 됨)가 출현했다. 양귀비(楊貴妃 : 719~756, 현종과 사천으로 피난 중 장안 서쪽의 마외역에서 군사들에게 피살)를 업고 재상이 된 양국충(楊國忠 : 756년 마외역에서 군사들에게 피살)이 자신의 정적인 평로(平盧)·범양(范陽 : 북경)·하동(河東)의 절도사인 안녹산(安祿山 : 대연황제를 자칭하다가 757년 취침 중 측근인 이저아에게 피살)을 상대로 전쟁(안녹산과 사사명의 난, 755~763)을 치르게 되자 당나라의 국운은 점차 기울기 시작했다. 현종이 실시한 모병제를 이용해 막강한 군대를 거느리게 된 절도사들이 실력자로 속속 등장하자 중앙집권 체제마저 붕괴되고 말았던 것이다. 신기하게도 절도사 안녹산과 그의 부하 사사명(史思明)의 난(755~763)은 정확히 3백여 년 당나라 역사의 중심에 해당된다. 이 시기를 시작으로 내리막길을 걷기 시작한 당나라는 백 년 후 지주, 농민, 유민, 변방 군사들의 저항에 부딪혀 마침내 멸망의 길로 접어들게 되었다. 끝없이 이어지는 크고 작은 전란으로 인해 곡창지대가 폐허화하고 나라 재정이 바닥나 민심이 나날이 흉흉해졌다. 이에 중앙 조정은 한술 더 떠서 환관파와 재상파로 갈라져 정쟁을 일삼았다. 중앙의 다툼이 지방 세력을 끌어들이기 시작하자 온 나라가 정쟁과 내란에 휩쓸리게 되었다.

정반합의 원리는 역사에도 어김없이 적용된다. 당나라가 쇠락의 길을 걷자 각처에서 내란이 일어나 군웅이 할거하게 되었는데, 그중 가장 걸출한 자가 바로 주온(朱溫 : 852~912 / 재위 907~912)이었다. 그는 안휘성 출신으로 처음에는 황소(黃巢)의 난에 가담해 부장이 되었으나, 30세가 되던 해(882)에 당나라에 항복하여 희종(僖宗)으로부터 전충(全忠)이라는 이름까지 하사 받았다. 그는 타고난 무예와 지략을 활용해 각처의 내란을 평정하고, 그 공로로 양왕(梁王)에 봉해졌다. 여러 곳의 절도사를 거쳐 이내 화북 제일의 실력자로 부상했다.

그는 무너져 가는 당나라의 운명을 재촉하기 위해 우선 소종(昭宗)을 죽이고 애제(哀帝)를 세웠다. 그 후 애제의 선양 덕분에 양(梁)나라를 건국하고 개봉(開封)을 수도로 정했다. 이로써 290년 당나라 역사는 마침내 대단원의 막을 내리게 되었다. 주온은 한 나라를 무너뜨리고 새 나라를 세웠지만, 아들 주우규(朱友珪)에 의해 죽고 말았다.

당나라를 멸망시킨 주온(朱溫)의 이름은 '따뜻한 물'이다. 계절의 변화나 날씨의 변화는 늘 기온의 높낮이로부터 시작된다. 물이 따뜻해지면 자연히 더운 바람이 불어 세상 만물의 모습을 바꿔 놓는다. 황제가 하사한 이름은 전충이다. '무슨 일을 하던 충성을 다한다'는 뜻이다.

하남과 산동을 근거로 농민과 유민 등을 끌어모아 반란을 일으킨 황소(黃巢 : 왕선지에 이어 반란군의 괴수가 된 후 880년 수도 장안을 차지했지만, 이극용 등의 진압군에 쫓겨 884년 산동의 태산 근처에서 자결)의 휘하에 들어갔다가 낙양과 장안을 차지한 황소가 대제(大齊)의 황제를 자칭하자 당나라에 투항했다. 사천으로 피난을 가야 했던 당나라 황제 희종은 귀순한 주온에게 이름까지 하사하며 내란 평정을 맡겼다. 변혁의 화신인 주온의 기질을 알아보고 '전적으로 충성하라!'는 뜻에서 전충(全忠)으로 개명해 주었다.

주온과 인연이 닿았던 반란군 괴수인 왕선지(王仙芝)와 황소(黃巢)의 이름은 각각 '신령스러운 약초'와 '깊은 산골 도둑 소굴'이다. 주온은 왕선지의 '신선초'와 황소의 '보금자리'를 이용해 자신의 무예와 지략을 열심히 닦았다. 특히 과거에 낙방한 후 소금 암거래로 처세술을 연마한 황소의 교활한 술수와 끝없는 탐욕을 보며 반면교사(反面敎師)로 삼았다. 그러나 그런 그도 아들 우규(友珪)의 눈먼 야심 앞에서는 살아날 수 없었다. '벼슬을 제 짝꿍으로 삼는다'는 이름인데, 무슨 수로 부자지간의 천리를 앞세울 수 있었겠는가.

3백 년 문화 대국을 세운 조씨(趙氏) 일족의 송(宋)나라

당나라가 멸망하자 그 공백기를 이용해 다시 군소 국가들이 발호했다. 5대(代) 10국(國)이 바로 그것이다. 5대(代)는 화북을 무대로 하여 발호한 후량(後梁), 후당(後唐), 후진(後晉), 후한(後漢), 후주(後周)의 5왕조를 가리킨다. 앞에 붙은 '후(後)' 자는 사가들이 같은 이름의 왕조와 구별하기 위해 붙인 것이다. 반면 10국은 화남 등지에서 발호했던 오(吳), 남당(南唐), 오월(吳越), 민(閩), 형남(荊南), 초(楚), 남한(南漢), 전촉(前蜀), 후촉(後蜀), 북한(北漢) 등을 말한다. 이외에도 연(燕), 기(岐), 주행봉(周行逢) 등이 있었다.

후량(後梁)의 주온(朱溫)이 당나라 황제의 선양을 받아 황제를 칭하자 나머지 군웅들도 앞을 다투어 황제와 왕을 자칭했다. 하지만, 속성은 당나라의 지방 군사령관인 절도사의 통치 방식이었다. 한마디로 무인 정치의 특성을 띠고 있었다. 본질적으로 쿠데타적인 특성과 하극상적인 양상을 지니게 마련이었다. 하지만, 각국이 경쟁적으로 생산 체제를 회복해 갔기 때문에 경제적으로는 생산력이 점차 회복되어 갔다.

그리고 화북에서는 당나라 이씨 중심의 후당(後唐)이 맹주로 부상하고, 화남에서는 오(吳)의 후신인 남당(南唐)이 패권을 장악하게 되었다. 화북과 화남 사이에는 형남(荊南)과 오월(吳越)이 완충지대 역할을 하며 중개무역을 발달시켰다.

그 무렵 발해를 멸망(923)시킨 거란이 화북의 새로운 세력으로 떠오르기 시작했다. 거란에 맞서기 위해 화북의 군소 국가들이 하나로 뭉치려는 경향을 보이기 시작했다. 이중 후주(後周)의 세종이 명군으로 인정받으며 앞장서서 화북(華北)을 하나로 통일시켜 나갔다. 세종(世宗)이 닦아 놓은 통일 기반을 이용해 후주의 근위군 총사령관인 조광윤(趙匡胤)이 근위병의 추대로 대위에 올라 960년에 송(宋)나라를 건국했다. 5대 10국의 50여 년(907~960) 세월은 문화적 자각 기간에 해당된다. 우선 촉의 인쇄술 발달을 손꼽을 수 있다. 문학에서의 사(詞)와 더불어 회화에서는 수묵화(水墨畵)가 발달했다. 5대 10국이 명멸한 반세기 동안은 바로 문화 대국인 송나라로 이어지는 중요한 길목이었다.

송(宋 : 960~1279. 개봉에 도읍한 북송과 임안 즉 항주에 도읍한 남송이 1127년을 경계로 각각 167년과 152년간 이어짐)나라를 건국하고 태조(太祖)로 즉위한 후량의 무장인 조광윤(趙匡胤 : 927~976 / 재위 960~976)은 본래 후주 황제인 세종의 금군(禁軍 : 근위군) 총사령관이었다. 거란과 남당 등을 무찌른 전공에 힘입어 금군 총사령관이 되었다. 세종이 죽자 북한(北漢)의 침공에 맞서기 위해 금군이 그를 황제로 옹립했다. 그는 곧 후주(後周)를 정벌하고 화북을 거의 다 차지했다. 963년 이후 형남(荊南), 호남(湖南), 후촉(後蜀), 남한(南漢), 남당(南唐) 등을 정복하고 강남과 사천을 병합했다. 그렇게 천하를 통일한 후 명신인 조보(趙普)의 헌책을 받아들여 절도사(전권을 쥔 지방 군사령관) 중심의 무인 정치적 요소를 폐지하고, 문치주의와 과거제도에 기반을 둔 중앙집권적 관료제도를 확립했다.

송태조(宋太祖) 조광윤의 이름은 도울 '광(匡)', 이을 '윤(胤)'이다. 돕는다는 뜻을 지닌 '광(匡)' 자에는 '휜다, 두려워한다'는 의미도 내포되어 있다. 신기하게도 상자와 그릇 등을 형상화한 '방(匚)' 자 속에 임금 '왕(王)' 자가 들어 있다. '갇혀 있는 어른'이기도 하고 '숨어 있는 임금'이기도 하다. 하지만 한쪽이 열린 공간이고 또 그릇이다. 당연히 출구가 있는 장소에 일부러 숨어 있는 셈이다. 이을

'윤(胤)'은 작을 '요(幺)'와 고기 '육(肉)'을 지닌 글자다. 합치면 '작고 어린 몸'이고 '아직 완전하지 못한 새 생명'이다. 사람 '인(儿)' 변이 테두리를 이룬 형상이다. 작고 어린 몸은 바로 '사람들 사이'에 놓여 있는 것이다. 사람과 사람을 잇는다는 뜻이니 곧 역사를 잇고 채우고 또 적어 나간다는 말이다. 들여다볼수록 신기한 이름이다. 그 많은 군웅 중에서 홀로 우뚝 설 수 있었다면 실로 대단한 운세다.

실질적인 천하 통일은 2대 황제인 송태종(宋太宗 : 939~997 / 재위 976~997) 대에 이룩했다. 태종 조광의(趙匡義)는 태조의 동생이다. 뒤에는 이름을 광의(光義)로 고쳤다. 즉위 후에는 다시 경(炅)으로 고쳤다. 즉위 후 오월(吳越)과 북한(北漢)을 정벌하여 5대 10국으로 분열되었던 천하를 다시 통일했다. 비록 거란과 서하(西夏)의 정벌에는 실패했지만, 강력한 중앙집권 체제 확립을 통한 황제 중심주의 강화에는 성공했다. 그리고 과거제도를 발달시켜 문신 중용의 문치주의를 완성했다.

경제적으로는 재정의 8할에 육박하는 군사비를 채우기 위해 차(茶), 소금, 술, 백반(白礬) 같은 일용품을 전매품으로 묶어 막대한 전매수입을 올렸다. 그 결과 밀매 조직을 중심으로 비밀 결사가 횡행하여 반란의 온상으로 자리잡기 시작했다. 그리고 소금 등 특산품을 주 수입원으로 삼던 변방과 해안 등지에서도 불만이 점차 고조되었다. 재정수입을 위한 피치 못할 제도였지만 정치적으로는 대단히 부담이 큰 제도였다. 하지만, 정치와 경제 모두 변방의 이민족에 달려 있었다. 거란과 여진 등이 조용하면 내치에만 치중해도 되었지만, 일단 변방이 시끄러우면 막대한 전비와 희생을 치르며 지루한 전쟁을 벌여야 했다. 예를 들면 변방이 조용했던 진종(眞宗) 대에는 재정이 풍족해져 황제가 산동(山東)의 명산인 태산(泰山)으로 행차하여 제례를 지내며 막대한 경비를 지출해도 아무 탈이 없었다. 하지만, 인종(仁宗) 대에는 수년간에 걸친 서하와의 전쟁으로 경제공황을 맞이하게 되었다. 서하(西夏)는 송나라의 소금 전매제로 자국산 청백염(靑白鹽)의 수출이 막히자 독립을 선언하고 대대적으로 침략하기 시작했다.

북송은 농민과 중소 상인의 활동을 증진하여 국부를 증대하려는 왕안석(王安石)의 신법(新法)과 지주, 관료, 종친 등 기득권층의 권리를 옹호하려는 사마광(司馬光)의 구법(舊法)이 당쟁으로 비화되었다. 신법당, 구법당 간에 암투가 벌어져 결국은 여진족의 금(金)나라에 의해 멸망하고 말았다. 이를 '정강(靖康)의 변(變 : 1127)'이라고 한다.

여진족의 금나라가 북송을 점령하고 휘종(徽宗)과 흠종(欽宗)을 포로로 잡아가자 휘종의 9남으로 흠종의 동생인 조구는 응천부(應天府), 즉 하남성 상구(商邱)에서 고종(高宗 : 1107~1187 / 재위 1127~1162)으로 즉위했다. 남쪽의 임안(臨安), 즉 항주(杭州 : 절강성)를 도읍으로 삼고 송나라의 대통을 계승했다. 이를 개봉에 도읍한 북송과 구별하여 남송이라 한다.

화친론자인 진회(秦檜)를 중용하고 주전론자인 악비(岳飛)를 멀리했다. 금나라에 대해 스스로 신(臣)이라 부르며 화약을 맺어 20여 년간(1142~1162) 굴욕적인 평화를 얻었다. 양자를 효종(孝宗 : 1127~1194. 6 / 재위 1162~1189)으로 세우고 25년 동안 상황(上皇)으로 유유자적했다. 효종은 금나라 세종과 화의를 맺어 종래의 군신(君臣) 관계를 숙질(叔姪) 관계로 개선하고, 은 5만 냥과 비단 5만 필을 덜 바치게 했다. 이처럼 금나라와의 관계가 개선되자 내치에 힘써 북송의 전성기를 능가하는 번영을 누렸다.

왕안석의 신법당에 의해 폐출되었던 철종의 후비인 맹씨(孟氏)가 남송의 첫 황제인 고종의 즉위를 공인해 주었기 때문에 구법당계 관리들이 자연스럽게 중용되었다. 원풍(元豊)이 관제개혁(1078~1085)을 단행해 재상의 권한을 강화하자 진회(秦檜), 한탁주(韓侂胄), 사미원(史彌遠), 가사도(賈似道) 등이 전권을 행사하게 되었다.

1234년에 몽골이 금나라를 멸망시키자 굴욕적인 평화마저도 유지할 수 없게 되었다. 몽골군에 의해 임안(臨安)이 함락되고, 3년 후 애산(厓山) 전투에서 패배하자 남송은 9대 152년(1127~1279) 만에 역사 속으로 영원히 사라져야 했다.

북방 유목 민족의 중원 진출 : 몽골의 백 년 통치와 원(元)나라

북방의 대초원을 누비던 몽골이 마침내 중원 대륙을 차지했다. 13세기 중엽부터 14세기 중엽까지 정확히 1세기 동안 한족(漢族) 중심의 중원 땅에 몽골의 대초원을 옮겨 놓았다.

대원(大元 : 1271~1368)이라는 국호는 〈역경(易經)〉의 '대재건원(大哉乾元)'에서 따왔다. 중원을 지배하던 앞선 통일국가들의 대통을 계승했음을 대내외에 공표한 것이다. 전통적인 농경민 중심의 나라에서 점령과 약탈로 생존해 온 유목민 중심으로 뒤바뀐 것이다. 유목민이 지배 계층이 되고 농경민이 피지배 계층으로 전락한 것이다. 출발부터 대단히 불안한 구조였다. 모순으로 채워진 이상한 구조였다.

이를 알아챈 칭기즈칸(1155~1227. 8. 18)의 손자인 쿠빌라이칸,

즉 세조(世祖 : 1215~1294 / 재위 1260~1294)는 도읍을 대도(大都 : 북경)로 옮겨 화북(華北)을 중심으로 중국식 관료 국가를 세우려 했다. 그리고 실질적인 중원의 주인이 되기 위해 회하(淮河) 남쪽에 있던 남송(南宋)을 평정했다. 그는 한족(漢族)에 대한 정통성과 몽골족 전체에 대한 정통성을 동시에 확립하려 했다. 변방의 여러 한국(汗國)들의 복속을 강력히 추진하다 보니 항상 전운이 감돌았다. 14세기로 접어들며 한국(汗國)들과 협력 관계가 구축되자 자연스럽게 동서 무역이 번창해져 문물이 크게 발달했다.

하지만, 처음 출발부터 잉태했던 여러 모순이 차츰 고개를 들며 한족(漢族)과도 민족적 대립 관계가 심화되기 시작했다. 한족의 민족적 자각을 대변하는 주원장(朱元璋)이 순제(順帝)를 몽골 본토로 밀어내자 중원은 다시 한족의 손안으로 들어오게 되었다. 백 년을 못 채우고 97년 만에 다시 몽골 본토로 쫓겨 가고 말았다. 어찌 보면 쫓겨 간 북원(北元)이 바로 진짜 몽골제국인지도 모를 일이다.

칭기즈칸은 몽골제국의 조상일 뿐이고, 중원을 차지한 원나라의 진짜 시조는 칭기즈칸의 손자인 쿠빌라이칸이다. 그런데도 사람들은 원나라를 떠올릴 때마다 칭기즈칸을 먼저 생각하게 마련이다. '칭기즈'는 샤머니즘의 의미로 볼 때 '광명의 신'이다. 부친이 타타르족에게 독살되었기 때문에 빈궁하게 살아야 했다. 하지만 1189년경 몽골족 연합의 맹주로 추대되어 칭기즈칸이라는 칭호를 얻게 되었다. 1204년경에는 몽골 초원 전체를 통일했다. 2년 후 몽골제국의 칸에 올라 군사 조직에 바탕을 둔 유목 집단 '천호(千戶)'로 민족을 재조직했다. 만호장, 천호장, 백호장 식으로 지휘 체계를 구성했다. 천호장, 백호장의 자제들을 친위대로 편성하여 각종 특권을 부여했다. 최정예 군사 조직인 셈이었다.

서하(西夏)를 점령한 후 금나라의 수도인 중도(中都 : 북경)에 입성했다. 서요(西遼)를 병합한 후 본격적인 서정(西征)에 올랐다. 남러시아와 카스피해 연안국들을 정벌하여 이슬람권 소국들을 몽골제국의 영향권 아래 귀속시켰다. 또 정복한 땅을 아들들에게 분배하여 한국(汗國)을 건설하게 했다. 그는 서하를 응징하려 출병했다가 황하강 상류에 있는 감숙성의 청수현(淸水縣) 서강(西江) 강변에서 병사했다.

그는 위구르 문화를 좋아해 위구르 문자를 공식 문자로 채택하기도 했다. 몽골 문자와 만주 문자는 위구르 문자로부터 파생된 것이다. 아명은 테무친, 즉 철목진(鐵木眞)이다. 묘호 태조(太祖)는 세조(世祖)가 원나라를 세우며 추증한 것이다.

원나라를 건국한 세조 쿠빌라이칸(제5대 칸)은 칭기즈칸의 손자다. 형이 제4대 칸에 오르자 그는 중국 방면의 대총독에 임명되었다. 운남성, 티베트, 베트남 등지를 정벌하고 하북(河北), 하남(河南), 섬서(陜西) 등지에 각각 안무사(按撫使), 경략사(經略使), 선무사(宣撫使)를 두어 효율적으로 통치했다. 유학자를 몽고로 초청하기도 하고, 자신의 장남인 친킴(진금 : 眞金)을 성리학자 왕순(王恂)에게 맡기기도 했다. 그는 한족문화(漢族文化)에 남다른 관심을 두고 있었던 것이다. 그런 이유로 성리학자인 유병충(劉秉忠), 요추(姚樞), 허형(許衡) 등이 자연스럽게 그의 주위에 모여들게 되었다.

남송 정벌(1259)에 나선 그의 형 몽케칸이 사천(四川)에서 병사하자, 그는 이듬해 금련강(金蓮江) 변에 새로 조성한 개평부(開平府 : 내몽고)에서 대칸(대한 : 大汗)에 올랐다. 그 후 몽골제국의 수도인 카라코룸에 있던 막내아우 아리크부카와 4년에 걸쳐 내전을 치르게 되었다.

최후의 승자가 된 쿠빌라이칸은 연경(燕京 : 북경)을 도읍으로 정하고 대도(大都)로 개칭했다. 그가 처음 정치적 야심을 불태웠던 개평부는 상도(上都)로 개칭한 후 원나라 황제의 여름 피서지로 활용했다. 1271년에는 국호를 원(元)으로 정하고 황제에 올랐다. 하지만, 남송을 정복하여 천하 통일을 이룬 것은 8년 뒤인 1279년이었다. 막내아우 아리크부카의 잔당들과 30여 년에 걸쳐 크고 작은 분쟁을 겪었지만, 그래도 여전히 세계 제국의 면모를 유지할 수 있었다. 그는 일본을 제외한 동아시아 대부분을 영향권 아래 두었다.

'한족(漢族)의 부흥'을 내건 명(明)나라 주씨(朱氏) 왕조

홍건적과 백련교도를 중심으로 한족 중심의 천하 통일이 이루어졌다는 사실은 과연 무엇을 말하는가. 몽골족의 독재가 그만큼 집요하고 조직적이었다는 뜻인가, 아니면 도적이나 종교를 빙자하지 않고는 도저히 몽골족을 북방의 대초원으로 몰아낼 수 있을 만큼 충분한 세력을 결집할 수 없었다는 뜻인가. '한족의 부흥'이 중원의 열풍을 좌우했다는 점만 보아도 몽골제국의 동화 정책이나 몽골 지상주의 확산은 어림도 없었던 모양이다.

천하 통일에도 분명 공식이 필요했다. 홍건적과 백련교도를 앞세워 천하를 통일한 주원장도 처음에는 반쪽 통일에 만족해야 했다. 양자강 하류의 곡창지대를 거점으로 삼고 금릉(金陵 : 남경)에서 명(明 : 1368~1644)나라 건국을 공표했다. 화북에는 아직도 몽골제국이 존재하고 있었다. 주원장(朱元璋)과 몽골제국은 남송과 북송을 사이좋게 나눠 갖고 있었던 셈이다. 하지만, 그해 가을에 원나라의 수도인 대도(大都 : 북경)를 함락하고 몽골제국을 북쪽 초원으로 내쫓았다. 또 3년 뒤인 1371년에는 마지막으로 사천(四川)을 정벌하여 실질적인 천하 통일을 이룩했다. 이후 요동을 정벌하여 몽골제국의 자투리인 북원과 고려가 손을 잡지 못하게 하고, 곧이어 운남을 정벌하여 몽골과 티베트의 연결 고리를 끊어 놓았다. 그리고는 몽골의 잔재를 없애고 한족의 문물을 다시 일으키기 위해 전력투구했다. 또 권력이 소수에게 집중되는 것을 막기 위해 공로가 많은 공신이라고 할지라도 가차 없이 숙청했다. 호유용(胡惟庸)과 남옥(藍玉)을 숙청한 '호람(胡藍)의 옥(獄)'이 대표적인 사례다.

행정을 총괄하는 육부(六府), 군을 총괄하는 오군도독부, 감찰을 총괄하는 도찰원(都察院) 등을 황제 직속으로 두었다. 지방에는 행정을 총괄하는 포정사사(布政使司), 군을 총괄하는 도지휘사사(都指揮使司), 감찰을 총괄하는 안찰사사(按察使司)를 두어 중앙에 직속되게 했다. 당나라 제도와 송나라 제도를 전범으로 하여 국가 운영의 모든 면에서 선진적인 면모를 갖춰 나갔다.

우선 당나라의 모병제를 준거로 삼아 위소제(衛所制)를 채택했다. 도지휘사사 밑에 위(衛), 소(所)를 설치하고 장정을 분속시켰다. 예를 들면 1위(衛)의 군사는 5천 6백 명이었다. 지휘사(指揮使), 천호(千戶), 백호(百戶) 등이 군을 관할했다. 그런데 특이하게도 명태조인 주원장의 아들 등 24명을 왕으로 세워 봉건 제후처럼 요지를 관장하게 했다. 특히 북방 변경의 왕들에게는 병권을 부여했기 때문에 시간이 지날수록 영향력이 막강해졌다.

북경에 있던 4남 연왕(燕王)은 마치 지방정부 같은 형세였다. 태조가 죽고 손자가 혜제(惠帝) 건문제(建文帝)로 즉위하여 중앙집권을 강화하며, 지방 왕들의 권한을 축소하기 시작하자 자연스럽게 불만이 고조되었다. 북경의 연왕은 '정난(靖難)의 변(變)'을 일으켜 성조(成祖) 영락제(永樂帝 : 1360. 5~1424. 8 / 재위 1402~1424)로 즉위했다.

영락제는 적대 세력의 아성인 남경을 피해 북평(北平)을 북경(北京)으로 개칭하고 천도를 단행했다. 강남과 강북을 대운하로 연결하여 남북이 원활하게 소통하도록 했다. 티베트, 운남, 안남(安南 : 베트남)을 차례로 병합하고 흑룡강 유역과 귀주(貴州)로 국경을 넓혀 나갔다. 정화(鄭和)와 왕경홍(王景弘)에게 선박 60척과 수군 3만 명을 주어 6회(1405~1424)에 걸쳐 인도양 연안과 아프리카 동안을 원정하게 했다. 그 결과 국위가 한껏 선양되고 30여 개국이 조공을 바치게 되었다. 하지만, 몽골제국의 후예들이 가장 큰 위협이었다. 황제 스스로 5차례(1410~1424)나 북벌을 감행하다가 결국 진중에서 병사했다.

영락제 치세 이후 1449년 9월에는 하마터면 몽골제국의 후예에게 다시 한 번 멸망할 뻔했다. 북벌에 나선 영종(英宗) 정통제(正統帝)가 몽골의 포로가 되고 또 수도인 북경마저 완전히 포위되고 말았다. 소위 토목(土木)의 변(變)이었다. 병부시랑(兵部侍郎) 우겸(于謙)은 영종의 아우인 성왕(成王)을 대종(代宗) 경태제(景泰帝)로 옹립하고, 영종의 아들인 주견심(朱見深)을 황태자로 세웠다. 이듬해 정통제가 돌아오자 경태제는 형을 상황으로 삼아 자금성 남궁에 유폐시켰다. 그리고 황태자를 자신의 아들인 주견제(朱見濟)로 바꿔 세웠다. 하지만, 새 황태자는 얼마 지나지 않아 곧 죽고 말았다.

1457년에 경태제가 병석에 눕자, 일단의 신하들이 새벽에 남궁문을 부수고 들어가 정통제를 정전인 봉천전(奉天殿)으로 옮겼다.

아침 조회가 열리자 신하들은 모두 대경실색했지만 누구 하나 황제가 갑자기 바뀌었다고 문제 삼지 않았다. 몽골의 포로가 되었다가 동생에 의해 유폐되었던 정통제는 7년여의 인고 끝에 다시 황제의 자리에 올랐다. 소위 탈문(奪門)의 변(變)이다.

무종(武宗) 정덕제(正德帝)는 환관인 유근(劉瑾)에게 국사를 일임했다. 세종(世宗) 가정제(嘉靖帝)는 도교를 광적으로 숭배하여 국고를 바닥냈다. 그 결과 30여 년간 몽골과 왜구에게 끊임없이 시달리게 되었다.

신종(神宗) 만력제(萬曆帝)는 쇠락해 가는 국운을 다시 일으키려 장거정(張居正)을 기용해 일대 개혁을 단행했다. 세제를 정비하고 치수(治水)에 힘써 재정을 튼튼히 하려 했지만, 개혁 10년 만에 장거정이 죽자 다시 환관들에게 의지하게 되었다. 잦은 반란과 왜란(倭亂)을 만난 조선(朝鮮)으로의 파병(派兵) 등으로 국고가 바닥나자 백성들의 부담은 눈덩이처럼 불어났다. 그러다 보니 만주족 토벌을 명분으로 내건 다양한 부가세(附加稅) 징수로 원성이 나날이 높아졌다. 요향(遼餉), 초향(剿餉), 연향(練餉) 등이 그것들이다. 조정은 동림당(東林黨)과 정신(廷臣) 간의 당쟁으로 거의 파탄 지경에 이르렀다.

16대 희종(熹宗) 천계제(天啓帝 : 1605~1627 / 재위 1620~1627)는 불량배 출신의 환관 위충현에게 전권을 위임하고 연극과 쾌락에만 골몰했다. 무지하고 잔혹한 위충현은 비밀경찰 격인 동창(東廠)을 장악하고, 중앙과 지방 곳곳에 사병(私兵)을 배치하여 공포정치를 자행했다. 그리고 환관들로 조직한 엄당(閹黨)을 통해 관료와 향신(鄕紳) 중심의 동림당(東林黨)을 가혹하게 탄압했다.

1626년 3월, 소주(蘇州 : 강소성)에서는 향신 주순창(周順昌)을 북경으로 압송하려 하자 1만여 명의 민중과 5백여 명의 학생들이 시위를 벌인 '개독(開讀)의 난(亂)'이 있었다. 희종의 아우인 의종(毅宗) 숭정제(崇禎帝 : 1610~1644 / 재위 1628~1644. 3)가 환관 위충현(魏忠賢 : 1627년 파직된 후 자살)을 제거하여 민심을 수습했지만, 과중한 부담에 허리가 휜 농민들의 전국적인 반란만은 어쩔 도리가 없었다. 마침내 섬서(陝西) 서안(西安)을 도읍으로 정한 뒤 대순(大順)제국을 세운 이자성(李自成 : 오삼계와 청군에 쫓기자 호북에서 자살)은 수도인 북경을 함락하여 결국 의종(毅宗)을 자살로 몰아넣었다. 이로써 명나라는 276년 만에 멸망하고 말았다.

환관 위충현에게 대권을 내던진 후 놀이와 구경에만 몰두했던 희종(熹宗) 천계제(天啓帝)의 이름은 주유교(朱由校)다. '세상을 듣고 배우는 곳으로만 안다'는 이름이다. 맡은 일은 내팽개치고 어린애들처럼 희희낙락하며 유유자적(悠悠自適)하고자 했다. 이름 그대로 '만년 배우는 학생이기만을 바란 것'이다.

만세산(萬歲山)에서 목을 매어 자결한 명나라의 마지막 황제인 의종(毅宗)의 이름은 주유검(朱由檢)이다. 말미암을 '유(由)', 검사할 '검(檢)'으로 이루어진 이름이다. 말미암을 '유(由)'에는 '복종한다, 좇는다'는 뜻이 들어 있다. 검사할 '검(檢)'에는 '문갑, 봉함(封函)'이 들어 있다. 두 글자 모두 대단히 체념적이고 운명론적이다. 결코 격랑을 헤쳐 나갈 운세가 아니다. 쉬이 막히고 꺾일 운세다. 천주교도이자 석학인 서광계(徐光啓 : 1562~1633. 11)를 기용했어도 개혁에 실패했다. 또 이건태(李建泰)를 앞세웠지만 반란을 막지 못했다. '빛을 드러낸다, 빛을 이끌어 낸다'는 서광계도 무력하기만 했다. '막힌 것을 단번에 뚫는다'는 이건태도 절정에 달한 반란을 어찌할 수 없었다.

서광계의 아호는 현호(玄扈)다. '오묘하고 신비한 것을 좇는다'

는 뜻이다. 마테오 리치(Matteo Ricci : 1552~1610 / 1582년 마카오에 도착하여 중국어를 배운 후 1601년부터 북경에서 포교 개시)로부터 천주교를 알게 되었고, 또 유클리드 기하학을 배우게 되었다. 자는 자선(子先)이다. '앞서가는 사람'이다. 그는 고향인 상해에 천주교당을 지었다. 유클리드 기하학을 이마두(利瑪竇), 즉 마테오 리치와 함께 〈기하원본(幾何原本, 6권)〉으로 번역해 출간했다. 또 당대의 농정 관련 자료를 집대성하여 〈농정전서(農政全書, 60권)〉를 완성했다. 그렇게 하면 '앞서가는 사람'이라는 자(字)의 뜻에 충분히 부합한 것이 아닌가.

주원장(朱元璋)의 이름은 '으뜸 벼슬'이다. 맨 윗자리에 앉는다는 뜻이다. 주원장 스스로 무엇을 하든 맨 앞에 나서고 맨 위에 올라서야 직성이 풀리는 스타일이었을 것이다. 교활한 두뇌와 치밀하고 잔혹한 결행으로 자신의 야심을 하나하나 이룩한 케이스다. 아마도 몽골 유목민과 겨루다 보니 자연스럽게 기민해지고 잔혹해졌을 것이다.

동족 간의 쟁투보다 이민족과의 쟁투가 훨씬 더 잔혹할 수밖에 없다. 그는 홍건적(紅巾賊)으로부터 법과 길은 만들어 가며 사는 것이라는 사실을 터득했을 것이다. 이미 있는 법과 길을 따라가는 것은 차선책이고, 최선책은 어디까지나 스스로 법과 길을 만들어 가야 한다고 생각했을 것이다. 백련교(白蓮敎)로부터는 종교적 열정과 맹목적 추종이야말로 창검보다 더 무섭고 더 효과적인 무기임을 터득했을 것이다. 오합지졸 같으면서도 바람이나 물길처럼 기어이 제 영역을 넓히고야 마는 것이 도둑떼의 생리이자 무기다. 느슨한 것 같으면서도 무시무시하도록 긴박하고 또 투철하고 치밀한 것이 또한 사이비 종교의 생리이자 무기다.

태조(太祖)인 홍무제(洪武帝) 주원장은 도둑떼와 사이비 종교의 생리를 속속들이 꿰뚫고 있었다. 그가 직접 만든 명나라의 각종 제도와 체제를 다시 한 번 눈여겨볼 일이다. 참으로 신기한 일이다. 도둑떼와 사이비 종교의 생리를 전범으로 삼은 명나라가 대제국을 이끌며 어떻게 3백여 년 가까이 유지될 수 있었을까.

심복인 호유용(胡惟庸)과 남옥(藍玉)은 목숨을 바쳐 천하 통일을 완수했는데도 주군에게 무참히 제거당하고 말았다. 호유용(胡惟庸)의 이름은 생각할 '유(惟)', 쓸 '용(庸)'이다. 생각할 '유(惟)'에는 '도모한다'는 뜻이 있고, 쓸 '용(庸)'에는 '어리석다'는 의미가 들어 있다. 아마도 쓰임새가 다한 탓에 주인에게 버림을 받았을 것이다. 쓰임새가 다한 줄을 모르고 입신양명만 생각하다가 '어리석게도' 그만 토사구팽(兎死狗烹)의 처지가 되고 만 것이다.

남옥(藍玉)의 이름에는 '이룬다'는 의미 이외에 '감옥'이라는 뜻도 들어 있다. 다 이루고 나니 스스로 감옥에 갇히게 된 것이다. 그래도 남들 같으면 감히 꿈도 못 꿀 천하 통일을 완수했지 않은가. 사실 남은 인생은 덤으로 여겼어야 했다. 결국 제2의 삶을 욕심내다가 때아닌 일진광풍을 만나 속절없이 휩쓸리고 만 셈이다.

명나라의 기틀을 반석 위에 올려놓은 영락제 주체(朱棣)는 조카인 건문제(建文帝)가 자신을 옥죄어 오자 승려 도연(道衍)을 모사(謀士)로 삼아 수년에 걸친 권력 다툼(1398~1401)을 전개했다. 도연의 이름은 도광효(桃廣孝)다. 영락제의 이름은 산앵두나무를 가리키는 '체(棣)'자다. '통한다, 침착하다'는 뜻도 들어 있다. 직관력과 침착성을 겸비했기 때문에 절체절명의 위기를 만나 명군으로 다시 태어날 수 있었을 것이다. 모사 도연(道衍)의 법명은 '넘친다, 흐른다, 넓힌다'는 의미가 들어 있다. 이름인 도광효(桃廣孝)에도 '넓힌다, 키운다'는 의미를 지닌 '광(廣)'자가 들어 있다. 영락제 주체(朱棣)의

'통찰력과 신중함'이 모사(謀士)의 '넓히고 키우는 지략'을 만나 마침내 승자의 위치를 굳건히 만들었다.

숙부에게 죽임을 당하고 만 2대 황제인 건문제(建文帝 : 1383~ 1402 / 재위 1398~1402) 주윤문(朱允炆)은 5세 때 부친인 의문 태자가 병사하자 황태손에 책봉되었다. 15세 때 태조 홍무제가 죽자 2대 황제로 즉위했다. 황자징(黃子澄)과 방효유(方孝孺) 등의 책략을 따라 제일 먼저 숙부들을 제거하기로 마음먹고 5왕을 폐했다. 그 결과 북경의 연왕이 정난(靖難)의 변(變)을 일으켜 수도인 경사(京師 : 남경)를 함락시키고 조카를 불에 타 죽게 했다.

숙부의 손에 죽은 건문제의 이름은 주윤문(朱允炆)이다. 진실로 '윤(允)'에는 '당한다, 교활하다, 맞장구친다'는 의미가 들어 있다. 따뜻할 '문(炆)'에는 '뭉근한 불로 오래 삶는다'는 뜻이 들어 있다. 어린 나이라 대신들의 귀엣말에 귀가 솔깃했을 것이다. 숙부들을 제거하면 저절로 막강한 전제군주가 될 줄 알았을 것이다. 귀가 얇으면서도 한편으로는 교활한 데가 있었기에 그토록 무서운 흉계를 겁 없이 단행했을 것이다. 따뜻할 '문'에 들어 있는 의미처럼 '뭉근한 불에 오래 삶으려' 했더라면 그렇게 쉽게 죽지는 않았을 것이다.

어린 황제를 죽음의 수렁으로 몰아넣은 신하는 황자징과 방효유다. 황자징(黃子澄)은 '맑다, 맑게 한다'는 이름이다. '탁한 물을 맑게 만드는 사람'이다. 너무 순진하게 덤비다가 모든 걸 망치고 말았다. 청소년에 불과한 황제를 데리고 3년여에 걸친 내전을 겪어야 했다. 참으로 어리석은 짓들이 아닌가. 북쪽으로 쫓겨 간 몽골 유목민만도 못한 지략이다.

방효유(方孝孺 : 1357~1402)의 이름은 아예 한술 더 떠 '젖먹이가 딸린 몸'이다. 희직(希直)과 희고(希古)를 자(字)로 사용했다. 아호는 손지(遜志)다. 방정학(方正學)으로도 불렸다. 그는 절강성의 영해현(寧海縣) 사람이다. 건문제가 황태손일 때부터 시강학사(侍講學士)로서 두터운 신임을 받았다. 조카를 죽인 영락제가 황제 즉위의 조칙을 기초하라고 하자 붓을 땅에 던지며 거부했다. 결국 친인척, 제자, 친우 등 총 847명과 함께 극형에 처해지고 말았다. 많은 저술도 모두 소각되고 30여 권의 문집만이 전해진다. '드물게 곧다'는 자(字), '뜻이 겸허하다'는 아호(雅號), '바르게 배운다'는 또 다른 이름 등이 모두 그의 일생과 최후를 잘 말해 주고 있다. 우직하리만치 강직하고 단순한 신하들이 어린 황제를 너무 조급하게 내몰아 일을 크게 망치고 말았다.

북방 민족의 중원 진출 : 만주족의 청(淸)나라

만주족의 청나라는 이상하게도 한족(漢族)의 명(明 : 1368~1644)나라와 그 수명이 같다. 똑같이 276년간(1636~1912)이다. 언제나 그렇듯이 한족의 명나라가 내리막길로 접어들자 그때를 틈타 만주족의 남침이 산불처럼 번져 나갔다.

명나라의 마지막 황제인 의종 숭정제(崇禎帝)는 16년간(1628~1644 / 18세~34세)의 재위 기간 동안 5명의 대학사(大學士)와 14명의 병부상서를 교체했다. 14명의 병부상서 중 왕흡(王洽)은 옥사했다. 또 장봉익(張鳳翼)과 양정동(梁廷棟)은 독살을 당했다. 그리고 양사창(楊嗣昌)은 목을 매달아 자결했다. 진신갑(陣新甲)은 참수되고, 전종룡(傅宗龍)과 장국유(張國維) 그리고 왕재진(王在晉)과 웅명

우(熊明遇) 등은 파직 후 투옥되었다.

청태종 황태극(皇太極 : 홍타이지, 1626~1643)의 이간질 술책(청을 이롭게 하려 화평을 주도하는 자로 부각)에 속아 넘어간 황제는 포르투갈에서 수입한 총으로 영원성(寧遠城)을 포위한 청군을 무찌르고, 1628년에 병부상서에 오른 원숭환(袁崇煥 : 1630년 8월 공개 처형)을 책형(기둥에 묶어 놓고 창으로 찔러 죽이는 형벌)에 처했다. 요동 경략사(經略使)로서 조선 평안도의 철산군(鐵山郡) 가도(椵島)를 근거지로 약탈을 일삼으며 청군을 상대로 무모한 전쟁을 일삼던 모문룡(毛文龍 : 1576~1629)을 여순(旅順) 근처의 쌍도(雙島)로 유인하여 죽인 일도 나중에는 반역죄에 추가되고 말았다.

특히 충신이자 탁월한 지략가인 원숭환을 무참히 죽인 일은 결국 명나라의 최후를 앞당기는 재앙이 되고 말았다. 조정 대신들의 7할이 원숭환의 사면을 간청했다. 하지벽(何之璧) 같은 이는 부하 40명을 끌고 와 '대신 감옥에 들어가게 해 달라'고 간청했다. 사사로운 일로 등을 돌리게 된 예전의 부하들이나 친우들이 주로 원숭환 처형에 앞장섰다. 수보(首輔) 온체인(溫體仁)과 병부상서 양정동(梁廷棟), 어사 고첩(高捷)과 원홍훈(袁弘勳) 등이 주로 처형에 앞장섰다.

유골은 충직한 하인인 여씨(餘氏)가 거두어 광거문(廣渠門) 내 광동의원(廣東義園)에 묻었다. 여씨의 후손들은 대대로 무덤을 정성껏 지켜 주었다. 우둔한 황제와 버러지 같은 신하들에 의해 나라는 얼마든지 내리막길에 들어서고 진흙 구덩이에 빠지지만, 천심(天心)은 언제나 백성 한가운데 머물며 더욱 큰 질서를 좌지우지하고 있는 것이다. 명나라는 비록 망해가고 있었지만 원숭환의 투옥 및 처형과 연관된 8개월간(1629. 12~1630. 8)의 결코 길지 않은 기간은 천심과 민심이 함께 움직인 마지막 시기였다.

원숭환(袁崇煥)의 이름은 '높이 솟은 횃불'이고 '멀리 비추는 불빛'이다. 자는 원소(元素)다. '타고난 본바탕'을 암시한다. 아호는 자여(自如)다. '스스로 천성을 따라 산다'는 의미다. 식어 가는 아궁이를 다시 데우는 마지막 불꽃이 되고 내리꽂히는 나라를 위해 마지막 버팀목이 되라는 이름 그리고 자(字)와 아호다. 그는 광동성의 동완(東莞) 사람이다. 돗자리를 만드는 왕골이 많이 나는 지방인 모양이다. 고향의 이름에는 '해 뜨는 동쪽을 향해 웃는다'는 의미가 있다. 항상 '해 뜨는 쪽을 바라보는 낙관주의자'였기에 망해 가는 나라와 썩어 가는 조정을 위해 그토록 혼신을 다해 버려 주었을 것이다.

역사의 고비마다 환관이 등장한다. 망국의 역사에는 항상 환관이 가담되어 있다. 명나라 말기에도 위충현이라는 희한한 환관이 있었다. 살아생전에 제사를 지내야 한다며 사당을 웅장하고 화려하게 수도 없이 짓게 했다. 뿐만 아니라 비밀경찰 조직을 틀어쥐고 모든 첩보를 독차지했다. 환관들의 도당을 만들어 선비들을 가차 없이 제거했다. 그들은 황제 이상의 위세를 자랑하며 망국을 부채질하고 망해 가는 나라를 벼랑으로 떼밀었다.

그래도 마지막 황제인 의종 숭정제의 유일한 업적이라면, 환관 위충현을 파직시켜 자살하게 만든 일일 것이다. 하지만, 얼마나 얄궂은 운명인지 숭정제 자신도 반란의 괴수인 이자성에게 쫓겨 자살하고 말았다. 자살은 결국 망해 가는 징후인 모양이다.

명나라 말기의 모습은 모든 게 뒤죽박죽이었다. 반란군이 수도를 점령하자 명나라 장수인 오삼계(吳三桂)는 호시탐탐 남침을 노리는 청군과 연합하여 반란군을 격퇴했다. 적을 적으로 막는 이이제이(以夷制夷)의 대표적인 사례다. 하지만, 명나라의 그런 한심한 사정을 이용해 청나라는 중원 깊숙이 쳐들어오게 되었다. 당연히 지방 요지를 다스리던 명나라 왕들은 청군에 저항하며 명나라의 마지막 운명을 연장해 보려 애를 썼다. 소위 남명(南明 : 1644~1662)으로 잔존하던 시기다.

남경(南京)의 홍광제(弘光帝), 복주(福州)의 융무제(隆武帝), 광동 조경(肇慶)의 영력제(永曆帝)가 명나라의 잔존 세력을 상징했다. 미얀마 왕에게 붙잡혀 청군에 넘겨졌다가 이듬해 운남 곤명(昆明)에서 살해된 영명왕(永明王 : 1625~1662 / 재위 1647~1662) 영력제(永曆帝)는 명나라 국운의 마지막 불빛이 되고 말았다. 그의 죽음을 마지막으로 명나라의 운명도 싸늘한 한 줌 재로 돌아갔기 때문이다. 반란군의 괴수인 장헌충(張獻忠)에게 쫓겨 아버지인 계왕(桂王) 주상영(朱常瀛)과 함께 광서(廣西)로 도주해야 했다. 광동 조경을 지키던 구식사 등이 나서서 그를 영력제로 옹립했다. 아버지의 이름은 '한결같은 바닷물'이다. 한 번은 아들을 살려 황제로 항해하게 했지만, 또 한 번은 아들을 죽게 하는 살인의 바다가 되었다.

영명왕은 13대 신종(神宗) 만력제(萬曆帝 : 1563~1620. 8. 18 / 재위 1573~1620. 8)의 손자다. 신종의 이름은 주익균(朱翊鈞)이다. '돕기도 하고 짓눌러 놓기도 하는' 이름이다. 조부의 돕는 손길은 손자 영명왕을 살려 황제로 등극하게 했지만, 조부의 짓누르는 손길은 손자 영명왕을 이역만리 외지에서 비참하게 죽게 만들었다.

영력제가 등극한 광동의 조경(肇慶)은 '경사스러운 일이 시작되는 곳'이라는 뜻이다. 그리고 그가 살해된 운남의 곤명(昆明)은 '혼미한 마지막 불빛, 희미한 끝머리 불빛'이다. 시작과 끝이 극명하게 드러나 있는 지명이 아니던가. 세상사는 모두 어디엔가 힌트(hint)가 들어 있고 뚜렷한 실 가닥이 놓여 있다. 사람들이 미리 보고 싶어 하지 않기 때문이다. 두려움과 망설임이 바로 생명을 갉아먹는 도적이고 또 천명을 가리는 흙먼지다.

사가법(史可法), 정지룡(鄭芝龍), 구식사(瞿式耜), 손가망(孫可望), 이정국(李定國), 정성공(鄭成功 : 1624~1662), 장황언(張煌言 : 1620~1664) 등이 바로 명나라의 마지막 횃불을 높이 들었던 신하들이다. 이중 손가망은 훗날 청나라에 투항했다. 정성공이 병사하자 그의 후손들은 대만으로 들어가 1683년까지 항거했다. 손가망(孫可望)의 이름은 '가능한 것만 바란다' 는 뜻이다. 저울질을 해 보는 천성이라 기운 나라를 버리고 일어서는 나라로 돌아간 것이다. 정성공(鄭成功)은 명나라의 마지막 충신열사로 남았다. '기어이 공로를 쌓는다' 는 이름이다. 그가 죽자 후손들이 그의 그런 천성을 승계했다. 명나라의 마지막 명맥인 영력제를 옹립한 사람은 구식사(瞿式耜)다. '쓰임새가 많은 쟁기' 다. 논밭으로 나가 흙을 갈아엎고 씨를 뿌리게 하는 고마운 쟁기다. 영명왕 영력제와 구식사는 남명의 마지막 별로 함께 남았다.

명나라의 마지막 숨통을 끊고 청나라를 세운 사람은 청태종 황태극이지만, 명나라의 숨통을 끈질기게 틀어쥐고 있던 이는 청태조 누르하치(1559~1626. 9. 30 / 재위 1616~1626)였다. 건주여진(建州女眞)의 한 추장에 불과했던 그는 24세가 되던 해(1583)에 군사를 일으켜 건주여진을 통일했다. 그리고 4년 뒤에는 소자하(蘇子河) 상류에 흥경노성(興京老城)을 쌓았다. 명나라의 도독첨사(都督僉事), 용호장군(龍虎將軍)으로 봉해져 처음에는 명나라의 신하로 행세했다. 그러다가 1613년에는 여진의 대부분을 통일하고, 1616년에는 칸(한 : 汗)의 지위에 올랐다. 그는 국호를 후금(後金)으로 정하고 연호를 천명(天命)으로 지었다.

그 후 여진 문자와 팔기제도(八旗制度)를 만든 후 도읍을 혁도아

랍(赫圖阿拉)으로 옮겼다. 팔기제도는 씨족사회에 기반을 둔 군사 및 행정제도로서 이 제도에 속한 사람은 기인(旗人)이라 하고, 그렇지 않은 이들은 민인(民人)이라 했다. 황·백·홍·남색에 선을 두르고 안 두르고를 기준으로 8가지 깃발을 만들어 씨족별로 만주 8기, 몽골 8기, 한군(漢軍) 8기 등으로 불렀다. 통치는 각 기의 왕[베이레 : 패륵(貝勒)]들이 모여 합의제로 이루어 나갔다. 각 기는 5잘란(갑라 : 甲喇)과 5니루(우록 : 牛彔)로 조직되었는데, 니루마다 3백 명의 장정을 귀속시켰다. 전형적인 병농일치(兵農一致)의 국민개병제(國民皆兵制) 원칙이었다. 기인에는 만주족, 한족, 몽골족이 주류를 이루고 조선인, 러시아인, 터키인 등이 약간 섞여 있었다. 청국 건설 후에는 기인(旗人)에게 기지(旗地)를 공급하는 등 각종 특혜를 주었지만, 거주 제한과 만한통혼금지(滿漢通婚禁止) 등으로 불편과 구속이 많았다.

한편, 누르하치의 후금국이 점차 남하하자 명나라는 바짝 긴장하게 되었다. 몽골을 북쪽 초원으로 내쫓고 건국한 명나라로서는 또 다른 북방 민족인 여진족의 세력 확장을 두려워하지 않을 수 없었다. 이민족의 지배가 얼마나 고통스러운가를 뼈저리게 겪었기 때문에 그 두려움은 이미 상당했다. 무순(撫順), 청하(淸河), 요동(遼東)을 차례로 차지한 후금국은 1625년에 도읍을 요양(遼陽)에서 심양(瀋陽)으로 옮겼다. 하지만, 이듬해 영원성(寧遠城)에서 명장 원숭환(袁崇煥)에게 참패하고 말았다. 결국 부상을 입고 후퇴해야만 했다. 그는 몽고 파림(巴林)을 공략하다가 9월에 병사했다.

청태조 누르하치[노아합적(奴兒哈赤)]가 죽자 8남인 홍타이지[황태극(皇太極)]가 태종(1592~1643 / 재위 1626~1643)으로 즉위하여 본격적인 천하 통일을 이루어 나갔다. 먼저 후금국의 칸[한(汗)]

으로 즉위한 후 연호를 천명(天命)에서 천총(天聰)으로 바꿨다. 1635년에 내몽고를 평정하여 북원의 옥새를 얻었다. 이를 계기로 1636년 4월, 국호를 후금에서 대청(大淸)으로 바꿨다. 또 연호를 다시 숭덕(崇德)으로 고쳤다. 그리고 명나라와 조선의 연결 고리를 끊기 위해 두 차례에 걸쳐 조선을 침략했다. 마침내 1627년 정묘년에는 형제지국을 맺자며 침략하고, 1636년 병자년 12월에는 군신지국을 맺자며 침략했다. 명나라와의 관계를 고스란히 청나라로 승계하되 더 가혹한 부담을 지도록 했다. 정상적인 대등 외교가 아니라 아예 속국으로 취급했다. 하지만, 중원을 통일하려던 꿈을 접고 북경 대신 심양에 묻혔다.

청태종의 9남인 세조(世祖) 순치제(順治帝 : 1638~1661 / 재위 1643~1661)는 8기(旗) 왕들의 회의에서 추대되어 즉위했다. 하지만, 겨우 5세라 실질적인 통치는 예친왕(睿親王 : 1612~1650) 도르곤[(Dorgon, 다이곤(多爾袞)/누르하치의 14남]과 정친왕(鄭親王) 지르하란[제이합랑(濟爾哈朗) 누르하치의 아우인 슈르가치의 6남]이 맡았다. 1644년의 북경 입성으로 실질적인 중원의 주인이 될 수 있었던 것은 순전히 예친왕 도르곤의 공로였다. 하지만, 9년 뒤 예친왕이 38세의 나이로 사망하자 15세밖에 안된 순치제는 친정을 선포하며 예친왕을 추벌(追罰)했다. 23세로 요절했지만, 순치제의 통치 기간 중에 명나라의 수도인 북경(1644)으로 천도했고 또 명나라 마지막 황제인 영명왕 영력제(1659)를 미얀마로 내몰아 마침내 실질적인 정통성을 확립하게 되었다. 물론 청나라의 소극적인 묵인하에 지방 군벌로 자리 잡고 있던 소위 삼번세력(三藩勢力)은 여전히 존재하고 있었다.

순치제의 이름은 복림(福臨)이다. '행운이 충만하다'는 이름이다.

5세에 등극했지만 혼란스러운 과도기를 조기에 끝내고 천하 통일의 대업을 완수할 수 있었던 것은 순전히 행운이었다. 더욱이 가장 혁혁한 공로를 쌓은 숙부 예친왕이 38세로 일찍 죽음으로써 두려워했던 대권 도전자가 깨끗이 사라지지 않았는가. 그는 이름 그대로 '하늘이 낸 행운아'였다. 폭풍을 이용해 쾌속 항해를 할 수 있었던 것이다.

중원을 차지하기 위한 속전속결 전략으로 명나라 실력자들을 연합 세력으로 적극 활용하다 보니 어쩔 수 없이 한족 군웅이 등장하게 되었다. 청나라와의 근거리 유지로 옛 터전을 보존해 보려는 안간힘이었을 것이다. 이들 한족 군벌을 쳐부수고 실질적인 통일국가를 건국하는 일은 순치제의 3남인 성조(聖祖) 강희제(康熙帝 : 1654. 5. 4~1722. 12. 20 / 재위 1661~1722)의 몫으로 돌아갔다. 그는 7세 때 즉위하여 61년간이나 황제의 자리에 있었다. 중국의 역대 군주들 중 가장 긴 재위 기간이다.

초기에는 부친의 유조(遺詔)로 4명의 만주 기인(旗人)을 보정대신으로 두었지만, 15세 되던 해(1669)부터 친정을 시작했다. 먼저 한족 군벌을 제거해야 했다. 운남의 오삼계(吳三桂), 광동의 상가희(尙可喜), 복건의 경계무(耿繼茂 : 1671년 사망)가 각각 평서왕(平西王), 평남왕(平南王), 정남왕(靖南王)을 칭하며 강력한 군사력으로 청나라의 정통성을 위협하고 있었다.

1673년 평남왕 상가희(尙可喜)가 요동으로 은퇴하자 강희제는 이를 기회로 삼아 철번(撤藩)을 명했다. 이에 반발하여 먼저 오삼계가 군사를 일으켰다. 이어 경계무의 아들인 경정충(耿精忠)과 상가희의 아들인 상지신(尙之信)이 반란에 호응했다. 대만의 정경(鄭經)과도 연합 전선을 펼쳤다. 한때는 이들의 세력이 사천과 섬서 그리고 양자강 이남의 일대를 휩쓸기도 했다. 하지만, 경정충이 먼저 항복

(1676)하고 청나라에 적극 협조하기로 맹세했다. 이후 오삼계는 호남에서 고립되었다가 1678년 8월에 죽고 말았다. 오삼계를 이은 오세번(吳世藩)도 1681년에 자살했다.

1681년에 '삼번(三藩)의 난(1673~1681)'을 평정한 청나라는 일찍 항복하여 협조하던 경정충마저 반란죄로 처형했다. 경씨(耿氏) 집안은 경중명(耿仲明), 경계무, 경정충 3대가 청나라와 줄타기 곡예를 부리다가 끝내 멸족하고 말았다. 이로써 강희제는 27세의 청년 군주로서 중원 대륙을 모두 거머쥐게 되었다.

강희제의 이름은 현엽(玄燁) 혹은 현엽(玄曄)이다. 둘 다 '신비롭게 빛난다'는 뜻이다. 다만 앞의 '엽(燁)'은 '불길이 환히 빛난다'는 뜻이고, 뒤의 '엽(曄)'은 '번개가 치듯이 그 빛이 무시무시하다'는 뜻이다. 한마디로 빛은 빛이되 두 가지 속성을 모두 지닌 빛이었다는 뜻이다. 산불과 폭염, 횃불과 번갯불을 모두 아우르는 빛이었다. 어린 소년으로 천자가 되어 68세까지 장장 61년간이나 빛의 자리, 칼의 자리를 지켜 냈다. 보통 운세가 아니다. 모든 불빛이 다 그를 졸졸 뒤따라 다니며 밤이고 낮이고 눈부시게 비춰 주었던 것이다. '신비롭고 비밀스러운 빛'이라면 과연 어떤 모습일까. 그가 남긴 35명의 왕자와 20명의 공주를 보면 그 빛의 한 가닥을 엿볼 수 있을까. 무엇보다도 그가 남긴 눈부신 치적을 하나하나 뒤따라가다 보면 그 빛을 어느 정도 엿볼 수 있지 않을까.

강희제의 4남이 대를 이어 옹정제(雍正帝 : 1678. 12~1735. 10 / 재위 1722~1735)가 되고 옹정제의 4남이 대를 이어 건륭제(乾隆帝 : 1711. 9~1799. 2 / 재위 1735~1795)가 됨으로써 3대 134년간 (1661~1795)의 전성기를 이룩해 놓았다. 옹정제는 황족과 조정 대신들 사이의 붕당 싸움을 막기 위해 아우인 윤사(允祀)와 윤당(允禟)

[그림 4] 너른 세상을 경영할, 멀리내다본 청사진이라는 뜻의 이름을 가진 건륭제

을 서민으로 강등하고, 권신인 연갱요(年羹堯)와 융과다(隆科多) 등을 숙청했다. 그리고 관료제의 비효율성을 없애기 위해 황제 직속의 군기처(軍機處) 대신을 두고 내각을 대신해 육부(六府)를 통할하게 했다. 지방행정 책임자에게는 주접(奏摺)이라는 친전장(親展狀)에 의해 실정을 보고하게 했다. 이를 황제가 직접 읽고 주필로 주비(硃批, 비평)를 써서 다시 반송함으로써 지시와 훈계를 내렸다. 운남, 귀주, 광서 등지에도 중앙에서 유관(流官)을 파견하여 직접 다스리게 했다. 변방을 내지화(內地化) 하려는 정책이었다.

이름은 윤진(胤禛)이다. '복을 이어 받는다'는 이름이다. 비록 44세에 즉위하여 57세에 죽었지만, 재위 13년 동안 국가의 기틀을 한층 더 높였다. 지방 관리의 박봉을 생각하여 양렴전(養廉錢)을 지급한 일이나 지방 천민을 양민으로 상승시켜 준 일 등을 보면 '복을 받는다'는 이름 뜻이 결코 헛된 것이 아님을 잘 알 수 있다. 복 받을 일을 함으로써 복을 자꾸 늘려 가고 키워 간 것이다.

고종(高宗) 건륭제는 부친 옹정제(雍正帝)가 제정한 태자밀건법(太子密建法)에 의해 황태자를 거치지 않고 바로 즉위했다. 황태자가 일찍 정해지면 권력 암투와 당파 싸움이 심해진다고 본 옹정제는 한 가지 재미있는 해결책을 내놓았다. 황태자를 미리 정하는 대신 이름을 적어 건청궁(乾淸宮) 정대광명(正大光明) 액자 뒤에 숨겼다가 황제가 죽은 후 꺼내 내무부에 보관 중인 밀지(密旨)와 비교하게 했다. 건륭제는 조부인 강희제의 61년 재위 기간을 넘어서지 않으려 일부러 재위 60년 만에 태상황제로 물러앉았다. 24세에 즉위하여 84세에 물러난 후 88세로 생을 마감했다. 참으로 대단한 복이다. 태상황제의 기간까지 합치면 중국 역사상 가장 긴 통치 기간이다. 내부적으로는 만주족과 한족 사이의 융화를 적극 도모하며 밖으로는 10회에 걸쳐 정벌에 나섰다.

그는 스스로 십전노인(十全老人)이라 부르며 열 번의 무공을 은근히 자랑하기도 했다. 중가르, 위구르, 대소금천(大小金川), 대만, 미얀마, 베트남, 네팔 등이 그가 원정에 나섰던 지역들이다. 조부인 강희제를 답습하여 남순(南巡) 6회, 동순(東巡) 5회, 서순(西巡) 4회의 내지 순회도 강행했다. 하지만, 잦은 외정(外征)과 내순(內巡) 등으로 국고가 바닥나 말년에는 궁핍한 재정을 만들기도 했다. 만주인 무관들의 타락과 관리들의 잦은 독직(瀆職) 그리고 총신(寵臣)인 화신(和珅)의 전횡과 황제 자신의 잦은 연회(宴會)로 백련교의 난이 일어나기도 했다.

이름은 홍력(弘曆)이다. '거창한 스케줄(schedule)'이다. '너른 세상을 경영할 멀리 내다본 청사진'이다. 모두 똑같이 활용할 큰 책이고 큰 달력이다. 대국을 통치할 군주의 이름이고 또 후세에 길이 남을 현군의 운세다.

건륭제가 오래 살다 보니 후계 구도도 자연히 15남인 인종(仁宗) 가경제(嘉慶帝 : 1760~1820 / 재위 1796~1820)로 넘어갔다. 드디어 청나라가 중원 대륙의 19세기 새 시대를 경영하게 된 것이다. 17세기 중엽부터 경영하기 시작하여 한 세기를 다 마친 후 마침내 19세기로 접어든 것이다. 36세로 즉위했지만 태상황제로 물러앉은 건륭제가 여전히 통치의 실권을 쥐고 있었다.

3년 후 부친이 세상을 떠나자 39세부터 친정을 시작할 수 있었다. 친정을 시작하자마자 국정을 농단하던 건륭제의 총신(寵臣)인 화신(和珅)을 자결하게 했다. 그는 가난한 만주기인(滿洲旗人)의 후예로서 군기대신(軍機大臣), 호부상서(戶部尙書), 의정대신(議政大臣)을 역임하며 승승장구했다. 그러면서 숭문문(崇文門) 세무 감독 등의 지위를 이용해 많은 뇌물을 모았다. 또 건륭제를 이어 등극한 가경제가 대죄 20조를 들어 자결하게 했다. 몰수된 재산이 황제의 재산과 맞먹을 정도였다.

그의 이름은 신(珅)이고 자는 치제(致齊)다. 이름은 '모호한 빛을 발하는 옥'이다. 구슬 '옥(玉)'과 펼 '신(申)'이 합쳐진 글자다. 구슬 '옥'에는 '귀한 신분'이 새겨져 있다. 또 펼 '신'에는 '끈질기게 되풀이하는 근성'이 배어 있다. '높이 올라가기 위해 수단과 방법을 가리지 않고 온갖 곡예를 일삼았다'는 뜻이다. 펼 '신'은 12가지 대표적인 동물을 들먹일 때 '원숭이'를 가리킨다. 재주와 탐욕과 우둔함을 함께 암시하는 글자다. 치제(致齊)라는 자는 '엄숙하고 경건하려는 기질'을 암시한다. 아마도 그에게는 그런 좋은 특기가 있었기 때문에 속에 감춘 흉물스러운 것들이 쉽게 감춰질 수 있었을 것이다. 노련한 황제인 건륭제의 눈에 든다는 일이 그리 쉽기만 했겠는가. 그에게는 분명히 남들이 따라잡기 힘든 '겉치레 기술'이 감춰져 있었을 것이다. 늙은 군주의 비위를 맞추는 비상한 재주가 있었을 것이다.

그리고 호북(湖北), 사천, 섬서(陝西)를 시끄럽게 하던 백련교(白蓮敎)를 제압하기 시작했다. 하지만, 1802년 백련교의 난을 진압하자마자 다시 광동(廣東), 복건(福建), 절강(浙江) 등 해안 지대를 중심으로 채견(蔡牽)의 난이 발발했다. 이어 1813년에는 천리교(天理敎)의 난이 일어나 북경의 궁성으로 난입하기도 했다. 회족(回族)과 묘족(苗族)의 반란도 점차 거세졌다. 국운이 쇠락하는 불길한 조짐이 도처에서 발생하고 있었다.

이름은 영염(永琰)이었다가 후에 옹염(顒琰)으로 고쳤다. 각각 '오래가는 벼슬자리'와 '존경받는 벼슬자리'다. 왜 하필 불꽃 '염(炎)'이 들어간 옥 '염(琰)' 자를 이름으로 사용했는지 모르겠다. 불꽃처럼 붉디붉은 옥이라는 말인가. 아니면 불길 속을 지나가야 하는 불운한 시기의 군주라는 암시인가. 아무튼 가경제를 기점으로 청나라나 중원의 운세가 급전직하 하기 시작했다. 외세의 침략보다 더 무서운 재앙이 어디 있겠는가. 변방의 적은 내쫓고 막으면 되지만, 외부의 적은 그 실체를 제대로 파악할 수조차 없다.

언제든지 종교를 빙자한 세력이 극성을 부리며 대권에 도전하면 가장 극심한 난세로 접어들게 마련인 모양이다. 백련교를 금지하자 천리교로 그 모양을 살짝 바꿔 다시 출몰했다. 몽골의 지배를 홍건적과 백련교가 뒤집어 놓았듯이 만주족의 지배 또한 백련교를 살짝 변용한 천리교에 의해 벼랑으로 내몰리고 있었다. 팔괘(八卦), 영화(榮華), 홍양(紅陽), 백양교(白陽敎)라는 다양한 변종으로 점차 만주족 정권의 급소를 옥죄고 있었다.

하남에서 일어난 이문성(李文成)과 하북에서 일어난 임청(林淸)은

1813년 9월 15일을 기해 거병하기로 했다. 비밀이 누설되어 이문성은 체포되었다가 부하들에 의해 다시 구출되었다. 임청은 북경 성내로 쳐들어가 황태자와 한바탕 겨루다가 붙들려 처형당했다. 이문성의 군대도 1813년 말에 평정되었다. 한차례 광풍으로 끝나고 말았지만 '반청복명(反淸復明)'이 그들의 구호였다. 한족의 만주족 내쫓기 시도였던 것이다.

북경 궁성을 위협한 임청(林淸)의 이름은 만주족 국가의 국호와 같은 맑을 '청(淸)'이다. 그런데 이상하게도 맑을 '청(淸)'에는 '갚는다'는 의미가 내포되어 있다. 물 '수(水)'변이 들어 있지만 이상하게도 '눈부신 빛'을 가리키고 있다. 물속에 한번 들어갔다 나온 그런 깨끗한 빛이라는 말인가. 하여튼 자신을 '빛의 사람'으로 확신하고 있었기 때문에 그렇게 무모한 침입을 감행했을 것이다. 붙들려 죽을 것을 각오했다기보다도 아마 '하늘의 기적'을 더 바랐을 것이다. 스스로 '하늘의 빛'이라고 여긴 임청이 '하늘의 빛'을 자임하고 있던 청나라 황제를 흔적 없이 사라지게 하고자 무모한 공격을 감행했다.

영국을 비롯하여 프랑스, 러시아, 미국 등 열강이 산업혁명의 유산을 앞세우고 물밀듯이 쳐들어왔다. 부슬부슬 내리는 가랑비 정도가 아니라, 아예 불시에 들이닥치는 기습적인 폭우였다. 거대한 중국 대륙이 마침내 중원과 변방의 싸움을 겪던 시절에서 벗어나 서구 열강의 막강한 세력과 부딪쳐 살아남아야 하는 '낯선' 상황으로 바뀌고 만 것이다. 그리고 문명 대국임을 높이 드러내며 세계를 누비려던 웅대한 청사진을 접고 수세적 국면으로 완전히 전락하고 만 것이다. 대국과 대륙이 자랑스럽고 영광스럽게 다가오던 시절이 막을 내리고 온통 아수라장으로 변하기 시작했다. 대륙 전체가 용광로처럼 달아오르고 황하처럼 흙탕물로 굽이치는 것으로 보이기 시작했다.

운명적인 구조였다. 소수민족인 만주족이 대륙의 주인 행세를 하며 서구 열강의 색다른 코드(code)를 무난히 타고 넘는다는 일은 처음부터 불가능했다. 무엇보다도 유목민의 정신과 질서로는 농경 사회가 겪는 격변을 제대로 해결해 갈 수 없었다. 더욱이 서구 열강의 산업화 및 근대화된 무장과 실력을 유목민의 무장과 실력으로 뛰어넘는다는 일은 애초부터 어불성설(語不成說)이었다.

그래서 번번이 당하게 되었고 고비마다 문제가 드러났다. 하필이면 중원의 운명을 떠맡은 청나라마저 내리막길로 접어들고 있었다. 그런 와중에 서구 열강의 근대화 물결이 장강을 거슬러 대륙으로 파고들었다. 문제는 언제나 백성의 눈이고 마음이다. 백성의 눈과 마음으로 지켜보니 서구 열강의 모든 문물이 한층 세련된 것이고 한결 더 발달된 것이었다. 이상하지만 색다르고 더 나았다. 낯설지만 수긍이 가고 부럽기까지 했다. 전쟁은 백성을 관중과 심판자로 한 거대한 연극이다. 전쟁에서 번번이 패배하자 더 이상은 나라를 믿을 수 없었다. 제 땅과 보배를 빼앗긴 정부는 그 무슨 소리를 해도 더 이상 먹혀들지 않았다. 제 백성을 제대로 보살피지 못하는 나라는 언제든지 헌신짝처럼 내던질 수 있었다. 다만 쉽게 떠나지 못하는 것이 한스러울 따름이었다. 서구 열강의 침략을 통해 중원의 백성들은 이미 판정패를 선언한 후였다. '청나라가 졌다! 중원 대륙을 비추던 태양이 졌다!'고 선언했다.

아편전쟁(1840~1842)은 지배 계층과 모든 백성에게 놀라운 체험이었다. 세상의 다른 한쪽이 스스로 달려와 신화나 전설에나 등장할 법한 괴상한 싸움을 벌이고 있었다. 이웃 나라가 쳐들어오는 것만 보다가 이역만리 멀리서 쳐들어오는 것을 보니 참으로 기가 막혔다.

그것도 별것 아닌 물자를 놓고 국력을 겨루며 국운을 저울질하고 있었다. 아편, 차(茶), 은(銀)으로 인한 나라 간의 장삿속이 전쟁을 일으킨다는 새로운 사실을 알고 경악했다. 백성의 좌절과 분노는 언제든지 사생결단으로 이어질 수 있었다. 별것 아닌 폭행과 수치로도 금방 성난 군중으로 변할 수 있었다. 하지만, 외세의 침략 앞에서는 조족지혈이었다. 무엇보다도 나라 간의 관계가 너무 까다롭고 어려웠다. 개개인의 판단이나 확신은 아무런 소용이 없었다. 워낙 큰 바람, 큰 물결이 일면 백성은 그저 풀잎으로 엎드려 있어야 했다. 민심과 여론이 어찌지 못하는 새로운 세상이 열리고 있었다. 임금과 신하가 어찌지 못하는 새로운 세력이 이미 자리를 굳히고 있었다.

광주(廣州), 하문(廈門), 복주(福州), 영파(寧波), 상해(上海)가 먼저 외세의 영향권 아래로 들어갔다. 남경, 황포(黃浦), 망하(望廈)는 외세(영국, 프랑스, 미국)와의 억울한 협약이 맺어지는 무대가 되었다. 백성들의 스타로 떠올랐던 전권대사인 임칙서(林則徐)가 외세의 입김으로 무참히 가라앉는 것을 보게 되었다. 외세의 침략군에게 실컷 당하고도 오히려 막대한 배상을 해야 하는 기이한 협약을 보게 되었다. 기독교의 자유로운 포교를 공인해야 하는 황제를 보게 되었다. 신앙과 종교가 없는 무인지경의 땅이 절대로 아닌데도 외세는 자신들의 신앙과 종교를 맨 앞에 내세우며 다짜고짜 따를 것을 강요했다.

임칙서(林則徐 : 1785. 8. 30~1850. 11. 22)는 복건성 출신이다. 26세에 진사가 되어 50대 초반에는 양강(兩江) 총독을 거쳐 호광(湖廣) 총독이 되었다. 황제인 도광제(道光帝)에게 아편을 엄금해야 한다고 진언했다. 아편의 확산을 적극적으로 막은 공로로 1839년에는 흠차대신(欽差大臣)으로 발탁되어 광동의 아편 무역 단속을 책임지게 되었다.

영국 상인들로부터 아편 2만 상자 이상을 빼앗아 불태우고 또 아편 상인들을 국외로 추방하는 등 아편 밀수의 근절을 위해 진력했다. 그러다 보니 자연스럽게 영국을 비롯하여 서구 열강의 눈엣가시로 취급을 받게 되었다. 결국 자국 상인의 생명과 재산을 보호한다는 명분을 내세운 영국에 의해 아편전쟁이 발발하자 갑자가 '전쟁 도발자'로 몰리게 되었다. 모든 관직을 박탈당한 채 이리(伊犁)로 유배되었다. 얼마 후 전쟁이 가라앉은 뒤 복직되어 1845년에 섬감(陝甘) 총독, 1847년에는 운귀(雲貴) 총독을 지냈다. 또 1850년에는 태평천국의 난을 진압하라는 명령을 받고 흠차대신 광서(廣西) 순무사(巡撫使)로 부임 도중 65세에 병사했다.

이름은 법을 의미하는 '칙(則)'과 느릿느릿하다는 '서(徐)'로 이루어져 있다. 칼 '도(刂)' 자와 다닐 '행(行)'이 핵심적인 글자다. 칼을 차고 행차한다는 말인가, 아니면 일단 허리에 큰 칼을 차면 천천히 행차한다는 말인가. 하여튼 나라의 법을 집행하기 위해 동분서주한다는 의미다. 자는 소목(少穆)이다. 적을 '소(少)'에는 '업신여긴다'는 뜻이 들어 있고 또 화목할 '목(穆)'에는 '삼간다'는 의미가 들어 있다. 즉, 성정이 과감하다는 의미다. 상대의 비위를 맞추기보다는 원리 원칙대로 강행한다는 뜻이다. 아호는 사촌노인(竢)이다. '시골 마을에서 뭔가를 기다리는 노인'이라는 뜻이다. 임칙서의 귀양살이를 암시하는 것 같기도 하고 마음속 소망 같기도 하다. 결국은 늙은 나이에 임지로 떠나던 중 병이 들어 죽었지만 마음속으로는 늘 '한가로이 누군가를 기다리는 산골 노인'으로 살고 싶었는지도 모른다. 누구를 탓하는가. 세월을 잘못 만나면 제아무리 영웅호걸이라도 쉽게 꺾이고 마는 것이다.

그래도 임칙서는 그 많은 인재 중에서 역사와 시대의 별로 남을 수 있었다. 불운해 보이지만 실제로는 행운아였다. 실패자 같지만 사실은 성공한 사람이었다. 역사의 소용돌이에 희생당한 듯 보이지만, 알고 보면 그 역사의 돌개바람을 온몸으로 거뜬히 막아 낸 것이다. 서구 열강의 대표 주자였던 영국은 결국 '아편'을 팔기 위해 혈안이 되었던 사악하고 탐욕스러운 괴물로 남았지 않은가. 중원 대륙이 서구 열강의 탐욕 앞에 무릎을 꿇은 듯 보이지만 사실은 그 서구 열강을 비윤리적이고 비상식적인 도적떼로 못 박아 놓은 것이다. 그런 점에서 임칙서는 19세기 중엽의 진정한 영웅이었다. 〈삼국지〉의 조자룡처럼 성문 앞에 우뚝 버티고 서서 서구 열강의 대포와 총검을 온몸으로 막아 낸 것이다. 또 〈삼국지〉의 장비처럼 장판교 앞에 홀로 버티고 서서 서구 열강의 흉포한 흑심을 오로지 담력과 기개로 물리친 것이다.

멸만흥한(滅滿興漢)이나 배만흥한(排滿興漢)은 중원 대륙을 위해 처음부터 참으로 불행한 일이었다. 소수민족에 의한 지배 민족의 피지배 민족화가 처음부터 엄청난 모순을 잉태하고 있었다는 말이다. 잠시 한때 점거하는 것도 문제인데 자그마치 2세기 이상 철권통치를 자행하다 보니 자연스럽게 그 모순은 눈덩이처럼 불어나게 되었던 것이다. 더욱이 만주족은 핵심 권력을 독점한 채 지배 민족이었던 한족을 철저하게 배제했다. 광활한 대륙을 그런 식으로 다스리려던 것부터가 큰 실책이었다. 게다가 수천 년 동안 양보와 선양의 형식으로 권력을 이동시켰던 사람들이 아니던가. 만주족의 갑작스러운 철권통치가 낯설다 못해 증오스럽게 다가왔던 것은 너무도 당연하다.

백련교, 삼합회(三合會), 가로회(哥老會), 상제회(上帝會), 중국혁명동맹회, 공진회(共進會), 광복회(光復會), 화흥회(華興會), 흥중회

(興中會)……. 만주족을 단순히 이민족으로 보고 배격한 부분도 있었지만, 그보다는 중원 대륙을 멸망시킨 무능한 소수민족의 지배로 보고 배격했던 것이다. 눈을 밖으로 돌려 서구 문물을 목격하고 체험한 모험적이고 애국적인 지식인들을 중심으로 '만주족 정권을 타도하기 전에는 희망이 없다'고 여기는 풍조가 확산되기 시작했다. 그래서 각종 비밀결사가 자생적으로 생겨나기 시작했다.

백련교는 미륵불이 현세에 세울 극락세계를 바랐다. 몽골의 중원 지배를 겨냥해 생겨난 비밀결사였기 때문에 만주족의 청나라 정권은 당연히 백련교를 최대의 불온 세력으로 점을 찍을 수밖에 없었다. 홍건적을 후원하고 앞세워 몽골을 북방 초원으로 쫓아내는 것을 똑똑히 목격했기 때문이다. 무엇보다도 종교적 신앙을 무기로 조직된 비밀결사의 영향력과 침투력 그리고 파괴력이 얼마나 지대한가를 속속들이 잘 알고 있었다.

더욱이 백련교의 우두머리인 안휘성의 유송(劉松)이 청나라 건국 후 139년이 지난 시점(1775년 건륭 40년)에 '만주족 왕조의 멸망'을 예언했다. 청조는 당연히 유송을 잡아 처형하고 백련교의 포교를 극형으로 다스렸다. 이에 유송의 후계자들인 유지협(劉之協), 송지청(宋之淸) 등은 청조의 탄압을 피해 사천, 섬서, 호북 등지를 잠행하며 포교 활동을 펼쳤다.

1795년에 묘족 반란을 진압하기 위해 호북성의 주둔군이 이동하자 백련교도들은 형주(荊州)에서 반란을 일으켰다. 3년에 걸쳐 호북, 하남, 산서, 사천, 감숙(甘肅) 등지로 들불처럼 번져 나갔다. 오합지졸인 민초들이 장기간 게릴라전을 감행할 수 있었던 것은 오로지 청군(淸軍)의 약체화와 청조(淸朝)의 무능화에 덕을 입은 바가 컸다. 청조는 하는 수 없이 만주 주둔군을 끌어들여 가까스로 유지협(劉之

協)을 체포(1801)하고 반란을 잠재울 수 있었다. 민초들은 다시 태풍 앞에 허리를 숙였지만 청조는 막대한 국고 지출로 휘청거리기 시작했다. 18세기 말을 낭비적 행보로 마감하고 19세기를 빈 지갑으로 시작해야 했다.

삼합회(三合會)는 본래 천지회(天地會)로 더 잘 알려져 있었다. 통일된 단일 조직이라기보다 지방마다 다양한 조직으로 존재했기 때문에 그 실체가 불분명한 것이 특징이었다. 18세기 후반 이후 그 실체가 서서히 드러나기 시작했다. 광동성(廣東省)을 중심으로 화남(華南) 지방에서 특히 그 세력이 두드러졌다. 1786년 임상문(林爽文)의 난 이후 '청조를 배격하고, 명나라를 회복하며, 부자를 타도하고, 빈자를 구제한다'는 구호를 외치며 크고 작은 반란을 자주 일으켰다. 도시의 하층 민중을 중심으로 출발했지만 점차 지식인들과 농민들도 가세했다. 피로서 의형제를 맺어 회원들 간의 상부상조를 강화해 나갔다. 손문의 민주혁명 운동을 후원하며 간부들은 점차 정치 세력으로 흡수되었다. 잔존한 민중 세력은 신해혁명 이후 가로회에 흡수되었다.

가로회(哥老會)는 처음으로 농촌 빈민의 상호부조 성격이 강했다. 사천, 호남, 호북으로 그 세력이 확산되며 단순한 형제 결의의 집단 결사에서 벗어나 점차 정치적으로 세력을 키워 나갔다. 반청복명을 내세운 백련교도의 난(1796~1805)과 삼합회의 난을 보며, 가로회로 결속하여 그 조직력을 본격적으로 과시하게 되었다. 가족적 결속을 주 무기로 삼아 각 성(省)에 산당(山堂)을 설치하고 세력을 확장해 나갔다. 하남, 호북을 중심으로 양자강 유역을 휩쓸며 하층 민중의 정치 세력으로 자리를 굳혀 갔다. 살인, 방화, 강간 등의 범죄행위를 엄격히 금지하며 회원 간의 윤리적·형제적 결속을 강화했다. 반기독교적 배외운동(排外運動)을 내세워 의화단(義和團)운동 (1898~1900)을 자원하기도 했다. 손문(孫文)의 혁명운동을 후원하여 신해혁명의 중심 세력이 되기도 했지만, 장개석(蔣介石)의 국민 정부에는 등을 돌렸다.

상제회(上帝會)는 중국식의 기독교 전도 운동인 셈이다. 기독교의 하나님인 여호와를 상제로 살짝 바꾸어 놓은 것뿐이다. 1843년에 홍수전(洪秀全)은 광동성의 화현(花縣)에서 포교 활동을 전개하며 스스로 '상제(上帝)의 명령으로 중국을 구제하러 하강했다'고 주장했다. 청조에서는 장발적(長髮賊), 월비(粤匪), 발역(髮逆) 등으로 부르며 백련교도와 다를 바 없는 반정부 반란 세력으로 단정했다. 유일신 숭배와 우상 파괴를 내세워 유교를 배격하고 전통적 가치를 부정했기 때문에 자연적으로 청조의 비위를 거스르게 되었다. 하지만, 산촌의 빈민층을 중심으로 세력이 확장되어 광서성(廣西省) 일대를 휩쓸게 되었다.

청조의 탄압이 날로 증가하자 홍수전은 광서성의 계평현(桂平縣) 금전(金田)에서 태평천국 창건(1851)을 공표했다. 상제의 가호로 평등한 지상천국을 건설한다는 이념으로 국호를 태평천국으로 정했다. 광서와 호남을 거쳐 세력이 커지자 천지회 회원들도 가담했다. 1853년 3월에는 수십만 명으로 그 세력이 막강해졌다. 남경을 천경(天京)으로 고치고 본격적인 국가 건설에 들어갔다. 부호들과 지주들을 공격하여 그 재산을 분배하고 조세와 지대의 면제를 구호로 내걸었다. 하지만, 무엇보다도 멸만흥한을 최종 목표로 내세웠다. 그러나 권력 다툼이 생겨 내부 균열이 심화되기 시작했다. 동왕(東王) 양수청(楊秀淸), 북왕(北王) 위창휘(韋昌輝), 익왕(翼王) 석달개(石達開) 등이 천왕(天王) 홍수전을 중심에 놓고 암투를 벌여 태평천국의 말로를 재촉했다.

이를 틈타 증국번(曾國藩)이 조직한 상군(湘軍)과 이홍장(李鴻章)의 회군(淮軍)이 반혁명 의용군으로 뭉쳐 상제 숭배의 태평천국 교도를 대대적으로 진압하기 시작했다. 곧이어 영국과 프랑스 등 서구 열강도 중립적이고 방관적인 태도에서 적극 개입으로 급선회하여 반혁명 의용군을 지원하기 시작했다. 태평천국의 난은 민초들의 저항운동에 뿌리를 두고 있었지만, 청조와 서구 열강들에게 '민초들의 진면목'을 강하게 심어 놓았다. 중원 대륙을 집어삼키기가 그리 쉽지 않음을 만천하에 드러낸 것이다.

홍수전(洪秀全 : 1814. 1. 1~1864. 6. 1)의 이름은 한마디로 '완벽하다'는 뜻이다. 그 스스로 완벽한 존재임을 확신하고 천하 통일을 꿈꾸었던 것이다. 대단한 자긍심이고 우월감이다. 그는 광동성의 화현(花縣)에서 중농의 3남으로 자랐다. '꽃동네'라는 고향 이름처럼 그는 세상의 가장 아름다운 꽃으로 멋지게 피어나고 싶어 했다. 과거에 세 번 낙방하고 열병을 앓다가 승천하여 금발 노인으로부터 '지상의 악마를 퇴치하라는 명령과 칼을 받았다'고 했다.

그는 광주의 노상에서 구한 기독교 입문서인 〈권세양언(勸世良言)〉을 읽고 배상제회(拜上帝會)라는 종교 집단을 만들었다. 그러면서 중국의 첫 일신교 신앙으로 유교, 불교, 도교 등 일체의 기성 종교를 정면으로 부정했다. 또 신도들은 모두 신의 아들로서 평등하다고 했다. 청조와 청조를 돕는 모든 사람을 요마(妖魔)로 취급하여 단죄해야 한다고 주장했다. 그는 1851년 1월, 태평천국의 천왕(天王)이 되어 본격적인 국가 건설에 들어갔다. 1853년 이후 남경을 중심으로 세력을 확장하다가 청군에 의해 남경이 함락되기 1개월 전인 1864년 6월에 음독자살했다. 태평천국 건국 이후 13년 5개월을 버티다가 자신의 선택에 의해 최후를 맞은 것이다. 10년 이상 대권을 장악하고 있었으니, 그만하면 '완벽하다'는 이름값을 톡톡히 해낸 셈이다. 그리고 이름의 의미처럼 최후도 여느 반란의 괴수들과 많이 달랐다.

양수청(楊秀淸 : 1856. 9. 2 살해)의 이름은 '빼어나고 깨끗하다'는 뜻이다. 여느 민초들과 다르게 공평무사한 객관적 기준을 강하게 지니고 있었기 때문에 태평천국의 동왕이 될 수 있었을 것이다. 집안이 가난하여 숯을 팔아 연명했다. 그러다가 홍수전의 휘하로 들어가자 단번에 지도자 자리에 오르게 되었다. 자신을 '환생한 하나님의 대변자'라고 주장하며 영향력을 키워 나갔다. 홍수전의 신임을 받아 병권을 쥐고 재상에까지 올랐지만 월권행위가 심해지자 홍수전의 눈 밖에 나게 되었다. 결국 홍수전의 밀명을 받은 북왕 위창휘에 의해 그의 일족과 부하들 수천 명이 살해되고 말았다. 타고난 재주로 미천한 처지에서 졸지에 한 집단의 우두머리까지 되었지만, 그 재주를 함부로 굴리다가 마침내 비참한 최후를 맞이했다. 재주가 한 번은 생기(生氣)로 활용되고 또 한 번은 살기(殺氣)로 작용한 셈이다.

위창휘(韋昌輝)의 이름은 '빛같이 찬란해진다'는 의미다. 대단한 야심이고 진취적 기상이다. 위창휘의 눈부신 빛이 양수청의 맑은 물을 바닥이 드러나도록 말린 것이다. 하지만, 그 자신도 내분으로 살해되고 말았다. 물이 마르자 빛도 저절로 그 명맥을 잃고 만 것이다. 아무리 찬란한 빛이라도 내부 분열에는 당할 재간이 없었던 것이다.

석달개(石達開 : 1863. 6 청군에 의해 살해)의 이름은 '새로운 길을 닦아 놓는다'는 뜻이다. 귀현(貴縣) 지주의 아들로 태어나 20세부터 홍수전의 태평군(太平軍)에서 핵심 인물로 활약했다. 안경(安慶)에서 서정군(西征軍)을 지휘하며 무창(武昌)을 탈환하고, 양자강을 통해 공격을 감행하는 증국번의 상군(湘軍)을 파양호(鄱陽湖)에서 격파했다. 양수청과 위창휘가 내부 분열로 살해되고 난 뒤 남경에 머물며 홍수전을 도왔지만, 이미 불신이 깊게 자리 잡은 시점이라 모든 게 여의치 않았다. 남방의 이곳저곳을 전전하던 중 사천 대도하(大渡河)에서 청군에 붙잡혀 죽었다. 새로운 길을 닦으며 새 시대를 열어 놓고자 목숨을 바쳐 일하다가 '큰 걸음으로 건넌다'는 물길에 가로막혀 그만 최후를 맞고 만 것이다.

홍수전과 양수청은 우월감과 자긍심으로 일어섰고, 위창휘와 석달개는 영웅이 되고자 하는 야망으로 일어섰다. 네 사람의 이름을 보면 그 타고난 천성과 지향하는 목표가 선명하게 드러난다. 네 사람 모두 간단한 기질, 단순한 운세가 아닌데 어떻게 서로 화합하고 양보할 수 있었겠는가. 각자 상제(上帝)의 적자(嫡子)임을 주장할 뿐이었을 것이다.

난리가 나면 '난세가 영웅을 낸다'는 말처럼 걸출한 인재들이 출현하기 마련이다. 아편과 차 그리고 은이 소용돌이치며 민초들을 뒤흔들자, 아편을 혐오하는 임칙서가 나와 아편전쟁의 도화선을 제공했다. 태평천국의 난으로 천하가 들썩거리자, 청조의 팔기군(八旗軍)이 무력화되고 자연적으로 지배 민족인 한족 중심의 의용군이 돋보이게 되었다. 청조 스스로 대단히 불안하지만 울며 겨자 먹기 식으로 한족의 인재들을 중용할 수밖에 없었다.

증국번(曾國藩 : 1811. 11~1872. 3)이 바로 그 대표적인 경우였다. 본래는 주자학자였는데 40대 초반에 예부(禮部) 우시랑(右侍郎)을 역임하며 청조의 중앙 정치 무대에 발을 내딛게 되었다. 태평천국이 발발하자 청조는 그에게 호남 방위를 맡겼다. 1860년에 양강(兩江) 총독(總督)이 되어 양자강 유역을 지키게 되었다. 영국과 프랑스의 원조를 받고 강소(江蘇) 순무사(巡撫使) 이홍장(李鴻章 : 1823. 2~1901. 11)의 회군(淮軍)과 합세하여 마침내 태평천국의 난을 평정했다. 회군(淮軍)은 이홍장이 안휘성 회하(淮河) 유역의 지방 의용군을 증국번의 상군(湘軍) 식으로 재조직한 군대였다. 향신(鄕紳 : 벼슬하지 않은 과거 급제자나 퇴직 관료를 포함한 향촌의 유력 인사들)과 지주를 지휘자로 하고, 혈연과 지연 등으로 결합된 군대라 결속력이 강했다.

증국번(曾國藩)의 이름은 바로 '나라 그 자체'다. 어느 한 고을에 국한된 세력 기반이 아니라 국가 자체를 거머쥔다는 이름이다. 자는 백함(伯涵)이고 아호는 척정(滌正)이다. 자는 '가장 큰 물통'이다. 천하 만민을 흠뻑 젖게 할 큰 물통이다. 목마른 천하를 다 적시고도 남을 양이다. 아호는 '씻어서 바르게 한다'는 의미다. 사악한 것들을 모두 털어 내고 똑바른 것만을 보존한다는 뜻이다. 참으로 기가 막힌 의미들이 한데 포개져 있다. 한마디로 나라를 위해 큰일을 할 이름이다. 이는 나라를 구할 상서로운 이름이자 자와 아호다. 다만 수명을 짧게 타고나 61세로 생애를 마쳤다는 것이 나라를 위해 불행한 일이었다.

이홍장(李鴻章)의 이름은 큰 기러기 '홍(鴻)'과 글 '장(章)'으로 이루어져 있다. 큰 기러기는 '기운차고 몹시 커서 곧게 날아가는 새'다. 글 '장(章)'에는 '밝다, 성하다, 드러난다'는 의미가 들어 있다. 자는 소전(少荃)이다. 특이한 식물을 가리킨다. 곤충을 스스로 잡아먹는 육식 식물인 '통발(japonica)'을 뜻하기도 한다. 아호는 의수(儀叟)다. '늙은이의 몸놀림'이다. 타고난 천성은 엄청난 야심가인데, 처세는 아마도 수초(水草)나 늙은이 같았던 모양이다. 신중한 지략가형이었을 것이다. 그렇기에 78세까지 장수하며 만주족의 지배 속에서도 군벌(軍閥)로 우뚝 설 수 있었지 않았을까. 수초(水草)는 뿌리를 물속에 감추고 자유로이 이동할 수 있다. 늙은이처럼 굴면 처음에는 답답하지만 나중에는 더욱 멀리 내다보며 최후의 승자로 올라설 수 있다. 그는 청일전쟁 참패 속에서 군사적 기반을 모두 잃었지만, 하관조약(下關條約 : 시모노세키조약, 1895) 조인과 북경조약(1900, 의화단 사건 진압 후 서구 열강과 맺은 조약) 등에서 외교적 수완을 발휘해 국익을 챙겼다. 19세기를 마무리 하고 20세기를 준비하는 일까지 한손에 도맡았던 셈이다.

증국번의 휘하에는 이홍장 이외에 좌종당(左宗棠 : 1812~1885)도 있었다. 증국번의 태평천국의 난 진압군에 가담하여 혁혁한 전공을 쌓고 절강(浙江) 순무사(巡撫使)로 발탁되었다. 이를 통해 해군의 중요성을 인식하고 프랑스의 후원을 받아 복주(福州)의 마미(馬尾)에 마미선정국(馬尾船政局)을 설립했다. 이후 안휘성, 산동성, 강소성 등지를 거점으로 했던 반청 무력 집단들을 진압했다. 소위 대대적인 염군(捻軍) 토벌 작전이었다. 하지만, 곧이어 발발한 청조와 프랑스 간의 전쟁(1884)에서 그가 심혈을 기울여 양성한 해군이 무참히 참패하고 말았다. 결국 그는 실의에 젖어 말년을 보내다가 73세의 나이로 병사했다.

좌종당(左宗棠)의 이름은 '우람한 나무의 맨 끝'이다. 키 큰 나무 위에 올라서 있으니 시원하지만 늘 아슬아슬하다. 즉, 바람 잘 날이 없는 처지다. 자는 계고(季高)다. 아마도 이름이 지닌 높고 아슬아슬한 특징을 상쇄하려 자(字)를 '높은 것들 중 맨 아래에 위치한다'고 지었을 것이다. 타고난 기질이 너무 튀기 때문에 자(字)는 '최후에 고개를 내민다'는 식으로 지었다. 그런 신중한 기질 덕분에 격변기를 살면서도 전사(戰死)나 횡사(橫死)가 아니라 73세로 병사(病死)

할 수 있었을 것이다.

중국혁명동맹회는 중국 최초로 명확한 강령을 제시한 단체였다. 서구 열강의 침략으로 청조의 국정 운영 방향이 점차 개방과 개혁으로 진전되자 자연적으로 유학생들이 급속히 증가하게 되었다. 그리고 이들 유학생들을 중심으로 각종 단체들이 결성되었다.

1905년 8월 20일에는 손문(孫文), 황흥(黃興), 송교인(宋敎仁) 등이 중심이 되어 흥중회(興中會), 화흥회(華興會), 광복회(光復會) 등 혁명 단체들을 한데 모아 동경에서 새로운 단체를 결성했다. 손문과 황흥을 정·부총리로 삼고 집행, 평의, 사법 등 3부를 두었다. 각 성의 책임자도 정했다. 감숙성(甘肅省)을 제외한 전국 17성(省)의 대표들이 참석했다. 기관지인 〈민보(民報)〉를 통해 민주공화사상을 전파하며 중국 남방을 무대로 반청(反淸) 무장 투쟁을 전개했다. 신해혁명의 도화선을 제공하는 역할을 하다가 중화민국(中華民國)이 선포되자 국민당(國民黨)으로 흡수되었다.

한편 20세기의 중국을 준비할 영웅호걸들이 속속 등장하기 시작했다. 손문이 맨 앞에 섰다. 황흥과 송교인이 함께 도왔다. 손문은 광동성의 향산(香山 : 중산)에서 빈농의 아들로 태어나 서당에서 기초 지식을 닦았다. 형 손미(孫眉)가 하와이 호놀룰루에 거주했기 때문에 14세가 되자 형 밑에서 기독교 계통의 고등학교에 진학했다. 18세 때 귀국하여 광주(廣州)와 홍콩의 서의서원(西醫書院 : 의학교)을 졸업하고 마카오와 광주에서 병원을 개원했다. 외과에 능해 병원은 날로 번창했다.

의학교 시절에 삼합회의 수령인 정사량(鄭士良)을 알게 되어 반청혁명운동에 눈을 뜨게 되었다. 포르투갈 영지인 마카오에서 추방되자 점차 혁명가의 길로 접어들게 되었다. 청일전쟁 때는 하와이로 건너가 화교들을 모아 흥중회를 조직했다. 1895년 10월, 광주에서 거병했지만 이내 실패하고 일본으로 망명하여 변발을 자르고 양복 차림을 하기 시작했다. 이듬해 하와이를 거쳐 런던으로 갔지만 청국 공사관에 갇히게 되었다. 홍콩 의학교 시절의 스승이었던 J. 캔틀리의 도움으로 풀려나 영문으로 〈런던 피난기〉를 발표하여 자신의 이름과 중국의 현실을 세상에 널리 알렸다.

그는 런던에서 삼민주의(三民主義) 이념을 구상했다. 미국에서 군자금을 모으던 중 신해혁명 소식을 듣고 급히 귀국했다. 임시 대총통에 추대되어 1912년 1월 1일을 기해 중화민국을 창건했다. 북부의 군벌들과 타협하여 원세개(袁世凱)를 대총통으로 세웠다. 군벌 뒤에는 서구 열강의 제국주의적 야심이 도사리고 있다는 것을 간파하고 민초들을 통해 반(反)제국주의, 반(反)군벌의 힘겨운 싸움을 전개하려 했다. 그래서 중화혁명당과 국민당을 만들며 민초들의 힘을 한데 모으려 했다. 하지만, 모든 게 역부족임을 통렬하게 자각한 후 59세(1866. 11. 12~1925. 3. 12)의 나이로 북경에서 객사했다.

4년 뒤인 1929년, 그는 남경 교외의 중산릉(中山陵)으로 옮겨져 영면(永眠)에 들어갔다. 이름은 '빛깔 고운 무늬'다. '읽을수록 감칠맛이 나는 글귀'다. 자(字)는 일선(逸仙)이다. '편안한 신선의 모습'이다. 아호는 중산(中山)이다. 산과 산으로 둘러싸인 중심에 놓인 산이다. 혁명을 부르짖으면서도 과감하거나 투철하지는 못했던 것 같다. 모험가라기보다는 공상가였을 것이다. 꿈을 꾸는 혁명가에 걸맞았다. 총칼을 앞세우는 진정한 혁명가적 기질과는 한참 거리가 멀었을 것이다. 산속에 놓인 산을 지향하고, 그 산속에 누운 신선이기를 바라는데 어떻게 총칼을 들이대는 전사(戰士)가 될 수 있었겠는가.

황흥(黃興 : 1874. 10. 28~1916. 10. 31)은 호남성 장사(長沙) 출

신이다. 무창의 양호서원을 졸업한 뒤 당재상의 봉기에 가담했다가 1901년 27세 때 일본으로 유학을 떠났다. 2년 후 귀국하여 화흥회, 가로회 등을 통해 장사에서 거병했지만 실패하고 다시 일본으로 망명했다. 그는 중국혁명동지회의 서무간사(庶務幹事)로 손문과 협력했다. 무창혁명(1911) 당시 혁명군 사령관을 맡았지만 한구(漢口) 방어에 실패했다. 1912년 중화민국이 창건되자 육군 총장을 맡아 사실상 총리 역할을 수행했다. 하지만, 1916년 10월 말 42세 때 과로사(過勞死)로 세상을 뜨고 말았다.

그의 이름은 '흥한다'는 뜻이다. 자는 극강(克强)이다. '강자를 꺾고 일어선다'는 뜻이지만 내면으로 향하면 '자신의 성정을 능히 다스린다'는 의미다. '자신을 이기는 자가 진정한 강자'라고 했으니, 그는 아마도 실질적인 강자와 진짜 승자를 바랐던 모양이다. 하지만 밖의 강자는 이기지 못하고 자신만을 이긴 채 40대 초반에 미완성의 생애를 마쳤다.

원세개(袁世凱)가 보낸 자객에게 살해당한 송교인(宋敎仁)은 호남성의 도원(桃源)에서 출생했다. 호북성 무창의 보통학당에 다니던 중 반청운동에 연루되어 퇴학을 당했다. 그 후 일본으로 건너가 철도학교에 다니다가 중퇴했다. 22세 때(1904) 귀국 후 화흥회에 가담해 반청 무장봉기를 주도했다. 그리고 다시 일본으로 망명하여 조도전(早稻田 : 와세다)대학에서 공부했다. 그는 중국혁명동맹회의 사법부 검사장을 맡고, 기관지인 〈민보〉의 편집을 주도했다. 또 1910년에는 상해에서 〈민립보〉를 발행했다. 무창혁명 성공 후 혁명정부의 고문을 맡았다.

중화민국 선포 후에는 법제원 총재가 되어 임시약법(臨時約法) 제정에 힘썼다. 혁명동맹회가 국민당으로 재편되자 이사장을 맡은 손문을 대리해 국민당의 선거 압승을 가져왔다. 하지만, 내각제를 통해 대통령 원세개를 견제하려다 그가 보낸 자객에게 저격당하고 말았다. 그때 그의 나이 겨우 31세였다. 1968년에 이르러 대한민국 정부는 상해 임시정부를 지원해 준 그의 공로를 인정하여 건국훈장 대통령장을 추서했다.

이름은 '인자함을 가르친다'는 뜻이다. 자(字)는 둔초(遯初)다. 달아날 '둔(遯)', 처음 '초(初)'다. '맨 먼저 달아난다'는 뜻이다. 참으로 기가 막힌 의미가 아닌가. 아마도 그의 부모는 그가 언젠가는 비명횡사할 것을 미리 알고 '먼저 달아나야 한다'는 의미로 그런 자(字)를 지어 준 것 같다. 아호는 어부(漁父)다. '고기 잡는 아버지'다. 참으로 괴상하지 않은가. 이름은 '사랑을 가르친다, 사랑을 보여 준다'는 뜻으로 그럴듯하게 지어 놓고, 자와 아호는 얼토당토않은 글자들로 채워 놓았다. '빨리 도망가라!'는 자(字), '고기나 잡으며 처자식을 먹여 살려라!'는 아호……. 들여다볼수록 희한하다. 그래서 그런지 그의 일생과 최후도 참으로 남다르다. 삶의 이념은 이름 뜻대로 '사랑으로 채워진 세상 열기'였지만 생애 자체는 허구한 날 도망치는 모습이었다. 그는 결국 '고기 잡는 아버지'로 변신하지 못한 채 31세에 살해당하고 말았다.

공진회(共進會)는 1907년 8월 초달봉(焦達峯), 손문(孫文) 등 호남 및 호북 출신의 일본 유학생들이 결성한 혁명 단체다. 만주족의 통치를 반대하며 민족적 위기의식을 고취하려 했다. 중국혁명동지회의 하부 단체로 출발했지만 광동을 중시하는 손문에 맞서서 양자강 유역을 혁명운동의 대상으로 삼았다. 그리고 동맹회 강령에 있는 평균지권(平均地權)을 평균인권(平均人權)으로 고쳤다. 선통제 초기인 1911년 9월, 담인봉(譚人鳳)의 지도하에 무창(武昌) 봉기(1911.

10. 10)를 주도했다. 초달봉이 호남에 세운 혁명정부는 동맹회와의 알력을 여원홍(黎元洪) 등이 이용함으로써 해체되고 말았다.

광복회(光復會 : Restoration Society)는 1904년 절강성 출신의 일본 유학생들이 중심이 되어 채원배(蔡元培)를 회장으로 추대했다. 1902년에 장병린(章炳麟)이 주동이 되어 동경에서 조직했던 '중국망국 242년 기념회'가 직접적인 계기가 되었다. 장병린, 도성장(陶成章), 추근(秋瑾) 등이 중심인물이었다. 청왕조의 타도와 한민족 자치운동을 목표로 내걸고 치열하게 투쟁을 전개했다. 순찰사 은명(恩銘) 암살 사건의 서석린(徐錫麟), 안경(安慶) 사건의 태성기(態成基), 소흥(紹興) 사건의 추근(秋瑾) 등 많은 혁명가를 배출했다. 흥중회, 화흥회와 더불어 혁명동맹회의 모체가 되었지만 국수주의적 성격이 워낙 강해 독자 노선을 걷는 경우가 많았다.

화흥회(華興會)는 호남성 장사(長沙)를 거점으로 황흥(黃興)과 진천화(陳天華)가 중심이 되어 조직했다. 반청 무장봉기를 목표로 내세웠지만 성공을 거두지는 못했다. 혁명동맹회의 모체가 되었다.

흥중회(興中會)는 청일전쟁 초기에 손문이 하와이에서 조직했다. 청조의 부패와 서구 열강의 침략을 민족적 위기로 파악하고 애국애족으로 뭉칠 것을 호소했다. 입회 선서로 '청조의 타도와 민주국가의 건설'을 제창하게 했다. 광주(廣州) 봉기(1895)와 혜주(惠州) 봉기(1900)에 실패했지만 후일 혁명동맹회의 모체가 되었다.

20세기로 접어들자 청년 엘리트들이 일어서기 시작했다. 혹자는 전통적 중국을 지향하고 또 혹자는 서구 열강을 발전 모델로 여겼지만, 뜨거운 애국애족 정신으로 뭉치기 시작했다. 당연히 청조에서도 이에 뒤질세라 행보를 서두르기 시작했다. 하지만, 만주족의 자존심을 밑에 깔고 있는 한 한족(漢族)의 거대한 변혁 열기를 제대로 수용할 수 없었다. 그래도 함풍제(咸豊帝 : 1831~1861)는 만주족 중심의 조정을 개혁하여 증국번(曾國藩), 좌종당(左宗棠) 같은 젊은 한족 출신들을 중용해 한족과의 연대하에서 세기적 위기를 극복하려 했다. 하지만 영국과 프랑스의 북경 공격으로 인해 열하(熱河)로 피난을 갔다가 그곳에서 병사하고 말았다.

영국, 프랑스, 러시아, 미국 등이 북경에 영사관을 열고 본격적으로 노대륙(老大陸)을 공략하기 시작했다. 함풍제를 이은 동치제(同治帝 : 1856~1874)는 비록 18세에 요절했지만 함풍제가 기용한 한족 엘리트들의 공헌으로 잠시나마 중흥을 맞았다. 이를 동치중흥(同治中興)이라 한다. 내란이 어느 정도 가라앉자 서구 문물을 수용하여 군수산업(軍需産業) 중심의 산업화를 달성하려는 양무운동(洋務運動)이 본격화되었다. 증국번, 좌종당, 장지동(張之洞 : 1837. 9~1909. 10), 이홍장, 원세개 등의 양무파를 앞세워 중체서용(中體西用)의 근대화를 이루고자 했다. 하지만, 숙부인 공친왕(恭親王 : 1832. 1~1898. 5 / 군기처 대신으로 청일전쟁 수행)과 그의 모친인 서태후(西太后 : 1835~1908)의 방해 공작으로 수포로 돌아가고 말았다.

동치제가 죽자 서태후는 누이동생의 어린 아들을 광서제(光緒帝 : 1871~1908 / 재위 1874~1908)로 세웠다. 광서제는 입헌파 강유위(康有爲 : 1858. 3. 19~1927. 3. 31), 양계초(梁啓超 : 1873~1929), 담사동(譚嗣同 : 1865~1898)을 내세워 무술변법(戊戌變法 : 100일 개혁 1898)을 단행하려 했다. 변법자강(變法自彊)과 입헌군주제(立憲君主制)를 생각하고 있었던 것이다. 하지만, 서태후는 실권을 장악한 채 보수파 관료들을 부추겨 무술변법을 100일 천하로 중도 하차시키고 말았다. 소위 광서제를 유폐시킨 무술정변(戊戌政變)이었다. 여기에는 원세개(袁世凱 : 1859~1916. 6. 6)의 변절이 있었다. 그는 변절의 대가로 서태후에 의해 산동(山東)의 순무사(巡撫使)로 특진했다.

청조의 운명이 다했는지 오랜 유폐 생활을 하던 광서제가 죽자 서태후도 그 이튿날 죽고 말았다. 곧이어 광서제의 동생인 순친왕(醇親王 : 1883~1951)의 두 살 난 아들이 청조의 마지막 황제인 선통제(宣統帝 : 1906. 2~1967. 10. 16 / 재위 1908~1912 / 2세~6세)로 즉위했다. 한때 제국주의 일본이 만주에 세웠던 만주괴뢰국의 우두머리(1932~1945 : 집정 혹은 왕으로 불림)로 이용당하기도 했던 부의(溥儀)다. 소련 억류, 극동국제군사재판 증인, 중국 송환과 수감 생활, 식물원 정원사, 인민정치협상회의 전국 위원 등을 거치며 중국 현대사의 굴곡을 새로운 각도에서 온몸으로 조명해 주었다.

북경의 팔보산 공동묘지인 인민 납골당에 안치되었다가 1980년 5월에 팔보산(八寶山) 혁명공묘(革命公墓)로 옮겨졌다. 15년 뒤(1995. 1. 26)에는 하북성 이현(易縣)의 청 황릉(皇陵)으로 이장되었다. 죽은 뒤 28년 만에 청조의 황제로 복권된 것이다. 그의 자서전인 〈나의 전반생〉은 이탈리아 영화감독인 베르톨루치에 의해 '마지막 황제(The Last Emperor)'로 영화화되어 세계적인 반향을 일으켰다.

마지막 황제인 선통제의 생부로 섭정왕이 된 순친왕은 18세 때인 1901년, 의화단 사건의 사죄사(謝罪使)로 독일을 방문했었다. 폭력적인 배외운동(排外運動)인 의화단 사건(義和團事件 : 북청 사변)으로 인적·물적 피해를 크게 입은 서구 열강들이 청조를 위협하여 북경의정서(北京議定書 : 1901. 9. 7 / 신축조약)를 맺으며 사죄사 파견을 요구했던 것이다. 20세기 문턱에서 청조는 수도인 북경을 서구 열강들(신축조약을 맺은 11개국)에게 송두리째 내주고 말았다. 공사관 구역 설정, 외국 군대의 주둔, 도성 방어용 포대의 파괴 등이 명문화되어 있었다. 그리고 무엇보다도 관세와 염세(鹽稅)를 담보로 4억 5천만 냥의 배상금을 지불해야 했다. 사죄사로 유럽을 여행한 적이 있었기 때문인지 섭정왕이 된 순친왕은 비록 3년여의 짧은 기간이었지만 철저하게 과거로 회귀하려 했다. 만주족 중심으로 배외정책(拜外政策)을 펴야만 청조가 다시 부흥할 수 있다고 보았다. 결국 신해혁명을 분수령으로 실권은 다시 원세개에게 넘어가고 말았다.

원세개는 여러모로 흥미로운 인물이다. 그의 생애를 들여다보면 20세기를 전후하여 일어났던 역사의 소용돌이가 적나라하게 드러난다. 그가 누렸던 감투와 그가 자행했던 권모술수조차도 격동기의 중국 역사를 읽는데 유익한 자료가 된다. 한때는 청조를 뒤흔드는 배만흥한(排滿興漢)의 급한 파고(波高)를 잠재우는 진압의 명수(名手)였다. 서구 열강들마저도 그의 진압 기술에 의지할 정도였다. 배만흥한의 맹렬한 불길은 언제나 배외배서(拜外拜西)의 촉수(觸手)를 지니고 있었기 때문에 원세개 같은 막강한 군벌의 비호가 반드시 필요했다. 양무파(洋務派)들의 의욕적인 모험이 언제나 사리사욕을 채우는 것으로 변질되었듯이 원세개도 동일한 과정을 밟아갔다. 한쪽으로는 청조의 비위를 맞추고 다른 한쪽으로는 서구 열강의 침탈을 비호하며 개인적인 야망을 쉴 새 없이 불태웠다.

그는 하남성의 항성(項城) 출신으로 과거에 낙방한 후 경군통령(慶軍統領) 오장경(吳長慶)의 휘하에 들어갔다. 1882년과 1884년에는 조선에 머물며 제국주의 일본의 팽창 욕구를 견제했다. 청일전쟁 참패 후에는 단기서(段祺瑞), 풍국장(馮國璋) 등을 통해 북양 군벌의 기초를 다졌다. 1898년에는 개혁파와의 밀약을 배반하여 광서제의 무술변법을 실패로 끝나게 했다. 그 공로로 수구파의 우두머리인 서태후(西太后)의 신임을 얻어 산동 순무사(巡撫使)로 승진했다.

1900년에 있었던 의화단의 난 때는 외국인을 보호함으로써 서구 열강의 신임을 얻었다. 1901년에 이홍장이 죽자 그를 대신하여 북양대신이 된 후 신식 군대인 신건(新建) 육군을 증강시켜 독립 정권을 이루었다. 하지만 곧 청조의 의심을 받아 외무상서, 군기대신으로 전보되었다.

1908년 선통제 즉위 후 섭정왕인 순친왕의 명령으로 정계를 은퇴했다. 신해혁명 후 병권을 거머쥐게 되자 1911년 11월, 내각총리대신이 되어 청조의 실권을 장악했다. 청조의 무력함과 혁명군의 허약함을 간파한 후 혁명군과 타협하여 황제의 퇴위를 강행했다. 곧이어 혁명군의 임시 대총통인 손문을 사임시키고 1912년 2월, 임시총통에 취임하여 중화민국을 공식적으로 출범시켰다. 수도를 남경에서 북경으로 옮겨 정통성을 확립했다. 1913년 3월, 국민당의 당수 역할을 하던 송교인(宋敎仁)을 암살하여 국민당을 와해시키려 했다. 서구 열강과의 차관 협정을 배경으로 자신을 배격하려는 이열균(李烈鈞), 백문위(栢文蔚) 등을 무력으로 진압했다.

1913년 10월, 정식으로 초대 대총통에 취임하여 국민당을 해산하고 대총통선거법을 고쳐 독재 체제를 확립했다. 그는 황제가 될 야심을 품고 1915년 5월에 제국주의 일본의 21개조 요구를 수용했다. 황제 추대 운동을 사주한 후 1916년 1월 스스로 황제라 칭하며 연호를 홍헌(洪憲)으로 정했다. 하지만, 그를 배격하는 움직임이 무장봉기로 확산되자 이에 겁을 먹은 영국, 러시아, 일본 등이 황제 제도 취소를 권유했다. 그해 3월, 원세개는 마침내 황제 제도 취소를 공표했지만 그를 배격하려는 운동이 노도(怒濤)처럼 퍼져 나갔다. 개인적 야심을 불태우며 역사의 수레바퀴를 거꾸로 돌리려던 그는 1916년 6월 6일 59세로 생애를 마감했다.

원세개의 배신으로 백일개혁(百日改革)으로 끝나고만 변법자강운동(變法自彊運動)의 주인공들을 살펴보자. 강유위, 양계초, 담사동 등이 바로 배신당한 인물들이다.

　강유위(康有爲 : 1858. 3~1927. 3)는 광동성의 남해현(南海縣) 출신으로 무술변법(戊戌變法)의 핵심 인물이었다. 유학자의 입장에서 일본의 명치유신(明治維新)을 보고 입헌군주제로의 일대 개혁을 생각해 냈다. 본래는 고향에 만목초당(萬木草堂)이라는 사숙(私塾)을 열고 양계초 등을 교육한 교육자였다. 북경과 상해 등에 면학회(勉學會)를 조직하여 계몽 활동을 확산하며, 상소를 올려 자신의 주장을 황제에게 알리기도 했다. 그의 변법자강책(變法自彊策)을 광서제에게 전한 사람은 황제의 측신(側臣)인 옹동화(翁同龢)였다.

　과거제도 개혁, 산업진흥책 강구, 부정부패 척결 등을 담고 있었지만 개혁 조치가 전국적으로 확산되기에는 아무래도 역부족이었다. 서태후를 중심으로 한 수구파(守舊派)는 만주족 중심 사상을 여전히 고수했고, 양무파(洋務派)는 그저 단순히 한인고위관료(漢人高位官僚)를 의미했다. 양무파가 주장하는 중체서용(中體西用)은 그저 말뿐이고 사실은 서구 열강의 암묵적(暗默的)인 지원을 받으며 사리사욕을 채우기에 급급한 측면이 강했다. 군사력과 경제력을 확대하여 개인적인 권력 기반을 강화하려는 술책으로 서구 열강과 무능한 청조(淸朝)를 적극 활용했다. 원세개의 배반과 서태후의 반격으로 백일개혁으로 끝난 후 강유위 등은 해외로 망명해야 했다.

　그 후 보황회(保皇會)를 조직하여 광서제의 복위를 끈질기게 시도했지만 그 또한 역부족이었다. 강유위(康有爲)의 이름은 실행 위주의 천성을 잘 표현하고 있다. '행동하는 양심'이고 '실행을 제일로 여기는 철저한 행동주의자'였다. 그의 이름 속에 행동과 실천이

듬뿍 배어 있다. 자는 광하(廣夏)다. 두 글자 모두 '크다, 넓다, 장대
하다'는 의미를 지니고 있다. 한마디로 중원 대륙과 세계를 두루 내
다보며 해결책을 고심하는 긴 안목을 뜻한다. 아호는 장소(長素)다.
'멀리 비추는 티 없는 빛이고, 멀리 흐르는 맑은 물'이다. 그의 고결
한 품성을 암시하는 아호다. 별명은 조이(祖貽)였다. '유익을 끼치
는 개혁의 비조(鼻祖)가 된다'는 의미다. 〈삼국지〉의 제갈량처럼 사
람은 잘 만났어도 시절을 잘못 만난 것이다. 69세로 죽었으니 시대
만 좀 잘 만났어도 큰 포부를 펼쳐 20세기 중국을 많이 고쳐 놓을 수
있었을 것이다. 하지만, 태풍의 눈으로 다가오는 제국주의적 침탈을
무슨 수로 막을 수 있었겠는가.

　그를 도와 황제와의 연결 고리를 만들어 준 사람은 황제의 측근이
던 옹동화(翁同龢 1830~1904)였다. 강유위보다 정확히 28세 위다.
강소성의 상숙현(常熟縣) 출신으로 26세 때 장원으로 진사에 급제했
다. 각 부의 상서(尙書)와 군기대신을 거쳐 광서제의 사부(師傅)를
지냈다. 서태후, 이홍장 등의 전횡에 맞서 황제를 비호하는 역할을
담당했다. 황제의 친정 체제를 강화하려는 목적에서 강유위 등의 변
법유신을 광서제에게 적극 권했다. 하지만, 모든 것을 눈치 챈 서태
후의 명령으로 해임되어 낙향하고 말았다. 그는 지방 관리들의 감시
하에 놓여 있다가 74세에 병사했다.

　옹동화(翁同龢)의 이름은 '한데 어우러져 조화를 이루며 지낸다'
는 뜻이다. 자는 성포(聲浦)다. '파도 소리 들리는 포구'다. 누군가
를 간절히 기다리는 신세다. 분주한 곳에 홀로 서서 파도 소리를 듣
고 있는 외로운 처지다. 아호는 숙평(叔平)이다. '세상을 고르게 만
드는 일을 맡는다'는 뜻이다. 고향 이름이 특이하다. 상숙현(常熟縣)
은 '모든 것을 무르익게 하는 곳'이다. 이미 기울기 시작한 청조의

충신으로, 이미 쇠약한 황제를 지켜 줘야 했으니 그 얼마나 고달픈 자리인가. 하지만, 스스로 떠맡은 일이라 피할 수도 없었다. 〈삼국지〉에 나오는 후한의 마지막 황제인 헌제의 충신들과 그 처지가 같았을 것이다. 광서제(光緒帝 : 1871~1908)의 목을 짓누르고 있는 서태후(西太后 : 1835~1908)는 헌제(獻帝)를 억누르고 있던 조조와 같았다. 광서제는 그보다 41세 아래였고, 서태후는 그보다 5세 아래였다. 옹동화는 동년배인 서태후를 상대로 젊디젊은 황제의 바람막이 역할을 열심히 해내야 했다.

양계초(梁啓超 : 1873~1929)는 광동성의 신회(新會) 출신으로 15세 위의 강유위를 만나 신학문과 전통 학문을 조화하는 방법을 익혔다. 새롭게 접근한 공자 학문인 공양학(公羊學)도 강유위를 통해 배웠다. 북경과 상해를 무대로 강유위와 함께 신학문을 보급했다. 서적 번역, 신문과 잡지 간행, 정치학교 개설 등을 통해 젊은이들을 적극적으로 계몽했다.

1895년 이후에는 담사동 등과 함께 변법자강운동을 펼쳤다. 북경의 〈만국공보(萬國公報)〉와 상해의 〈시무보(時務報)〉 주필로 필명을 날리기도 했다. 마카오에서는 〈지신보(知新報)〉를 발행했다. 서구의 신사조 소개와 애국주의 고취를 통해 무능한 청조와 전근대적인 전통 고수주의를 배격했다. 그러나 1918년 말, 유럽을 직접 둘러본 후에는 서구 문명사회의 파국을 선언하기도 했다. 〈중국역사연구법〉, 〈중국문화사〉, 〈중국근삼백년학술사(中國近三百年學術史)〉, 〈선진정치사상사〉 등 방대한 저술을 남겼다. 360여 편의 시가 실린 〈음빙실전집(飮氷室全集)〉도 남겼다.

양계초(梁啓超)의 이름은 '뛰어넘는 것을 가르친다'는 의미다. 참으로 적절한 이름이다. 그가 평생 이루려 했던 국민 계몽 사업을 가장 적절하게 표현하는 이름이다. 자는 탁여(卓如)다. '뛰어나고자 애쓴다, 빼어난 것을 닮고자 노력한다'는 의미다. 아호로는 임공(任公)과 음빙실주인(飮氷室主人)이 있다. 임공(任公)은 '공평무사한 일을 맡는다, 능히 공정하게 잘 처리한다'는 뜻이다. 음빙실주인(飮氷室主人)은 '차디찬 물을 지키는 사람'이다. 찬 물을 마시고 정신이 들게 하는 사람이다. 국민 계몽의 달인(達人)과 직결된 흥미로운 아호다. 다만 56세로 생애를 마친 것이 한스러울 따름이다. 재주 많은 이들, 실행력이 강한 인재들은 좀 더 오래 살게 해서 더 많은 유익을 미치게 하는 것이 좋으련만, 천명은 만인에게 골고루 나눠지게 마련인지 사람의 소망처럼 되는 일이 별로 없다.

담사동(譚嗣同 : 1865~1898)은 호남성의 유양(瀏陽) 출신으로 부친은 진보적 사상을 지닌 고위 관료였다. 어릴 적부터 시문에 뛰어나 30세까지 16종 24권의 책을 지었다. 과거에 낙방한 후 신학문에 관심을 갖고 당재상(唐才常) 등과 남학사(南學社)를 열어 〈상보(湘報)〉를 발행했다. 호남성을 중심으로 변법자강운동을 전개하며 진보적인 주장을 확산했다. 유교의 도(道)를 현대화하려는 뜻에서 〈인학(仁學)〉을 저술하여 차별과 불평등을 과감히 타파하려 했다. 변법자강운동 실패 후 강유위와 양계초 등은 망명했지만, 그는 끝까지 남아 있다가 33세의 젊은 나이로 비극적인 최후를 맞고 말았다. 철저한 실천주의자임을 뜻하는 단적인 예다.

그의 이름은 '같게 하는 일을 이어서 한다'는 뜻이다. 국민 계몽에 참으로 적합한 이름이다. 자는 부생(復生)이다. '되살린다'는 의미다. 아호는 장비(壯飛)다. '웅장한 모습으로 비상한다'는 참으로 호쾌(豪快)한 뜻이다. 그가 지향하려던 것이 과연 무엇인가를 엿보게 하는 장쾌(壯快)한 아호다. 나라를 되살려 국민을 훨훨 날아오르게 하고 싶었을 것이다. 선진 열강에 못지않은 영광스러운 나라를 만들어 역사에 길이 남는 애국자가 되고 싶었을 것이다. 공자의 가르침을 세상에 제대로 드러내 참으로 살기 좋은 세상을 열어 놓고 싶었을 것이다.

그와 함께 변법자강운동을 펼쳤던 동년배 당재상(唐才常 : 1867~1900)은 같은 고향 출신이다. 청일전쟁 참패에 분개하여 개혁 운동인 변법운동에 가담했다. 호남성 장사에서 시무학당(時務學堂)과 남학회(南學會)를 설립하여 변법사상 확산에 매진했다. 무술정변 후 일본으로 망명하여 손문(孫文) 등과 교류했다. 의화단 사건으로 혼란한 틈을 타 무한(武漢)에서 봉기했지만 장지동(張之洞)의 진압군에게 잡혀 33세에 처형되었다.

당재상(唐才常)의 이름은 '항상 지혜롭다'는 뜻이다. 자는 불진(佛塵)이다. 참으로 도학적이고 철학적인 의미다. '깨달음을 얻은 티끌'이라면 대체 무엇을 의미하는 것인가. 33세로 꿈을 접어야 한다는 자신의 비극적 운명을 미리 알고 있었다는 뜻인가. 참으로 범상치 않은 뜻이다.

당재상을 붙잡아 처형한 장지동(張之洞 : 1837. 9~1909. 10)은 당재상보다 30세 연상이었다. 하북성의 남피(南皮) 출신으로 26세에 진사가 되어 여러 관직을 두루 거쳤다. 양광총독(兩廣總督)과 호광총독(湖廣總督)을 지내고 1907년에는 군기대신에 올라 이홍장에 맞먹는 실력자로 부상했다. 총독 시절에 광동 해군과 무창 육군을 서양식으로 재편성하고 광동, 무창(武昌), 한구(漢口)에 병기창과 방적공장 등을 세웠다. 한양철창(漢陽鐵廠)과 평향탄광(萍鄕炭鑛)이 그의 대표적인 업적으로 손꼽혔다. 외국 차관으로 경한철도(京漢鐵道)를 건설하여 관료자본(官僚資本 : Bureaucratic Capital / 관료들이 특권적 지위를 이용해 독점적으로 축적한 자본)의 한 모델을 보여 주기도 했다. 하지만, 배외적(排外的) 무장봉기인 의화단운동 등은 철저히 탄압했다.

장지동(張之洞)의 이름은 '가볼 만한 곳'이다. 목적지를 암시한다. 그런데 마을 '동(洞)'에는 '분명하다'는 뜻도 들어 있다. '뚜렷한 목표를 향해 줄기차게 나아간다'는 이름이다. 자는 고달(考達)이다. '생각하고 고심해서 결론에 이른다'는 뜻이다. 본래 사색적이고 분석적인 사람이었음을 암시한다. 그래서 격변기에 실용주의 노선을 택해 현실과 철저하게 타협했는지도 모른다. 아호는 향도(香濤)다. '순항할 만한 파도'다. 변화 자체를 '유익한 것, 유용한 것'으로 받아들이겠다는 뜻이다. '좋은 것을 널리 퍼뜨린다'는 의미이기도 하다. 타협적 자세로 격변기를 살았던 양무운동(洋務運動 : 1861~1894) 지지파들의 처세술과 출세주의에 참으로 걸맞은 의미들이다.

청(淸)나라 멸망 후 중원 대륙을 떠맡은 중화민국(中華民國)

청조(淸朝)가 남긴 것은 분열과 갈등 그리고 혼란뿐이었다. 마치 만주족의 식민 통치를 겪은 듯 배만흥한(排滿興漢)의 사상만 짙게 남아 있었다. 어느 나라나 겪어야 했던 근대화의 갈등이 생생하게 살아 있었다. 근대화의 필요성을 두고 누구나 공감하면서도 그 방법을 놓고 대립과 갈등이 심했다. 그러다 보니 앞으로 나가기보다 뒷걸음치는 일이 더 많았다. 중원 대륙을 노다지로 인식한 제국주의 열강들은 온갖 통로를 통해 침탈의 기회를 노렸다. 원근 각지에서 침략자들이 모여들었지만 최후의 승자는 제국주의인 일본이었다.

청일전쟁(淸日戰爭 : 1894. 7. 25~1895. 4. 17)과 러일전쟁(露日戰爭 : 1904. 2. 8~1905. 9. 5)을 통해 자신감에 도취한 제국주의 일본은 중원 대륙을 거대한 사냥감으로 여겨 거침없이 달려들었다. 그것은 근대화가 아니라 약탈이고 사냥이었다. 2억 냥 배상금(6년 후인 1901년 9월 7일, 의화단 사건으로 11개국에게 약속한 배상금은 4억 5천만 냥)을 약속하고 요동반도, 대만, 팽호도(澎湖島)를 내준 청일전쟁의 결말은 그래도 침탈의 시작에 불과했다. 요동반도는 독일·러시아·프랑스의 반대로 되돌려 받았고, 대만은 민중의 저항으로 조약 체결 후 7개월 뒤인 11월에야 일본에 넘어갔다.

20세기의 중원 대륙을 과연 누가, 어떻게 끌고 나갈 것인가가 시대적인 화두였다. 멸만흥한은 이미 주지의 사실이었다. 만주족 정권인 청조의 무능으로 나라가 다 망했으니 만주(滿洲)의 '만(滿)' 자도 더 이상 꺼내고 싶어 하지 않았다. 하지만, 그것만 가지고는 서구 열강과 제국주의 일본의 침탈 야욕을 막을 수 없었다. 공허한 외침보다 실질적인 철옹성 개축이 필요했다.

그런 대안으로 떠오른 세력이 바로 국민당(國民黨)과 공산당(共産黨 : 1921년 출범)이었다. 국민당은 서구식 민주 공화 정신을 받아들여 청조가 망가뜨린 중원 대륙을 다시 일으켜 보려 했다. 공산당은 러시아의 공산주의 혁명 성공에서 무언가 획기적인 대안을 얻으려 했다. 둘 다 성공한 모델이었다. 공산당은 중원 대륙을 가득히 채운 민중의 고단한 삶에 주목했다. 지식층과 중산층의 근대화 욕구보다 먼저 민중의 비참한 생활을 개선해 보고자 했다. 국민당은 물밀듯이 밀려오는 외세에 주체적으로 대처해야만 국토와 국민을 보전

할 수 있다고 생각했다. 그래서 근대화된 제도 도입에 더 골몰했다. 민중이 보면 팔자 좋은 해외파(海外派), 유학파(留學派)였지만 멸만흥한을 근대화의 전제 조건으로 보던 신진지식층(新進知識層)의 입장에서 보면 나라를 구할 선각자들이고, 진정한 혁명적 기반을 갖춘 구국(救國)의 전사(戰士)들이었다.

청조가 멸망하자 청조 밑에서 고위 관료를 지내며 관료 자본을 축적한 양무파들이 이미 선점한 경제력과 군사력을 십분 활용했다. 물론 양무파들은 열강의 자본력과 외교력을 십분 이용했다. 그 양무파의 대표적 인물이 바로 원세개였다. 청조 멸망 직후의 권력 공백기는 이미 원세개의 손아귀 안에 있었다. 근대식 정당만 해도 원세개가 단연 먼저였다.

그가 열강의 후원과 입헌파(청조 말 입헌군주제를 주장하던 사람들)의 지지를 얻어 공화당(共和黨)을 만들자, 손문을 비롯한 신진 인사들의 중국혁명동맹회(1905년 동경에서 결성)도 선거(1913. 2)를 통해 대중의 지지를 얻으려 국민당을 만들게 되었다. 황제를 퇴위시켜 청조를 무너뜨리겠다는 원세개의 장담을 믿고 중화민국의 임시 대총통 자리를 내준 혁명파(革命派 : 1911. 10. 10 무창봉기를 기점으로 1912. 1. 1 남경에서 중화민국 임시정부를 출범시킨 손문의 지지자들)들이었다. 국민당 창당은 임시 대총통 자리를 탈취 당한 뼈아픈 체험을 딛고 국민을 상대로 선거를 치러 당당하게 정권을 장악하기 위한 당연한 수순이었다. 원세개는 청조의 마지막 황제인 선통제(宣統帝)를 퇴위시키고 대총통에 정식으로 취임(1912. 3. 10)하여 중화민국 북경 정부를 출범시켰다. 이로써 혁명파의 남경 정부와 원세개의 북경 정부 사이에 영국 등의 중재로 남북화의(南北和議)가 맺어지기까지 내전이 불붙게 되었다.

국민당은 당연히 중국혁명동맹회의 삼민주의(三民主義 : 민족, 민권, 민생) 강령을 그대로 받아들였다. 그리고 '청조 타도, 중화 회복, 민주공화국 창건, 지권평균(地權平均)'을 변화된 환경에 맞게 약간 조정하여 그대로 당 강령과 정책으로 채택했다. 지권평균을 인권평균으로 바꿔 자본주의적 골간과 조화를 이루게 했다. 목표는 모두 잘 사는 대동세계(大同世界) 건설이었다. 손문은 통일 지상주의를 천명했다. 민족과 영토는 물론이고 군사, 정치, 재정 면에서도 완전통일을 이루어야 한다고 주장했다. 중원 대륙의 완전한 통일이 바로 혁명파들이 지향하던 신중국의 미래상이었다.

1913년 2월, 선거에서 국민당이 승리했지만 원세개의 쿠데타로 선거 결과는 무산되고 말았다. 손문을 비롯한 남경 정부의 혁명파들은 다시 망명길에 나설 수밖에 없었다. 1914년에는 동경을 본부로 중화혁명당을 창건했다. 5·4운동(1919) 후에는 본부를 상해로 옮겨 중국국민당으로 개칭했다.

러시아혁명(1917)과 중국공산당의 출범(1921. 7)은 혁명파들에게도 대중의 지지가 얼마나 중요한가를 통렬히 느끼게 해 주었다. 국민당 제1기 전국대표대회(1924)에는 모택동(毛澤東)과 이대소(李大釗)를 비롯한 공산당원들도 대표(공산당적을 지닌 채 개인 자격으로 입당)로 참석했다. 삼민주의를 실현하는 방법으로 '소련과의 연합과 공산당과의 연합'을 택했다. 광동에 혁명정부와 혁명군사학교를 세우고 공산당을 비롯하여 각계각층 대표들과 연대했다. 하지만, 손문(孫文 : 1866. 11. 12~1925. 3. 12) 사후에는 국민당 안팎에서 좌우 대립이 본격화되어 정상적인 연대를 이어갈 수 없었다. 특히 열강을 비롯하여 지주 계급과 자본가 계급은 증폭되어 가는 노동운동의 열기에 놀라 장개석(蔣介石 : 1887. 10. 31~1975. 4. 5)을 중심으로 한

[그림 5] '사이에 낀 돌'이라는 의미를 지닌 이름처럼
역사 변천의 밑거름이 된 장개석

우파를 적극적으로 지지하게 되었다. 좌우 대립은 결국 장개석의 남경 정부와 공산당을 비롯한 좌파 연합 정권인 무한정부(武漢政府)와의 대결 국면으로 치닫고 말았다.

광동 혁명정부의 국민혁명군 총사령(북벌군사령관)인 장개석이 상해에서 쿠데타(1927. 4)를 일으켜 남경 정부를 세운 것이 좌우 무력 대결의 발단이었다. 국민당 제1기 전국대표대회 이후 유지되던 국공합작(제1차 국공합작 : 1924~1927. 7)은 장개석의 남경 정부가 공산당 포위 작전에 들어가자 자연스럽게 결렬되고 말았다. 이후 10년간(1927. 7~1937. 9)은 장개석의 남경 정부와 모택동을 중심으로 한 강서성(江西省)의 중화소비에트 사이의 제1차 국공내전(國共內戰)으로 점철되었다.

장개석 군대의 강서성 중화소비에트 포위 작전을 벗어나 섬서성 연안(延安)으로 2만 5천 리 대장정(1934~1935)을 단행한 공산당은 8·1선언(1935)을 통해 '국공합작으로 항일전쟁을 승리로 이끌자!'

고 주장했다. 공산당의 국공합작 주장이 점차 여론의 지지를 얻자, 만주 군벌 출신으로 북동군 총사령관을 맡고 있던 장학량(張學良)은 '공산당의 배후를 공격하도록 독려하기 위해' 찾아온 장개석을 감금한 후 국공 내전 종식을 요구했다. 소위 세계가 놀란 서안사건(西安事件 : 1936. 12. 12)이다.

당시 장학량은 서북군 총사령관인 양호성(楊虎城)과 함께 섬서성 북쪽에 주둔한 공산군을 포위하고 있었다. 마침 그때 서안의 청년들은 12·9운동 1주년을 맞아 시위 중이었다. 청년들이나 장학량의 군사들은 '국내를 먼저 안정시킨 후 국외의 사건을 도모한다'며 국공 내전을 벌이고 있는 장개석의 군사 행동에 적극 반대하고 있었다. 장학량과 양호성은 당나라 현종과 양귀비 사이의 연분으로 유명한 화청지(華淸池)에 머물고 있는 장개석을 강제로 감금한 후 '내전 반대와 일치항일(一致抗日)'을 석방 조건으로 받아들이도록 강요했다. 장개석이 석방(1936. 12. 25)되어 남경으로 돌아오자 국공 내전도 자연히 휴면 상태로 접어들게 되었다.

북경 교외의 노구교(蘆溝橋)에서 일본이 선제공격을 감행하여 중일전쟁(1937. 7. 7)이 발발하자, 제2차 국공합작(1937. 9~1945. 8)이 자연스럽게 성사되었다. 항일민족통일전선 결성이 가장 시급한 과제로 떠올랐던 것이다. 일본군은 북경, 천진, 상해를 점령한 후 그해 12월에는 남경으로 쳐들어와 수십만 명의 비무장 양민을 무자비하게 살육했다. 곧이어 무한(武漢), 광동, 산서를 비롯하여 남북 10개 성과 주요 도시 대부분을 점령했다. 만주는 이미 일본의 만주 괴뢰국(1931. 9. 18 이후)으로 변해 있었다. 하지만, 국공합작으로 일치항일의 태세가 갖춰지자 일본군은 거대한 중국 대륙에 갇힌 처지로 변하고 말았다.

국공합작군(國共合作軍)의 유격전에 의해 백만 명 이상의 일본군은 단순히 거점 도시와 중심 도로만을 점거한 상태로 전락하고 말았다. 대륙을 점령한 것이 오히려 큰 부담이 되자 일본군은 소위 삼광작전(三光作戰)을 펴 8년 남짓의 전쟁 기간 중 1천 2백만 명 이상을 학살했다. 삼광작전이란 살광(殺光), 소광(燒光), 창광(搶光)으로 '태우고 빼앗고 죽이는' 광기 어린 대학살의 자행이었다.

남경학살(1937. 12. 13 이후 2개월간)의 희생자 숫자를 놓고는 이론이 분분하다. 중국 측 자료에는 39만 명 이상으로 나오지만, 극동 군국제군사재판 기록에는 20만 명 이상으로 나온다. 하지만, 일본 육군 장교의 친목 단체에서 발행하는 〈해행(偕行)〉에는 3천에서 1만 3천 명으로 나와 있다. 엄청난 시각 차이가 아닐 수 없다. 이런 시각 차이 때문에 중국과 일본 간에는 늘 앙금이 남아 있을 수밖에 없다. 일본군의 중원 대륙 점령으로 인한 중국 인민의 고통과 참상은 일본 천황의 공식적인 항복 선언(1945. 8. 15)이 있고 나서야 막을 내렸다.

일본군이 쫓겨 가자 좌우 대결이 다시 고개를 들기 시작했다. 종전 직후에는 오랜 전쟁에 지친 국민의 평화 갈망에 힘입어 잠시 화해 분위기가 조성되는 듯했다. 국민당의 장개석과 공산당의 모택동이 중경(重慶)에서 화평교섭회담을 개최했던 것이다. 양측은 '내전 회피, 정치협상회의 개최, 각 당파의 평등한 지위 승인'을 놓고 진지하게 논의했다. '국공쌍방 대표회담 기록요강'(쌍십 협정, 1945. 10. 10)을 발표하여 '무슨 일이 있어도 내전을 피하고 독립과 자유에 기초한 부강한 신중국을 건설한다'고 합의했다. 하지만, 2차 세계대전의 종료와 함께 급속히 미소 냉전시대로 돌입하게 된 국제 정세는 중국을 그대로 놓아두지 않았다. 특히 미국은 군사력 면에서 공산당보다 4배나 앞서는 국민당의 장개석을 앞세워 거대한 중국 대륙을 동서 냉전의 확실하고 막강한 교두보로 삼고자 했다. 그 결과 본격적인 국공 내전이 자연스럽게 전개되었다. 처음에는 구약성서(사무엘상 17장)에 나오는 골리앗(Goliath)과 다윗(David)의 전쟁처럼 여겨졌지만, 1947년 말부터는 국민당과 공산당의 세력 판도가 역전되기 시작했다. 그 결과 국민당의 장개석은 대만으로 물러나고 공산당은 중화인민공화국(1949. 10. 1)을 수립하게 되었다.

장개석(蔣介石 : 1887. 10. 31~1975. 4. 5)은 절강성의 봉화현(奉化縣) 출신으로 보정(保定)군관학교를 다니다가 20세에 일본으로 건너가 공부했다. 유학 시절에 손문의 중국혁명동맹회에 가입했다. 신해혁명 참가 후 손문의 휘하에 들어가 주로 군사 면에서 활약했다. 36세 때(1923)는 소련을 방문해 군사 제도를 연구하기도 했다. 이후에는 황포군관학교 교장을 거쳐 국민혁명군 총사령관에 올라 군벌을 상대로 북벌을 개시했다. 1927년에 상해 쿠데타로 남경을 차지한 후 공산당 탄압의 선봉에 서기 시작했다. 이듬해에는 북경을 점령하고 남경 국민정부 주석 겸 3군 총사령관이 되어 당정(黨政)을 한 손에 거머쥐었다. 광동, 광서의 군벌들과 풍옥상(馮玉祥), 염석산(閻錫山) 등 지방 군벌을 진압하고 1930년부터 5차에 걸쳐 대대적인 공산당 포위 작전을 펼쳤다.

1931년 9월 만주를 차지한 일본과 치열하게 전쟁을 치르는 중에도 장개석은 '우선 내정을 안정시킨 후 외적을 물리친다'는 방침을 세우고 군벌들을 공산당 포위 작전에 동원했다. 서안 사건으로 국공합작을 이룬 후에는 3군 총사령관으로서 전면적인 항일전을 수행했다. 1937년 이후 항일전쟁 시기에는 국민정부 주석, 국민당 총재, 군사위원회 주석, 3군 대원수 등을 겸직하며 최고 권력자의 위치를 고수했다.

공산당에게 중원 대륙을 내주고 대만으로 옮겨 간 후에는 미국의 비호하에 철저한 반공 정책을 펼쳤다. 1953년에 대한민국 정부는 독립을 지원한 공로를 인정하여 그에게 건국훈장(建國勳章) 대한민국장(大韓民國章)을 수여했다.

장개석(蔣介石)의 이름은 볼수록 특이하다. '사이에 낀 돌'이라는 뜻이다. 본명은 중정(中正)이다. '중심이 바르다'는 뜻이다. '한가운데 놓이기를 바라는' 기질을 타고 났다. 돌 '석(石)' 자를 음미해 보면 왠지 역사 변천의 밑거름이 될 것 같은 느낌이 든다. '사이에 낀 돌'이라는 의미조차도 어딘가 모르게 수세적이고 수동적이다. 마치 거대한 건물의 주춧돌 같은 느낌이 든다. 중정(中正)이라는 본명은 그의 강직하고 대담한 군인 정신을 엿보게 한다. 하지만, 대만을 세계가 부러워하는 강소국(強小國)으로 발전시킨 공로만은 결코 과소평가할 수 없을 것이다. 그곳에도 손문의 삼민주의가 살아 숨 쉬고 있기 때문에 민족, 민생, 민권이 조화롭게 정착되어 있는 것이다. 더욱 넓은 안목에서 보면 중국 인민이 사는 곳이 바로 중원 대륙이다. 〈삼국지〉의 영웅호걸들이 부르짖었던 천하 통일의 경계는 땅의 크기가 아니라 중국 인민의 숨결이 닿는 곳을 의미했다. 세계를 한 지붕으로 보면 통일 아닌 것이 없고 통일을 이루지 않은 것이 없다.

장개석은 국내적으로는 절강재벌(浙江財閥)의 후원을 업고 북벌(北伐)과 공산당 포위 작전을 펼쳤다. 절강재벌은 양자강 유역의 절강(浙江), 강소(江蘇), 안휘(安徽)의 3성(省) 출신을 중심으로 한 금융업자와 상공업자의 지연적 연대를 뜻한다. 이들은 상해를 중심으로 1920년대와 1930년대에 막강한 영향력을 행사했다. 장개석 자신이 절강성 출신이었기 때문에 이들과 밀접한 관계일 수밖에 없었다. 국민당에 정치 자금을 주는 대신 국채의 독점 인수와 정부에 대한 대출 독점으로 막대한 이익을 챙겼다. 나중에는 북양군벌을 지탱했던 하북재벌(河北財閥)과 산동재벌(山東財閥)도 절강재벌에게 흡수되고 말았다. 절강재벌과 대등하던 광동재벌(廣東財閥)마저도 국민당의 후광을 업은 절강재벌의 영향권 아래 놓이고 말았다. 국민당과 절강재벌의 유착관계(癒着關係)는 전형적인 정경유착(政經癒着)의 대표적 사례였다.

중국을 정치적·경제적으로 지배했던 소위 중국의 4대 가족(四大家族)을 살펴보자. 장개석(蔣介石)의 장씨(蔣氏), 송자문(宋子文)의 송씨(宋氏), 공상희(孔祥熙)의 공씨(孔氏), 진립부(陳立夫)와 진과부(陳果夫)의 진씨(陳氏)를 일컫는 말이다.

이들의 관계를 살펴보면 항일전쟁을 치열하게 치르던 중국의 실정이 과연 어떠했는가를 쉽게 짐작해 볼 수 있다. 모두 장개석을 중심으로 혈연 혹은 인척 관계에 있었다. 이들 4대 가족은 모택동의 중국공산당 중앙위원회 전체회의 보고(1947. 12)와 진백달(陳伯達)의 저서 〈중국사대가족〉(1946)을 통해 유명해졌다. 지방의 소자산가(小自産家)에 불과하던 이들 네 가문은 1927년 장개석이 정권을 잡고부터 국민당 정부와 밀착되어 중국 경제의 지배권을 장악하게 되었다. 이들은 특히 중일전쟁 도중 거대한 재력을 모았다. 하지만, 중국공산당에 의해 중원 대륙이 완전히 통일되자 이들 가문들도 전재산(全財産)을 몰수당한 채 뿔뿔이 흩어지고 말았다.

중국 공산당의 중원 통일은 여러 방면에서 근본적인 대수술로 이어졌다. 대동세계(大同世界)를 열어 신중국(新中國)을 건설하려는 원대한 목표를 놓고 국민당과 공산당이 겨루다가 결국은 공산당의 최후 승리로 끝이 나고 만 것이다. 공산당은 민족과 국토 그리고 제도와 이념을 통일하여 세계의 중심 국가로 부흥시켜 나간다는 손문의 삼민주의(三民主義)를 밑바탕에 깔고 중국식의 독특한 발전 모델을 구축해 가고 있다.

21세기 중국의 모습을 보면 민족, 민권, 민생을 중심 가치로 제시한 손문의 업적이 결코 헛되지 않았음을 저절로 실감하게 된다. 멸만흥한(滅滿興漢)이나 배외배서(拜外拜西) 같은 도전적이고 공격적인 사조는 역사의 뒷면으로 사라졌지만, 19세기와 20세기의 신중국 건설을 놓고 고심하던 그 많은 선각자의 외침과 희생만은 오늘의 21세기 중국 속에 고스란히 남아 있는 듯하다. 역사는 어차피 황하(黃河)의 흙탕물처럼 켜켜이 퇴적되게 마련이다. 역사는 어차피 장강(長江)의 도도한 흐름처럼 한 방향으로 흘러가게 마련이다. 오늘의 중국은 우리에게 통일의 진정한 가치를 웅변적으로 증명하고 있다. 그리고 그 통일을 유지하는 지도층의 역량과 지도 이념의 위치가 얼마나 중요한가를 통계적 혹은 실증적으로 입증하고 있다.

이제는 과거와 달리 세계가 한 지붕 아래 놓여 있다. 물길과 바람과 먼지는 이미 태곳적부터 한 지붕 아래 놓여 있었는데, 인류는 이제야 한 지붕 아래 살게 된 것이다. 중원 대륙이 일어서면 세계 인류가 일어서는 것이다. 중원 대륙이 풍요로워지면 세계 인류가 풍요로워지는 것이다. 21세기는 서로 나누고 서로 돕는 시대다. 중국의 역할이 바로 21세기 세계 인류의 운명을 좌우하게 될 것이다.

중국은 이미 21세기가 시작되기 20년 전(1981. 9. 30)에 3차 국공합작을 제시했다. 엽검영(葉劍英) 전국인민대표대회 위원장이 이를 제안했다. 통일 후 대만의 지위에 대한 제안이었다. 특별행정구로서 고도의 자치권을 누리며 군대를 보유할 수 있다고 했다. 대만의 모든 현실에 변화가 없을 것을 약속했다. 그해 10월에는 호요방(胡耀邦) 중국공산당 주석이 신해혁명 70주년 기념대회 석상에서 대만 장경국(蔣經國) 총통 등의 귀향을 촉구했다. 손문의 통일 지상주의를 생각하게 하는 대목이다. 더욱 큰 테두리에서 느슨한 통일까지도 감내(堪耐)하려는 중국 지도층의 고심(苦心)이 엿보인다.

CHAPTER 4.

수성(守城)의 주인공들

한무제(漢武帝)의 서역평정(西域平定)과 동서 교통로 확보

당태종(唐太宗)의 강성대국(强盛大國)을 통한 세계제국화(世界帝國化)

송신종(宋神宗)의 부국강병책과 신법운동(新法運動)

명(明)나라 영락제(永樂帝)의 바다 비단길(Sea Silk Road) 개척

청나라 강희제(康熙帝)의 18세기 형 통합과 개방

한무제(漢武帝)의 서역평정(西域平定)과 동서 교통로 확보

한고조 유방이 창건한 한(漢)나라의 제7대 황제 한무제(漢武帝 : BC 156~BC 87 / 재위 BC 141~BC 87)는 즉위하자마자 인적쇄신(人的刷新)을 단행했다. 아버지인 경제(景帝 : BC 188~BC 141 / 재위 BC 157~BC 141) 시대의 인물들을 대대적으로 정리한 후 어질고 겸손한 선비들을 대거 기용했다. 그것은 한고조 이후 누적되어 온 소수 권신(權臣)들의 전횡을 막고 능력 위주로 사람을 쓰기 위한 일대 수술이었다.

경제는 동성제후왕국(同姓諸侯王國)들이 누리던 광활한 영지를 대폭 삭감하여 독립 왕국처럼 군림하던 소수 황족들의 권력 남용을 근본적으로 수술했다. 그 결과 황제 일족이 다스리던 7국이 일제히 반란을 일으켜 한때 위기에 봉착할 지경이었다. 소위 오초칠국(吳楚七國 : BC 154)의 난이었다. 경제는 한고조(漢高祖 : 재위 BC 202~BC 195) 이후 지속되어 온 군국제적(郡國制)인 구조를 대대적으로 개혁하여 아들 무제 이후 뿌리내리게 될 군현제도(郡縣制度)의 기초를 닦아 놓았다.

한고조 이후 전국은 중앙에서 다스리던 군(郡), 황제 일족이 다스리던 변방의 제후국(諸侯國)으로 나뉘어 있었다. 경제는 제후국들의 영토를 대폭 축소하고 독립국가적 특권을 제한하여 진시황 이후 내려오던 군(郡)과 현(縣)의 종속 관계에 입각한 강력한 중앙집권적 통치 기반을 확립해 놓았던 것이다. 건국 후 반 세기 만에 봉건제적인 구조를 지니고 있던 지방분권적인 특성을 개혁하여 중앙집권적인 특성을 강화한 것이다. 부친의 그러한 노력으로 아들 무제 때에는 제후국들의 독립적 권한이 거의 사라지게 되었다. 후에는 전국을

13주(州)로 분할하고, 자사(刺史)로 하여금 군(郡)과 현(縣)을 감독하게 했다.

또한 오경박사(五經博士)를 두어 유학(儒學)을 국학으로 자리 잡게 했다. 진시황의 분서갱유(焚書坑儒 : BC 212) 이후 침체되었던 유학을 본격적으로 진흥하여 중심적인 통치 학문으로 자리 잡게 했다. 불로장생약(不老長生藥)을 구해 오겠다며 황당무계한 논리를 주장하던 방사(方士)들에게 넌덜머리가 난 시황제에게, 법치 지상주의를 주장하던 이사(李斯) 등이 나서서 '책자를 사사로이 지니지 못하게 하여 일체의 비판과 이론을 금해야 한다'며 협서율(挾書律 : 서적의 개인 소장 금지법)을 제정하게 하고, 비판적 유학자들을 포함하여 460여 명의 지식인들을 생매장하게 했다. 그리고 30일 안에 소장책자들을 모조리 신고하게 하되, 이를 어긴 자는 관노(官奴)로 삼게했다. 금지된 지식을 논하면 공개 처형하고, 옛것을 들먹이며 현실정치를 비판하면 일족을 멸하겠다고 했다. 의약, 농업, 점복(占卜)에관한 책자와 진나라에 관한 기록들만 허용했다.

서적의 개인 소장을 금지하는 협서율은 한나라 2대 황제인 혜제(惠帝 : BC191) 때에 폐지했다. 분서갱유 이후 협서율 폐지까지 자그마치 21년이 걸렸다. 그 21년간은 실로 지식사의 암흑기였다고 보아야 할 것이다. 하여튼 한무제 이후 꽃을 피우기 시작한 유학은 이후 한나라의 지배 학문으로 발돋움하여 한자(漢字) 문화권을 공자(孔子) 문화권으로 바꿔 놓게 되었다.

한무제는 영토를 확장하여 국위를 선양하는 일에도 대단히 열성적이었다. 장건(張騫), 위청(衛靑), 곽거병(霍去病), 이광(李廣), 이광리(李廣利) 등이 변방의 이민족을 제압하며 국토를 넓혀 나갔다. 그리고 그렇게 확장한 영토에는 한인을 이주시켜 내지화(內地化) 작업을 추진했다. 흉노(匈奴), 서역(西域), 남월(南越), 운남(雲南), 귀주(貴州), 조선(朝鮮) 등으로 통치력을 확장하여 교통로와 무역로를 확보했다. 하지만, 잦은 원정으로 인해 국고가 바닥날 수밖에 없었다. 황제 스스로도 많은 궁전을 신축하며 태산 등 각지를 자주 순행함으로써 국고를 더욱 궁핍하게 했다. 그러다 보니 백성들의 세금 부담은 자연스럽게 늘고 민심은 점차 이반되게 마련이었다. 그 단적인 예가 '무고(巫蠱 : 주술로 사람을 죽이는 일)의 난(亂)'으로 불리는 황태자의 반란(BC 91.7)이었다.

무제는 64세(BC 92)가 되자 몸져눕게 되었다. 그런데 이상하게도 황제는 누군가가 자신을 저주하기 때문에 앓아눕게 되었다고 확신했다. 강충(江充)에게 '황제를 저주하는 자들을 색출하여 처단하라!'고 명령했다. 이에 강충과 적대 관계에 있던 황태자 유거(劉據)는 화가 자신에게 미치게 될 것을 직감하고 아예 강충을 먼저 체포함으로써 선수를 쳤다. 그리고 5일간 수도 장안성(長安城)에서 시가전을 펼쳤다. 하지만, 모든 게 뜻대로 안되자 황태자는 자결하고 말았다. 이때 위황후(衛皇后)도 황태자를 따라 함께 자결했다. 황태자의 두 아들도 살해되고 말았다. 이듬해 무제는 차천추(車千秋)의 상소를 통해 모든 죄가 강충으로부터 비롯되었음을 알고 황태자의 명예를 회복시킨 뒤 강충과 그의 일족을 참형에 처했다. 15세에 등극하여 50년간 통치하며 산전수전을 다 겪었는데도 자식 문제만은 황제 자신도 어쩔 도리가 없었던 것이다.

중앙집권제를 강화하여 황제의 통치력을 확립한 것과 영토를 획기적으로 확장하여 국위를 한껏 선양했다는 것, 그리고 동서 무역로를 확보하여 문물의 자유로운 교류를 가능하게 했다는 것이 한무제의 가장 두드러진 업적이었다. 진시황의 통일 의지가 한무제로 인해 다시 한 번 대내외에 과시된 것이다. 54년간(15세~69세)의 긴 통치 기간이 무엇보다도 큰 축복이었다. 아버지 경제는 16년간 통치하며 인적청산(人的清算)을 통해 새로운 인재들을 대거 영입하고, 유씨(劉氏) 일문의 제후국들을 강력하게 통제하여 황제의 권한을 강화시켰다. 또한 아들인 무제는 아버지의 그러한 업적 위에서 내치와 외치에 모두 열정을 쏟으며 재위 54년간 한나라 수성(守城)에 몸을 바쳤다.

경제의 이름은 유계(劉啓)다. '가르친다, 열어놓는다'는 뜻이다. 아들인 무제를 위해 '통치의 길을 크게 열어 주고 또 통치의 요체를 확실하게 가르쳐 준 것'이다. 한편 무제의 이름은 유철(劉徹)이다. 실로 기가 막힌 이름이다. '막힌 것을 확 뚫어 놓는다'는 뜻이다. '열어 주는' 아버지와 '뚫어 놓는' 아들이 힘을 합쳐 한나라 지킴이로 우뚝 서게 된 것이다. 또한 무제의 노여움을 사 죽고 만 황태자 유거(劉據)의 이름은 '기댄다, 의지한다'는 뜻이다. 아버지인 무제의 견제와 의심에 가까스로 의지하여 근근이 버티다가 끝내 그 밧줄을 놓치고 벼랑으로 떨어지고 만 것이다.

한무제의 수성을 가능하게 한 주인공들의 면면을 살펴보자. 먼저 서역을 개척하여 동서 무역로를 확보해 놓은 장건(張騫 : BC14년 사망)을 보자. 서역에 관한 일체의 지식과 정보는 바로 수차례에 걸친 장건의 원정에 힘입은 바 컸다. 동서 교역의 기초를 닦아 두 이질적인 문명 세계를 하나로 통일시켜 놓은 셈이다. 특히 전설로 회자되던 한혈마(汗血馬)의 실체를 소개한 공로가 크다. 돌을 밟으면 자국이 날 정도로 힘차고, 달리면 붉은 땀을 흘린다는 전설적인 명마였다. 하지만, 발한나(拔汗那)로도 불린 대완국(大宛國 : 우즈베키스탄과 타지키스탄에 걸친 지역)을 원정하여 실제로 말을 얻어 온 사람은 이사장군(貳師將軍)인 이광리(李廣利)였다. 무제는 한혈마를 얻자 서극천마(西極天馬)라며 노래를 지어 칭송했다.

이광리(李廣利 : BC 90 전사)는 대완국의 이사성(貳師城)을 공략하여 하루 천 리를 달린다는 명마인 한혈마를 얻어 왔기 때문에 이사장군이라는 명예로운 칭호를 얻게 되었다. 뒤에는 원정의 공로로 해서후(海西侯)에 봉해졌다. 여동생이 무제의 총애를 받아 창읍왕(昌邑王)인 유박(劉髆)을 출산하자 궁정 악사에서 졸지에 장군으로 특진했다. 서역을 여러 차례 원정하여 동서 무역을 가능하게 했지만 흉노와의 전쟁에서 참패한 후 전사했다.

이광리의 흉노 원정에는 사마천(司馬遷)의 궁형(宮刑 : 생식기 제거)에 얽힌 이야기도 들어 있다. 사마천의 친구인 이릉(李陵 : BC 74 몽골 고원에서 병사)도 이광리의 흉노 원정(BC 99)에 참전하게 되었는데 돌아오는 길에 그만 흉노에게 포위되어 항복하고 말았다. 사마천은 친구인 이릉을 옹호하다가 무제의 노여움을 사 궁형에 처해지고 말았던 것이다. 사마천은 울분을 삭이며 불후의 명저인 〈사기(史記)〉를 완성했고, 친구 이릉은 흉노 왕의 딸을 아내로 맞아 우교왕(右校王)으로 봉해져 군사(軍師) 노릇을 다했다. 이릉의 자(字)는 소경(少卿)으로, 농서(隴西 : 감숙성) 출신이었다.

위청(衛靑 : BC 106 사망)은 평양(平陽 : 산서성) 출신으로 누이인 위자부(衛子夫)가 한무제의 황후가 된 덕에 대중대부(大中大夫)가 되고, 이어서 거기장군(車騎將軍 : BC 130)에 봉해졌다. 일곱 차례 이상 흉노를 원정한 공로로 장평후(長平侯 : BC 127)에 봉해져 대장군(BC 124)이 되고, 이어서 곽거병과 함께 대사마(大司馬)가 되었다. 자는 중경(仲卿)이다. 모친이 평양후(平陽侯) 정계(鄭季)의 첩이었기 때문에 아버지의 성씨 대신 어머니의 성씨를 따라 위씨 성을 갖게 되었다. 또 다른 누이 위군유(衛君儒)는 승상인 공손하(公孫賀)

의 부인이었다.

곽거병(霍去病 : BC 140~BC 117)은 아버지인 곽중유(霍仲孺)가 위황후의 언니이자 위청의 누이인 위소아(衛少兒)와 밀통하여 낳은 아들로 알려져 있다. 18세 때 시중(侍中)이 되어 위청을 따라 흉노 원정에 나섰다. 전공을 쌓아 관군후(冠軍侯)에 봉해졌다. 3년 후에는 표기장군(驃騎將軍 : BC 120)이 되어 감숙(甘肅)을 원정했다. 여섯 차례 이상 흉노 토벌에 나서서 많은 전공을 쌓고 위청과 함께 대사마에 올랐다. 하지만, 23세에 요절하자 무제는 장안 근교에 무덤을 조성하되 그가 큰 승리를 거둔 기련산(祁連山 : 天山)의 모습을 본뜨게 했다. 그의 무덤을 무제릉(武帝陵) 근처에 두게 한 것이나 호인(胡人)을 밟고 선 석마(石馬)를 무덤 앞에 세운 것만 보아도 황제가 얼마나 그를 총애했는가를 알 수 있다.

이광(李廣)은 경제 때부터 한나라를 지켜 내는 명장이었다. 흉노족이 이광의 이름만 들어도 혼비백산(魂飛魄散)할 정도였다고 한다. 사마천의 〈사기(史記)〉 '이장군열전(李將軍列傳)'에 그의 용맹이 잘 드러나 있다. 함께 출정했던 환관인 중귀인(中貴人)의 수십 명 군사가 흉노군 세 명에게 몰살되다시피 하자 이광은 기병 백 명으로 적진 깊숙이 쳐들어갔다. 둘은 죽이고 한 명은 생포하여 설욕했지만, 그 사이에 흉노군에게 완전 포위되고 말았다. 도망치면 반드시 추격병에 걸려 몰살당할 것을 알고 부하들에게 '말에서 내려 안장을 풀라!'고 명령했다. 흉노군으로 하여금 한나라 지원군이 몰려올 것을 염려해 함부로 공격하지 못하게 하려는 극단적인 전술이었다. 겨우 백 명에 불과한 이광의 군사가 뜻밖에 이상한 행동을 보이자 흉노군은 '분명히 무슨 함정이 있을 것'이라고 생각해서 엉거주춤했다. 이광은 그 틈을 이용해 기병 열 명으로 적진 깊숙이 쳐들어가 적장을 죽였다. 대장을 잃은 흉노군은 사방으로 흩어지고 말았다.

이광의 이런 혁혁한 무공을 놓고 사마천은 '도리불언(桃李不言) 하자성혜(下自成蹊)'라고 했다. '복숭아꽃과 자두꽃은 말이 없지만, 사람들이 그 아름다움에 이끌려 스스로 모여들기 때문에 나무 아래에는 저절로 샛길이 생긴다'는 뜻이다. 이광의 용맹에 흉노가 놀라자 '헤어날 길이 저절로 생겼다'는 뜻이다. 이후 '샛길이 생긴다'는 성혜(成蹊)는 '덕이 있는 사람은 덕을 드러내지 않아도 사람들이 흠모하여 스스로 모여든다'는 뜻으로 사용하게 되었다.

장건(張騫)의 이름은 '어긋난다, 잘못된다, 이지러진다'는 뜻이다. 변방을 가리키는 '새(塞)'와 말 '마(馬)'가 합쳐져 있는 듯한 글자다. 그렇다면 장건의 이름은 '변방의 요새를 지키는 말'이다. 평생 해외 원정에 나섰던 그의 일생을 드러내는 이름이다.

이광리(李廣利)는 '널리 유익을 끼친다'는 이름이다. 그런데 이로울 '이(利)'에는 '날카롭다'는 의미도 내포되어 있다. 자세히 들여다보면 벼 '화(禾)'와 칼 '도(刀)'가 합쳐진 글자다. 그렇다면 벼를 베는 칼이고 낫이라는 말인가. 하여튼 궁중 악사로 뛰어난 예술적 재능을 발휘하다가 누이가 황제의 총애를 받게 되자 특진에 특진을 거듭한 사람이다. 악기와 창검 사이에는 대체 어떤 연관이 있다는 것인가. 한 가지 일을 잘 하는 이는 당연히 다른 일에도 그만한 열의와 충성을 바치게 되어 있는 모양이다. 악사 이연년(李蓮年 : 황제의 어명으로 이광리로 개명)은 대장군 이광리로 훌륭하게 변신하여 역사에 길이 남는 명장으로 기록되었다. 본명인 연년(蓮年)은 악사에 걸맞은 이름이다. '연꽃을 바라보며 세월을 보낸다'는 뜻이니 그야말로 예능인에 딱 어울리는 의미가 아닌가.

위청(衛靑)의 이름은 '늘 푸른 대나무'를 연상하게 한다. 대나무

숲의 그 소란스러운 바람 소리처럼 그는 변방의 이민족 토벌에 평생을 바쳤다. 자는 중경(仲卿)이다. 벼슬이 가득한 자(字)다. 이름은 그의 출중한 무예를 가리키고 자(字)는 그가 타고난 벼슬 운을 암시하고 있다. 그 많은 전쟁을 치르면서도 기어이 살아남아 대사마에 올랐으니 그만하면 큰 벼슬을 누린 셈이다. 첩의 자식이라 아버지의 성씨인 정씨(鄭氏)를 지니지 못하고 어머니의 성씨를 지니게 되었지만 오히려 그것이 축복으로 변한 경우다. 한무제의 황후인 위씨(衛氏) 성을 지니게 되었지 않은가. 어찌 보면 황제의 처가(妻家) 성씨가 된 것이다. 한편 정변에 휩쓸려 죽고 만 아들 위항(衛抗)은 '가로막는다'는 이름이다. 잘 가로막다가 한무제와 위황후 사이에 태어난 양석공주(陽石公主)와 승상인 공손하(公孫賀)의 아들 공손경성(公孫慶聲) 사이의 불륜 관계가 폭로되자 위항도 유탄(流彈)을 맞아야 했다.

곽거병(霍去病)은 참으로 기이한 이름을 지녔다. '병마를 몰아낸다'는 이름이다. 변방의 이민족을 진압하여 환난을 없앤 그의 짧은 생애가 바로 '나라의 병마를 내쫓는 수호신' 역할이었다. 비록 23세에 요절했지만 한무제의 가슴속에 가장 깊게 각인되었다. 주군(主君)의 사랑을 받는 것보다 더 값진 보상이 어디 있겠는가. 그의 아버지는 곽중유(霍仲孺)다. 아버지의 이름에도 이상하게 젖먹이 '유(孺)'가 들어 있다. 어머니는 위소아(衛少兒)다. 어머니의 이름에도 이상하게 어린아이를 가리키는 '아(兒)' 자가 들어 있다. 부모의 이름이 모두 유약하고 소극적이다. 그런 탓에 아들 곽거병이 용맹으로 말하면 천하제일이었음에도 23세에 요절한 것이 아닐까.

그의 이복동생인 곽광(霍光 : BC 68 병사)은 형보다 49년간이나 더 오래 살며 한무제의 성공적인 수성(守城)을 상당 부분 갉아 먹었다. 대사마와 대장군을 거쳐 박륙후(博陸侯)에 봉해진 그는 결국 김

일제(金日磾), 상관걸(上官桀), 상홍양(桑弘羊) 등과 같이 한무제의 후사를 위탁받게 되었다. 어린 소제(昭帝 : BC 94~BC 74 / 재위 BC 87~BC 74) 유불릉(劉弗陵)을 보필하며 권력 독점을 노리던 그는 소제의 형인 연왕(燕王)이 상관걸과 상홍양을 앞세워 반란을 일으키자 이를 틈타 정적을 제거하고 권력을 독점했다.

소제가 죽은 후에는 소제를 계승한 창읍왕(昌邑王 : 무제의 손자) 유하(劉賀)를 27일 만에 멋대로 폐위시키고, 무제의 증손자로서 무제 시절에 억울하게 죽은 황태자의 손자인 유순(劉詢)을 9대 황제인 선제(宣帝 : BC 91~BC 49 / 재위 BC 74~BC 49)로 옹립했다. 또한 곽광은 황후인 허씨(許氏)를 독살하고 자신의 딸을 황후로 들여 일족의 권세를 보장하려 했다. 하지만, 선제는 곽광이 병사하자 그의 일족을 반역죄로 몰아 몰살시켰다.

곽광의 자는 자맹(子孟)이다. '허세를 부리는 사람'이라는 뜻이다. 맏이 '맹(孟)'에는 '처음 된 자'라는 뜻도 있지만 '허세 부린다'는 의미도 들어 있다. 이름은 '빛'을 의미한다. 너무 눈부신 빛을 지향한 탓에 그만 곽씨 일문의 참화를 가져오고 말았다. 빛은 생명인 동시에 죽음이기도 한 모양이다. 그래도 그가 한 가지 잘한 일이 있다면 억울하게 죽은 위황후(衛皇后)의 아들인 여태자(戾太子)를 기억하여 그의 손자를 황제로 옹립한 점이다.

선제는 한무제에 이어 한나라를 수성한 훌륭한 황제였다. 대사농중승(大司農中丞)인 경수창(耿壽昌)의 건의로 상평창(常平倉 : 풍년에 곡물을 사들였다가 흉년에 내다 팔아 곡물 가격 안정과 상인의 횡포 방지를 동시에 겨냥한 제도로 이후 역대 왕조가 이를 답습)을 설치(BC 54)하여 빈민을 구제하는 한편, 서역 36개국을 속국으로 삼았고 흉노가 남북으로 분열되자 남흉노(南匈奴)를 속국(BC 51)으로 삼았다. 또 정길(鄭吉)을 서역도호(西域都護)로 임명하여 서역 36개 국을 다스리게 했다.

사마천이 명예롭게도 '이장군(李將軍)'으로 부른 이광(李廣)의 이름은 '넓힌다'는 뜻이다. 무조건 아무 것이나 넓히는 게 아니다. 삶의 터전, 나라의 터전을 넓힌다는 뜻이다. 사마천이 궁형에 처해지기까지 옹호해 주었던 이릉(李陵)은 이광의 손자다. 흉노군 8만 명에게 자신의 군사 5천 명이 포위되자 하는 수 없이 항복하고 말았다. 흉노왕이 이릉을 사위로 맞아 우교왕(右校王)에 봉한 뒤 군사(軍師)로 중용한 데는 아마도 할아버지인 이광 장군의 명성도 한몫을 단단히 했을 것이다.

1940년 예니세이(Enisei)강 상류에서 이릉의 저택으로 보이는 한식(漢式) 궁전의 유적이 발굴된 바 있다. 사마천은 결국 자신을 불구로 만든 장본인인 친구 이릉의 조부인 이광을 '이장군열전'으로 〈사기(史記)〉에 덧붙여 후세에 길이 남긴 셈이다. '샛길이 저절로 생긴다'는 성혜(成蹊)의 의미를 재삼 곱씹어 볼 만하다. 아름다운 꽃나무 아래 길이 저절로 생기듯이 덕이 있으면 저절로 세상의 이목을 집중시키게 되는 것인가.

당태종(唐太宗)의 강성대국(强盛大國)을 통한 세계제국화(世界帝國化)

당태종 이세민은 아버지인 당고조 이연(李淵)을 도와 당나라를 건국하고 형제들의 정권욕을 무력으로 진압한 후 2대 황제에 올랐다. 조부는 수나라 당국왕(唐國王) 작위를 누리던 이병(李昞)이다. 순수

한족이 아니라 만주와 몽골 지역에서 유목 생활을 하며 한나라 말기에 변방을 자주 침략했던 선비족(鮮卑族)의 후예다. 오랫동안 흉노의 피지배 민족으로 존재하다가 북흉노(北匈奴)가 한나라에 망하자 몽골 지역의 지배 민족으로 부상했다. 단석괴(檀石傀), 가비능(軻比能) 등이 선비족 통일의 주인공들이었다.

선비족은 5호 16국시대(304~439)와 남북조시대(南北朝時代 : 420~589)에 가히 전성기를 맞았다고 해도 과언이 아니다. 선비족의 모용(慕容), 걸복(乞伏), 독발(禿髮), 탁발(拓跋)이 독자적인 왕조를 창건하며 대단한 위세를 과시했다. 특히 탁발씨는 남북조시대의 북조(北朝)를 지배할 정도였다.

타고난 무골인 데다가 지략가였던 이세민(李世民 : 598~649 / 재위 626~649)은 수(隋)나라가 이미 기운 것을 직감하고 아버지인 이연(李淵 : 565~635 / 재위 618~626)을 설득하여 수나라 타도를 결심하게 했다. 이씨 왕조 건국에 대한 청사진과 나머지 군웅들의 진압도 이세민이 주도했다. 19세 차남이 52세 부친의 정권욕을 부채질하여 기어이 천하 통일을 완수하게 했던 것이다. 건국 후에는 후계 자리를 두고 형제간에 권력 다툼이 생겼다. 이세민은 황태자인 맏형 이건성(李建成)과 동생 이원길(李元吉)을 제거하고 후계자의 지위를 스스로 확보했다. 소위 현무문(玄武門)의 변(變)이었다. 아버지인 이연은 스스로 태상황으로 물러난 후 아들에게 대위를 물려주었다. 28세의 이세민이 당태종으로 등극하여 후세에 길이 남을 23년간의 정관(貞觀)의 치(治)를 시작하게 된 것이다.

먼저 돌궐(突厥) 등 변방 이민족의 발호를 제압하여 여러 민족으로부터 천가한(天可汗)이라는 존칭을 듣게 되었다. 정복자로 머무는 정도가 아니라 피정복자들로부터 천자(天子)로 존대를 받게 된 것이다. 당시로 보면 가히 세계 제국에 버금가는 위용(威容)이었다. 방현령, 두여회, 위징 등의 보좌를 받으며 최대한 공명정대한 정치를 펴나갔다. 그는 정치가 무엇인가 진지하게 고민하는 전형적인 현군(賢君)의 자세를 견지했다. 학문에도 남다른 열의를 보여 사서(史書)의 일부를 직접 집필하기도 했다. 왕희지(王羲之)의 글씨를 흠모하여 스스로 그에 필적할 만한 경지에 다다르려 애썼다. 그의 치세 기간은 실로 강성대국(强盛大國)의 표본이라 할만 했다.

이세민(李世民)은 아버지인 이연(李淵)이 이룩한 당나라를 세계 제국으로 발전시켰다. 아버지인 이연이 '깊고 고요한 연못을 파놓았다'면 아들 이세민은 그 연못 속에 세상과 백성을 집어넣어 새로운 천하를 열어 놓은 것이다. 그러나 세상과 백성이 없는 연못은 죽은 연못이다. 목숨 바쳐 이룩한 천하 통일도 결국은 백성과 세상을 올바로 다스려 보겠다는 원대한 포부 때문이었다. 이세민도 당연히 현신(賢臣)들의 보좌를 받아야 했다. 천하는 홀로 다스리는 일이 절대로 아니기 때문이다.

수나라 신하 집안으로 제주(齊州)의 임치(臨淄 : 산동성) 출신인 방현령(房玄齡)은 일찍이 이세민을 도왔다. 태종의 신임이 워낙 두터워 태종이 고구려 원정에 나섰을 때는 수도인 장안을 대신 지키고 있었다. 그러나 태종보다 일 년 앞서 세상을 하직했다.

그의 이름이 참으로 특이하다. '신비로운 나이'라는 이름이다. 대체 무엇을 뜻하는가. 나이 들수록 현명해지고 신묘해진다는 뜻이 아닐까. 만일 그렇다면 주군(主君)에게나 백성에게나 참으로 다행스러운 일이다.

방현령과 함께 현상으로 칭송되었던 두여회(杜如晦 : 585~630)는 경조(京兆)의 두릉(杜陵 : 섬서성의 장안현) 출신이다. 방현령과 같이 수나라의 신하 가문으로 현위(縣尉)를 지낸 후 초야에 묻혀 있다가 태종 때 다시 벼슬길에 나섰다. 방현령에게 재능을 인정받아 중용되기 시작했다. 그는 병부상서를 지낸 후 채국공에 봉해졌다. 당나라의 법령과 인사 정책을 정비하여 태종의 수성(守城)에 많은 기여를 했다.

그는 이름이 참으로 신기하다. '어둡다, 희미하다'는 의미 이외에 '어리석다, 감춘다'는 뜻을 지닌 그믐 '회(晦)' 자가 들어 있다. 그런데 자는 '능히 밝음을 이긴다'는 뜻을 지닌 극명(克明)이다. 재주를 숨기고 있다가 뒤늦게 드러날 운세다. 그래서 방현령 같은 현명한 사람이 일찍 알아보고 황제 주위에 못 박아 놓은 것이다. 누군가에게 천거되어야만 길이 열리고 할 일이 생기는 이들이 어디 한둘인가. 그래도 두여회는 행운을 지닌 사람이라 태종 같은 명군(名君)과 방현령 같은 명신(名臣)을 만나 불후의 이름을 남길 수 있었다.

위징(魏徵 : 580~643)은 곡성(曲城 : 산동성) 출신으로 수나라 말기 여러 군웅들 중 하나였던 이밀(李密)의 휘하에 들어가 활약하다가 당고조 이연에게 귀순한 사람이다. 이연의 장남인 이건성(李建成)의 심복이 되어 태종 이세민과 반대편에 서 있었지만 위징의 인품에 끌린 태종이 흔쾌히 받아 주었다. 그는 간의대부 등 요직을 두루 거친 후 재상으로 중용되었다. 직언으로 정평이 나 있었기 때문에 태종과 정치를 놓고 많은 토론을 벌였다. 태종시대의 여러 편찬 사업에도 많이 공헌했다.

이름은 부를 '징(徵)'이다. 이상하게도 '꼬치꼬치 캐묻는다'는 뜻이 들어 있다. 아무래도 위징의 직언과 깊은 인연이 닿은 이름이다. 위징의 분석적이고 객관적인 천성 그리고 위험과 희생을 무릅쓰는 강직한 기질을 드러내는 이름이다. 자는 현성(玄成)이다. '오묘하고 신비로운 것을 이루고자 한다'는 의미다. 태종을 만나 마침내 자신의 역량을 유감없이 발휘하고 불후의 업적을 쌓았으니 '오묘하고 신비로운 일을 마친 것'이다.

태종과 같은 해에 세상을 하직한 이정(李靖 : 571~649)은 수도인 장안 출신으로 한때는 수나라를 섬겼다. 수나라 타도를 외치며 거병한 이세민에게 체포되었다가 이세민의 눈에 들어 군웅 평정에 함께 나섰다. 당나라 건국 후에는 행군총관으로 돌궐을 정벌하고 그 추장인 힐리가한(頡利可汗)을 포로로 붙잡았다. 또한 몽골계 유목민인 선비족의 나라 토곡혼(吐谷渾)을 토벌하여 그 전공으로 위국공(衛國公)에 봉해졌다.

그의 이름이 붙은 〈위공병법(衛公兵法)〉이나 〈이위공문대(李衛公問對)〉는 당나라의 대표적인 병법서였다. 이름은 꾀할 '정(靖)'이다. '다스린다'는 의미와 '편안하게 한다'는 뜻이 들어 있다. 설 '입(立)' 자와 푸를 '청(靑)'이 합쳐진 글자다. '푸른 대나무처럼 곧게 세운다'는 뜻이다. 얼마나 운세가 강했으면 포로로 잡혔다가 자신을 붙잡은 사람을 위해 평생을 바치고 함께 불후의 이름을 남길 수 있었을까. 그는 방현령과 함께 태종의 소릉(昭陵)에 배장(陪葬)되었다.

송신종(宋神宗)의 부국강병책과 신법운동(新法運動)

오대십국시대(五代十國時代 : 당나라가 후량의 주전충에게 멸망한 907년부터 송나라 건국 시기까지의 혼란기)에 이어 후주(後周)의 조광윤(趙匡胤)이 창건한 송(宋 : 960~1279)나라는 6대 신종(神宗)

인 조욱(趙項) 대에 이르러 일대 개혁을 단행하게 된다.

　아버지인 영종(英宗)은 재위 5년의 짧은 통치 기간을 기록했다. 감숙(甘肅) 지방을 무대로 독립 왕국을 세운 탕구트족(티베트계 언어를 사용한 유목민족)의 서하(西夏 : 1032~1227)와 거란족의 요(遼 : 916~1125)가 끊임없이 괴롭혀 송나라는 건국 초기부터 외환이 끊이지 않았다. 특히 탕구트족 수령인 탁발사공(拓跋思恭)은 한때 황소(黃巢 : 소금 밀매 업자로 반란을 일으킨 뒤 884년 자결)의 난(875~884)을 물리치고 수도인 장안을 구해 준 공로로 당나라로부터 이씨(李氏) 성을 하사받기까지 했다.

　수령인 이계천(李繼遷)은 송나라 초기의 혼란을 틈타 아예 독립 왕국을 건설했다. 이덕명(李德明)을 거쳐 이원호(李元昊 : 1003~1048 / 재위 1032~1048) 때는 감숙을 평정하고 대하황제(大夏皇帝)라 칭하며 송나라와 대등한 관계를 유지하려 했다. 당나라의 쇠퇴기를 틈타 발호한 거란족의 요는 상경(上京) 임황부(臨潢府 : 요령성)를 도읍으로 삼고 쉴 새 없이 남하 정책을 펼쳤다. 특히 제 6대 성종(聖宗) 이후 흥종(興宗), 도종(道宗)으로 이어지며 백 년간의 전성기를 맞으며 송나라를 끊임없이 위협했다. 심지어는 송나라와 서하가 전쟁을 치르는 틈을 타 이미 맺은 송과의 화의조약을 유리하게 고치기까지 했다.

　신종(神宗 : 재위 1067~1085 / 19~37세)은 위기의 나라를 승계받았지만 왕안석(王安石 : 1021~1086)을 국정 전반을 관장하는 참지정사(參知政事)로 등용하고 신법(新法)으로 통하는 일대 개혁을 단행했다. 재정과 군사 제도를 포함하여 일체의 국가 제도를 혁신하여 부국강병을 실현하려 했다. 1076년에 55세의 왕안석이 물러난 이후에는 황제가 직접 개혁을 진두지휘했다.

왕안석은 황제보다 27세 연상이었다. 21세(1069)의 황제와 48세의 최고 실력자가 한 팀을 이룬 채 내우외환에 휩싸인 국가를 중흥의 길로 이끈 셈이다. 황제로부터 전권을 위임받은 왕안석은 이재에 능한 강남 출신 신진 관료들을 대거 기용하여 일체의 구제도를 혁신하려 했다. 가뭄과 홍수로 황폐해진 전토를 복구하고 새로운 경작지를 조성하여 일단 농토 자체를 대대적으로 늘려 나갔다. 하천을 개수하여 운송로의 역할을 십분 증대했다. 농민과 도시의 중소 상인들을 대상으로 저리의 융자를 단행하여 농민과 도시 중소 상인들의 경제활동을 활성화하려 했다.

신법 중 가장 먼저 시행된 청묘법(靑苗法)은 종전의 상평창제도(常平倉制度)를 고쳐 농업 자금 융자와 그 이자를 통한 국가 재정의 확충을 동시에 겨냥했다. 즉, 풍년이 들면 곡물을 사들여 상평창(常平倉)에 저장했다가 흉년에 곡물을 팔아 가격 안정과 농민 보호 그리고 상인의 횡포 방지를 동시에 도모했던 상평창제도를 보완하고 개선한 것이 바로 청묘법이었다. 청묘법은 상평창제도의 중농억상 사상(重農抑商思想)을 그 밑바탕에 깔고 있었다. 물론 농업 자금의 전대(前貸)를 통해 다량의 군량(軍糧)을 확보한다는 이점도 있었다. 대지주의 고리대금업으로부터 빈농을 구제한다는 명분을 내걸고 저리 융자 정책을 펼쳐 나갔다. 상인의 농간과 매점을 없애는 대신 국가가 직접 나서서 농민층을 상대했다. 우선 목표는 거상(巨商)의 곡물 시장 독점을 차단하여 국가 스스로 적정 가격에 의해 물자를 구입하기 위한 것이었다. 하지만, 대부의 강제 할당, 이자의 강제 수취 그리고 연좌 책임제의 강행 등으로 인해 많은 문제점이 노출되었다.

시역법(市易法)은 농민 보호 정책인 청묘법과 달리 중소 상인의 이익을 보호하기 위한 제도였다. 상인 조합인 '행(行)'을 지배하며 고리대금으로 중소 상인을 갈취하던 호상(豪商)의 영업 독점을 뿌리 뽑기 위해 시역무(市易務)를 설치하고 정부 자금으로 중소 상인의 물자를 매입하며 연리 2할의 저리로 융자해 주었다. 왕안석은 결국 호상들이 결탁하여 구법당(舊法黨)과 황제의 후궁(後宮)을 매수하자 정계에서 물러나지 않을 수 없었다.

균수법(均輸法)은 정부의 재정 운용을 정상화하려는 시도에서 신법 중 최우선적으로 시행되었다. 물가의 변동에 상관없이 같은 양과 같은 종류의 물자를 구입했기 때문에 수요의 증감에 상관없이 해마다 같은 종류와 같은 수량이 공급되었다. 따라서 정부에서는 잉여 물품을 싼값에 상인들에게 불하하고, 부족한 물품은 비싼 값에 상인들로부터 구입해야 했다. 이를 시급히 시정하기 위해서는 먼저 재정 운용을 합리화해야 했다. 상인들은 중간에서 폭리를 취하는 반면 정부의 재정 수지는 점점 더 악화되었다. 수륙 운송로를 관장하며 물자를 지방에서 중앙으로 수송하는 발운사(發運司)를 두어 각 요로를 책임진 전운사(轉運使)들로 하여금 수도에 가까우면서도 물품이 다량으로 생산되는 현지에서 중앙의 필요 물자를 조달하게 했다. 발운사는 정부 조달을 책임진 삼사(三司)의 현지 출장소 격이었다. 당나라 때는 정부에 호의적인 번진(藩鎭)에만 전운사(轉運使) 관직을 주어 지방의 물자가 중앙으로 원활히 운송되게 했다. 발운사는 상인의 농간을 차단하려 민간이 생산하지 않는 물품은 요구하지 않고 가장 많이 생산되는 물품으로 대납하게 했다. 잉여 물품은 상인에게 파는 대신 발운사가 직접 수요가 많은 지역으로 운송하여 매각함으로써 국고 수익을 늘렸다. 한무제(漢武帝) 때 치속도위(治粟都尉)인 상홍양(桑弘羊 : BC 80 권력 투쟁에 패한 뒤 처형)의 건의로 실시한 균수평준법(均輸平準法 : BC 110)과 유사한 점이 있다. 중앙의 대사농

(大司農)인 평준관(平準官) 밑에 각 지방마다 균수관(均輸官)을 두고 가격이 저렴한 지방의 과잉 물자를 매집(買集)하여 물자 부족으로 가격이 높은 지방에 매각함으로써 물가 안정을 기하는 동시에 국고 수익을 늘리려 했다. 물가가 오르면 방출하고 물가가 내리면 구매하는 식이었기 때문에 거상(巨商)들의 이해관계와 충돌하여 잡음이 많았다.

모역법(募役法)은 농민에게 노역 대신 면역전(免役錢)을 내게 한 뒤 이를 재원으로 활용하여 정부가 실업자를 저임금으로 고용한 제도다. 조세 징수, 치안 유지, 관물의 수송 등에 농민을 징발하는 차역법(差役法)이 실시되어 중소 지주나 자작농 모두 부담이 컸다. 이를 고쳐 백성을 모집하여 봉급을 지급하는 방식으로 고쳤던 것이다. 면역의 특권을 지닌 관호(官戶), 사관(寺觀), 상인 등으로부터는 면역전의 반에 해당하는 조역전(助役錢)을 거두었다.

농전수리법(農田水利法)을 통해 수리(水利)와 관개(灌漑)의 평등을 도모했다. 부유 농민의 수리 독점을 막고 모든 농민이 수리와 관개 면에서 동등한 권리를 갖게 했다. 수로 전담관인 상평관(常平官)을 파견하여 시설을 관리하게 하고 새로운 수리, 관개 시설 공사에는 금융적인 편의도 제공했다. 이로써 척박한 농토를 회복시켜 농업의 생산성을 획기적으로 증대시킬 수 있었다.

방전균세법(方田均稅法)을 통해 동서남북 각각 1천 보(步)를 1방(方)으로 정해 토지의 비옥과 척박의 정도를 5등분하여 등급에 따라 과세했다. 대농의 부정을 조사해 우선 농토의 경계를 정확히 한 후 세율의 평준화를 시도했다. 검사 절차가 복잡하고 대농들의 횡포 또한 극심했지만 존폐를 거듭하며 농지 관련 세제를 개혁하는 단초를 제공했다.

삼사법(三舍法)을 통해 관리의 양성과 채용을 일관성 있게 관리했다. 실력과 인품을 겸비한 인재를 등용하기 위한 정책이었다. 태학(太學)을 확장하고 정원을 늘려 예과(豫科)에 해당하는 외사(外舍) 6백 명, 본과(本科)에 해당하는 내사(內舍) 2백 명, 연구과(硏究科)에 해당하는 상사(上舍) 일백 명으로 했다. 시험을 통해 외사, 내사, 상사 순으로 순차적으로 진학하게 하여 성적 우수자는 과거를 치르지 않고도 임용되게 했다. 후에는 정원이 수천 명에 이르러 인재 양성의 전성기를 이루었다. 그리고 과거 시험을 위해 교육 내용을 통일할 필요가 있어 경의국(經義局)을 설치하고 삼경(三經)의 훈역서(訓譯書)를 만들게 했다. 〈삼경신의(三經新義)〉 등을 발간하여 경의(經義)를 통일해 나갔다.

보갑법(保甲法)은 농촌의 자경(自警)이나 민병제(民兵制)의 운영을 원활하게 하기 위한 제도였다. 농촌의 십(10) 가(家)를 1보(保)로 하고, 오십(50) 가(家)는 1대보(大保), 5백(500) 가(家)는 1도보(都保)로 하여 각각 장(長)을 두고 치안 유지와 사건 사고 신고를 맡아 보게 했다. 화북에서는 농한기를 이용하여 보정(保丁 : 성인 남자)의 군사 훈련을 의무화했다. 농민의 부담이 늘자 후에는 보갑조직(保甲組織)을 행정조직으로 흡수하여 양세징수(兩稅徵收) 등의 행정단위로 활용했다. 자경조직(自警組織)으로, 보오법(保伍法)으로 잠시 고쳐졌다가 다시 보갑법으로 부활되어 청나라 말기까지 존속했다. 수나라 이후 실시된 부병제는 전국에 430개 절충부(折衝府)를 설치하고 정남(丁男 : 21~59세) 가운데서 3명 당 1명씩 3년에 한차례씩 징집했다. 부병(府兵)에게는 균전법(均田法)에 의해 100무(畝 : 이랑)의 토지를 지급하여 장비와 식량 등을 자급자족하게 했다. 징집 기간 중에는 조(租), 용(庸), 조(調) 등의 세금을 면제했다.

보마법(保馬法)은 북방 기마 민족의 침략에 대항하기 위해 실시한 제도다. 기마병 양성을 위해 말이 필요했기 때문에 보호(保戶)에게 말 1~2필을 대여해 사육하게 했다. 하지만, 말이 죽으면 배상해야 했기 때문에 농민의 부담이 가중되어 곧 폐지되었다.

왕안석의 신법을 통해 국가재정은 건실해지고 행정 체계 또한 일대 쇄신을 이루었다. 하지만, 세금과 노역이 늘고 화폐경제가 졸속으로 추진되어 영세농민층의 생활이 더 궁핍해지는 모순을 드러내기도 했다. 신법의 공과(功過)에 대한 논란이 뜨거워지자 왕안석은 실각되고 사마광(司馬光 : 1019~1086)을 필두로 한 구법당(舊法黨)이 다시 득세하게 되었지만, 신법이 지닌 개혁과 혁신의 기치(旗幟)만은 계속해서 국정 개혁의 귀감이 되었다. 채확(蔡確), 여혜경(呂惠卿), 장돈(章惇), 채경(蔡京) 등이 왕안석의 신법 정신을 계승해 나갔다.

신종(神宗)의 이름은 조욱(趙頊)이다. '삼간다'는 뜻이다. 신중하고 사려 깊은 천성이라는 의미다. 20대와 30대를 불꽃처럼 살며 송나라 중흥을 모색했다. 27세 연상인 40대 후반의 왕안석이 황제를 보필하여 개혁을 통한 새로운 송나라 건국을 추진했다.

왕안석(王安石)은 '돌처럼 단단하게 받쳐 주어 편안하게 한다'는 이름이다. 신중하고 사려 깊은 젊은 황제와 무엇이든 치밀하고 과감하게 추진하는 장년의 재상이 환상적인 짝꿍을 이룬 것이다. 왕안석의 본적은 무주(撫州)의 임천(臨川)이다. 자는 개보(介甫)다. '큰 것을 끼워 놓는다'는 의미다. 국가의 동량지재(棟梁之材)에 걸맞은 의미다. 모든 것이 다 지붕 위로 나와 햇빛을 보며 눈비를 맞고자 하면 어느 것이 기둥이 되고 대들보가 되겠는가. 왕안석은 신종 황제의 통치 기간을 채워 줄 '크고 믿음직스러운' 대들보이자 주춧돌이었다. 그를 이어 신법 정신을 구현한 신법당은 채확, 여혜경, 장돈, 채경 등이다.

채확은 굳을 '확(確)'이다. '돌처럼 단단하고 굳세다'는 뜻이다. 무엇을 하든 확실하게 매듭짓는다는 뜻이다. 여혜경(呂惠卿)은 '혜택을 두루 미치는 벼슬아치'다. 나라와 백성을 모두 이롭게 하는 좋은 벼슬아치라는 의미다. 장돈(章惇)은 '후덕(厚德)하다'는 이름이다. 관리가 훌륭한 생각을 해야 비로소 세상이 올바로 굴러가게 되어 있다. 채경(蔡京)은 '큰 창고'를 암시하는 이름이다. '근심한다'는 뜻도 들어 있다. 수도에 머무는 높은 관리가 백성을 걱정하고 세상을 염려해야만 지방 구석구석의 백성들이 안심하고 살 수 있지 않을까. 신법의 개혁 정신과 애민애국 사상에 딱 들어맞는 이름들이다. '돌다리를 놓아 안심하고 건너게 한다'는 왕안석의 후예들다운 좋은 이름들이다.

특히 채경(蔡京 : 1047~1126)은 79세까지 장수하며 신법당의 영향력 증대와 신법 정신의 확산에 진력했다. 그는 선유(仙游 : 복건성) 출신으로 지략과 통솔력이 남달랐다. 신종(神宗) 사후 휘종(徽宗) 대에 재상이 되어 자그마치 네 차례나 재상을 역임했다. 52세 이후 16년간 재상을 지내며 여진족의 금나라와 동맹하여 숙적인 거란족의 요를 멸망시켰다. 하지만, 휘종의 사치를 조장하여 국고를 바닥내고 이를 메우기 위해 증세를 강행한 탓에 민심의 동요를 가져왔다. 정적인 구법당을 철저하게 탄압한 탓에 흠종(欽宗)이 즉위하자, 국난을 초래한 6적의 괴수로 몰려 실각 후 유배형에 처해졌다. 유배지인 담주(儋州 : 해남도)로 가는 도중 담주(潭州 : 호남성)에서 병사했다.

그의 자는 원장(元長)이다. '제일 오래간다'는 그의 자(字)처럼 그는 80세 가까이 살았다. 그리고 민심의 이반을 초래하고 정적에 의해 역적에 준하는 죄목(罪目)을 뒤집어썼지만, 처형을 면한 채 귀양을 가다가 병사하고 말았다. 객사했다기보다 차라리 자연사했다고 보는 것이 옳을 것이다. 자(字)의 의미가 그의 긴 일생과 다행스러운 최후를 가늠하게 하고 있다.

왕안석의 정적인 사마광(司馬光 : 1019~1086)은 하현(夏縣 : 산서성)의 속수향(涑水鄕) 출신이라 속수선생(涑水先生)으로도 불리고, 사후에는 온국공(溫國公)에 봉해져 사마온공(司馬溫公)으로도 불렸다. 20세에 진사가 되어 한림학사(翰林學士), 어사중승(御史中丞) 등을 역임하며 출세 가도를 달렸다. 하지만, 2세 연하인 왕안석이 실권을 쥐고 신법을 강행하자 이를 반대하고 추밀부사(樞密副使)에서 사퇴한 후 낙향했다. 역사서인 〈자치통감(資治通鑑)〉을 쓰고 있던 중이었다.

신종은 그가 낙양에 머물며 책을 완성하도록 원조를 아끼지 않았다. 신종이 죽기 한 해 전인 1084년에 총 20권의 〈자치통감〉을 완성했다. 신종이 죽고 어린 철종이 즉위하자 황제의 조모인 선인태후(宣仁太后)가 섭정을 맡았다. 태후는 신법을 싫어한 탓에 사마광을 다시 불러 구법으로 회귀하게 했다. 철종의 연호를 따서 사마광은 '원우(元祐)의 재상(宰相)'으로 불리며 화려하게 복귀했다. 하지만, 몇 달 후 그가 세상을 뜨자 구법당 득세도 자연히 막을 내리게 되었다. 그 후 휘종이 등극하자 신법당이 다시 득세했다. 사마광은 블랙리스트(black list)에 해당하는 '원우(元祐)의 당적(黨籍)'에 올라 모든 공로가 격하되고 말았다.

그의 이름은 '빛난다, 빛을 발한다'는 뜻이다. 편년체(編年體) 역사서의 으뜸으로 통하는 〈자치통감(資治通鑑)〉을 남겨 불후의 이름을 후세에 전했으니 당연히 '빛을 발한 것'이다. 자는 군실(君實)이다. 참으로 신기하지 않은가. '임금으로 하여금 결실을 맺게 한다'는 뜻이다. 신종 스스로 '다스림에 거울을 삼으라'는 의미에서 〈자치통감〉으로 이름을 붙인 역사서를 남겨 결국 신종의 가장 큰 업적이 되게 했으니, 실로 '군주로 하여금 열매를 맺게 한 것'이 아닌가.

〈자치통감〉은 아버지인 영종 대에 시작하여 장장 19년(1065~1084)에 걸쳐 편찬한 역사서다. 주(周)나라 위열왕(威烈王)이 진(晉)나라 3경(三卿)을 제후로 인정한 BC 403년부터 5대(五代) 후주(後周)의 세종(世宗) 때인 960년까지 1362년간의 역사를 1년씩 묶어서 편찬했다. 사마광이 먼저 8권을 편찬하자 영종이 편찬국(編纂局)을 개설하고 적극 후원했다. 유반(劉攽), 유서(劉恕), 범조우(范祖禹)가 일정 분량씩 떠맡아 편찬을 도왔다. 정사(正史)는 물론이고 실록, 야사(野史), 소설(小說), 묘지류(墓誌類) 등 322종의 각종 자료를 참고로 〈춘추좌씨전(春秋左氏傳)〉의 서법(書法)에 따라 완성했다. 중요한 기사에는 '신광왈(臣光曰)'이라고 하여 사마광 자신의 평론을 덧붙였다. 편년에 있어서는 3국의 경우에는 위(魏)나라 연호를 쓰고, 남북조의 경우에는 남조(南朝)의 연호를 써서 위와 남조가 각각 정통(正統)임을 명시했다. 사마광 스스로 〈통감고이(通鑑考異)〉 30권을 지어 사실의 고증에 참고가 되게 했다. 또 〈계고록(稽古錄)〉 20권을 지어 부족한 내용을 보충하기도 했다. 이를 보더라도 사마광이 얼마나 분석적이고 객관적인 안목을 유지하려고 노력했는가를 엿볼 수 있다.

결국 왕안석은 신법으로 이름을 남겼고, 사마광은 〈자치통감〉으로 불후의 이름을 후세에 남겼다. 얼마나 공평한가. 왕안석은 자신의 개혁 의지를 남겼다. 정적인 구법당의 사마광은 역사서를 남겨 '과거 역사에서 얼마든지 많은 것을 배울 수 있음'을 극명하게 드러내 주었다. 혁신과 보수의 발자취가 그런 식으로 결실을 맺게 한 것이다. 결국 신법과 구법은 거울의 양면이었던 것이다. 유리 뒤에 빛의 투과를 막아 주는 단단한 막이 있어야만 비로소 거울이 탄생되는 게 아닌가. 빛을 가로막아 주는 것이 있어야만 비로소 그 빛이 사물을 밝게 드러내 주는 것이다.

신법당이니 구법당이니 하는 정쟁(政爭)만 없었어도 그는 67년의 전 생애 동안 화려한 입신양명(立身揚名)을 누렸을 것이다. 신법당은 혁신적인 남방의 하급 관료들이 주축이 되었지만, 구법당은 화북의 대지주들이나 대상인 출신들이 많았다. 당연히 구법당이 훨씬 더 강력한 권력 기반을 지닐 수 있었다. 하지만, 임금이 신법을 통해 업적을 쌓으려 하자 구법당은 자연히 도태되고 케케묵은 구시대적 발상으로 내몰리게 되었다.

사마광의 아호는 우부(迂夫) 혹은 우수(迂叟)다. 아호의 의미가 참으로 기이하다. 멀 '우(迂)'에는 '거짓'이라는 뜻과 '잘못한다'는 의미가 내포되어 있다. 느낌이 별로 안 좋은 글자다. 아무리 좋게 해석해도 '일부러 멀리 돌아가는 사람'이라는 뜻이다. 사마광의 일생이나 그의 사후 평가가 마치 그런 식의 '일부러 멀리 돌아가는' 모습이었다는 뜻인가. 사마광은 잠시 몰락했을 뿐 송나라가 끝나기까지 명신(名臣)으로 인정받았다.

명(明)나라 영락제(永樂帝)의 바다 비단길(Sea Silk Road) 개척

홍건적과 백련교의 배경을 지닌 주원장(朱元璋)의 아들인 탓인

지, 명나라 3대 황제인 영락제(永樂帝 : 1360. 5~1424. 8 / 재위 1402
~1424) 주체(朱棣)는 즉위 후 가장 역점을 둘 사업으로 바닷길 개척
을 선택했다. 몽골 계통의 티무르(Timur : 1336~1405 / 재위 1369~
1405)가 일어나 중앙아시아를 통일하고 터키, 지중해, 인도까지 세
력을 넓히며 동서 교통로를 장악하자 하는 수 없이 뱃길을 개척해야
했다. 소위 몽골족의 세계 제국 영광을 상기시킬 만한 티무르제국의
등장이었다.

티무르, 즉 첩목아(帖木兒)는 칭기즈칸의 후예와 결혼하여 큐레겐
(사위)으로 불리며 처음에는 칭기즈칸의 손자인 토크타미시를 대한
(大汗 : 칸)으로 세우고 자신은 아미르(태수) 칭호로 만족했다. 하지
만 곧 세계 제국의 야심을 드러내며 아제르바이잔, 그루지야, 아르
메니아, 페르시아, 메소포타미아, 터키, 인도 등지를 원정했다. 영락
제 입장에서는 뱃길을 개척하는 길밖에는 다른 방도가 없었다.

조카인 2대 황제 건문제(建文帝 : 1383~1402 / 재위 1398~1402)
를 몰아내고 황제가 되기 위해 3년간 내전(1399~1402)을 치렀다. 소
위 정난(靖難)의 변(變)이었다. 15세에 즉위한 형인 의문태자(懿文太
子)의 아들을 수도인 남경성(南京城) 안에 가두어 19세의 나이로 불
타 죽게 만들었다. 어린 황제는 그저 권신(權臣)인 황자징(黃子澄)과
방효유(方孝孺)의 계책을 따른 것뿐이었다. 하지만 방효유는 영락제
에게 협조하기를 거부하다가 역적으로 몰려 극형에 처해졌다. 그와
직간접으로 인연이 닿은 847명이 연좌되어 죽은 참혹한 옥사(獄事)
였다. 방효유의 저서들도 황제의 명령에 의해 모조리 불태워지고 말
았다.

30여 년 동안(1405~1433) 바닷길 원정을 강행한 정화(鄭和 :
1371~1435)는 영락제와의 관계로 보면 방효유와 정반대의 경우에

속한다. 고향 땅인 운남성(雲南省)의 곤양(昆陽)이 명나라에 함락되자 명군(明軍)의 포로가 되었다가 당시 북경을 권력 기반으로 삼고 있던 연왕(燕王)에게 발탁되었다. 그는 이미 명군(明軍)에 의해 강제로 환관이 되어 있었다. 그가 섬기게 된 연왕은, 조카인 건문제가 즉위하자마자 태조 홍무제가 봉한 다섯 왕들(왕자들)을 폐하자, 위기를 느끼고 반란을 일으켰다. 명분은 '간신을 제거하고 명 왕조를 안전하게 한다'는 것이었다. 연왕이 영락제로 즉위하자 운남의 포로에 불과하던 정화에게도 출세 운이 주어졌다. 환관을 관장하는 내관감 태감(內官監太監)으로 발탁되어 본성인 마씨(馬氏) 대신 정씨(鄭氏) 성을 하사받았다.

곧이어 남해 원정의 총지휘관이 되어 60척 이상의 대함선과 3만 명에 육박하는 선원 군단을 이끌고 7차에 걸쳐 원정했다. 30대 중반에 바다로 뛰어들어 60대 중반까지 계속할 원정이었다. 11세 연하의 신하가 황제보다 11년 더 살며 황제 사후에도 바닷길 탐험을 계속했다. 동남아시아를 거쳐 인도, 아라비아반도, 아프리카 동부 해안을 두루 누비며 '세상의 중심이 지중해가 아니라 바로 중원 대륙임'을 만천하에 드러냈다. 자그마치 30여 년의 바닷길 원정으로 30개국에 이르는 나라들을 명나라의 무역 대상국으로 굳혀 놓았다. 대단한 성과였다. 포르투갈 항해가 바스코 다 가마(Vasco da Gama : 1524. 12. 24 제3차 항해 도중 병사 시신은 1583년에야 고국으로 송환)의 인도양 진출(1498)보다 80여 년 이상 앞선 일이었다. 바스코 다 가마는 포르투갈의 리스본을 떠나 아프리카의 희망봉을 거쳐 인도양에 이르렀지만, 정화는 동남아시아와 서남아시아의 연안을 따라 인도양과 아프리카에 이르렀다. 바스코 다 가마는 4척의 배에 170여 명의 선원을 태우고 항해했다. 반면 정화는 62척의 대선단(大船團)에 2만

8천 명에 가까운 수병들을 태우고 항해했다. 명나라의 국운이 달린 중요한 원정이었다. 그 많은 병사를 태우고 간 이유도 동남아시아와 서남아시아 각지에 명나라의 현지 거점을 확실하게 만들어 놓기 위함이었다. 세계 제국의 꿈을 실현하기 위한 거국적(擧國的)인 대역사(大役事)였다.

그러나 영락제가 죽자 뒤를 이은 영락제의 장남인 홍희제(洪熙帝 : 1378~1425) 주고치(朱高熾)는 경비가 많이 든다는 이유로 정화의 항해를 반대했다. 하지만, 국운(國運)이 흥하려는 징조인지 황제는 8개월 만에 47세의 나이로 죽고 말았다. 이어서 등극한 홍희제의 장남인 선덕제(宣德帝 : 1398~1435 / 재위 1425~1435) 주첨기(朱瞻基)는 정화의 항해를 진심으로 이해해 주었다. 그리하여 마침내 마지막으로 정화의 제7차 항해가 실현될 수 있었다.

신기하게도 그 마지막 항해를 적극적으로 후원해 준 황제는 정화가 64세의 나이로 죽자 같은 해에 37세의 나이로 생을 마감했다. 참으로 신기한 일이 아닌가. 선덕제는 결국 정화의 남해 원정을 마무리 짓기 위해 황제로 등극했던 셈이다. 홍희제는 비록 8개월의 통치 기간이었지만 아버지인 영락제가 제거한 사촌 형제인 건문제(建文帝)의 측근들을 명예 회복시켜 화해의 제스처(gesture)를 보냈다. 아버지가 맺어 놓은 원한을 아들이 풀어 준 셈이다. 그래서 베트남 지배를 포기하고 몽골족에 대한 방위선을 만리장성 안쪽으로 후퇴시켜 바닥난 국고를 다시 채워 놓은 아들 선덕제(宣德帝)와 더불어 '인선(仁宣)의 치(治)'로 칭송되었다. 선정(善政)을 베풀어 내치에 힘써 나라를 안정시키고 백성의 삶을 편안하게 해주었다는 칭송이다. 홍희제의 묘호(廟號)인 인종(仁宗)과 선덕제(宣德帝)의 머리글자를 따서 지은 것이다.

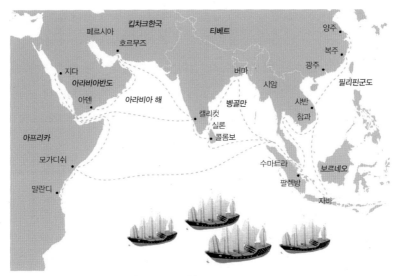

[그림 6] 화합과 통합의 전도자 정화의 바다 비단길 개척

선덕제의 7차 항해 지원으로 정화 일행은 아프리카 동부 해안과 페르시아만까지 항해했다. 그리고 이슬람 성지인 사우디아라비아의 메카(천방 : 天方)를 방문했다. 정화 스스로 이슬람교도 가문 출신이었기 때문에 메카 순례는 여러모로 의미 있는 일이었다. 정화와 함께 명나라 조정이 이슬람 성지를 방문한 것과 같은 일이었다. 이로써 명나라는 '도자기의 길' 혹은 '바다의 실크로드'라고 불리는 남해 항로를 개척하게 되었다. 거칠고 위험한 북방의 비단길보다 몇 곱절 더 중요하고 안전한 남해 항로의 발견이었다. 3만 명에 가까운 병사들이 함께 어우러져 오고 갈 수 있는 비단길인데 얼마나 편리하고 효율적인가. 실로 혁명적인 발견이자 기적적인 일이었다.

두 번째 항해(1407~1409)에서는 인도네시아의 자바섬, 태국, 인도 캘커타와 코친(포르투갈 항해가인 바스코 다 가마가 죽은 곳) 등을 거쳐 돌아오는 길에 실론섬에 들렀다. 1911년 실론섬의 가례라는 곳에서 한문, 타밀어(현지어), 페르시아어(당시의 국제어)의 3개 언어로 새긴 비석(碑石)이 발견되었다. 문헌적 기록이 없어 아쉽지만, 5백 년 뒤에 발견된 비석을 통해 정화의 대선단이 실론섬에 머물렀다는 사실을 확인하게 되었다. 정화를 수행했던 비신(費信)과 공진(鞏珍)은 각각 〈성차승람(星嵯勝覽)〉과 〈서양번국지(西洋番國志)〉라는 견문기를 남겼다. 4, 6, 7차 원정에 동행했던 절강성의 소흥(紹興) 출신 이슬람교도인 마환(馬歡)은 〈영애승람(瀛涯勝覽)〉에서 20여 개국의 문물, 풍속, 제도, 주민 등에 관한 상세한 기록을 남겼다. 이들의 견문기를 통해 중국인들은 남중국해에 대해 많은 지식과 정보를 얻게 되었다. 동남아 각 지역에 정착하여 경제적 영향력을 지니게 된 화교(華僑)들의 뿌리에는 바로 정화의 남해 항로 개척이 있었던 것이다.

영락제는 북평(北平)을 북경(北京)으로 고친 후 수도를 남경에서 북경으로 옮겨 나라의 국운을 북방으로 활짝 열어 놓았다. 재위 19년(1421)만에 단행한 역사적으로 대단히 뜻깊은 일이었다. 문화적으로는 2만여 권의 도서를 편찬하여 주자학(朱子學)을 국가교학(國家教學)으로 자리 잡게 했다. 산동성 제녕(濟寧)과 임청(臨淸) 사이의 회통하(會通河)를 뚫어 곡물 등의 물자가 대운하를 통해 원활히 운송되게 했다. 또 티베트, 베트남, 귀주(貴州) 등지를 직할 통치하에 두었다. 동북 경계를 흑룡강 하류와 장백산(長白山) 북쪽으로 넓혀 놓았다. 실정막부(室町幕府 : 무로마치바쿠후)의 3대 장군인 족리의만(足利義滿 : 아시카가 요시미쓰)을 일본 국왕에 봉해 조공을 바치게 하고, 왜구의 약탈을 억제하도록 했다. 또한 고비사막 북쪽을 다섯 차례나 직접 원정하여 몽골족의 침략을 막았다. 영락제는 결국 그 마지막 원정에서 돌아오던 중 유목천(榆木川 : 몽골 자치구)에서

64세에 병사했다. 42세에 즉위하여 22년간 통치하며 명나라를 세계 대제국으로 발돋움하게 해 놓았다. 15세기 도입 부분에서 다민족국 가의 여러 난점(難點)을 극복하고, 변방을 넓히고 다스리며 마침내 바다의 실크로드까지 활짝 열어 놓았다. 15세기 초의 혁혁한 수성 (守城)이자 빛나는 위업(偉業)이었다.

영락제의 이름은 주체(朱棣)다. '통한다, 침착하다'는 의미가 곁 들여진 산앵두나무 '체(棣)'다. 또한 정화(鄭和)의 이름은 화합할 '화 (和)'다. 세계의 바다를 누비며 물설고 험난한 땅을 30여 년이나 돌 아다녔다. 실로 굉장한 화해와 통합의 전도자였다. 그는 복선(福善) 이라는 이름도 지니고 있었다. 행복을 실어 나르는 착한 항해자였다 는 말이다. 침략이나 정벌 그리고 약탈이 아니라 견학이고 탐험이 자 모험이었다. 가히 'Chinese Columbus'로 존경받을 만하다. 강인 한 정신력과 타고난 건강 덕분에 30년 원정이 가능했다. 생전에 메 카(Mecca)를 순례하고 싶어 하는 지극한 신앙심이 그의 험난한 항해 를 도왔을 것이다. 모험심과 탐구심으로 가득 찬 만년 소년 같은 마 음이 그를 그토록 오랫동안 바다에 머물게 했을 것이다. '사해(四海) 에 두루 통한다'는 황제의 이름과 '사해(四海)를 두루 다니며 화해와 통합의 정신을 전파한다'는 신하의 이름이 찰떡궁합이 되어 명나라 를 해양 대국으로 재탄생시켜 놓았다.

청나라 강희제(康熙帝)의 18세기 형 통합과 개방

소수민족인 몽골족에 이어 다시 한 번 중원 대륙을 통일한 만주족은 당연히 '소수의 콤플렉스(complex)'에 빠져들 수밖에 없었다. 즉, 적으로 둘러싸여 있다는 생각, 잠재적인 적대 세력으로 포위되어 있다는 생각이 때때로 강박관념으로 변하기 마련이었다. 당연히 황제의 권력, 관료와 군사의 권력으로 해결책을 모색할 수밖에 없었다. 우선 최다수 민족인 한족의 자긍심을 억눌러야 했다. 그리고 만주족을 겨냥한 각종 기록을 모두 지워야 했다. 문화적·정신적 통합이 가장 중요하다는 것을 잘 알기에 만주족 왕조인 청조는 만한일치정책(滿漢一致政策)을 힘겹게 펼쳐 나갔다. 하지만, 그것은 허울일 뿐이고 실제로는 한족을 만주족화 해야만 천 년 왕국을 이룩할 수 있다고 확신했다. 한족을 만주족과 동화시켜 나가야만 다수 민족인 한족의 반감과 적대를 무마시킬 수 있다고 생각했다. 물론 국가 운영의 기본은 '모든 민족의 만주족화'에 있었다. 만주족이 중심이 되고 만주족 문화가 뼈대가 되는 동화정책(同化政策)이자 일체정책(一體政策)이었다.

그런데 특이하게도 청조의 4대 황제로 등극한 강희제는 기본적으로 그 방향이 달랐다. 만주족의 한족화(漢族化)에 오히려 눈을 크게 뜨고 황제 스스로 유학자로 변신하려 노력했다. 무력과 권력으로는 만주족이 군림했지만 문화적·정신적으로는 한족이 군림해야 비로소 통합과 개방이 가능하다고 여겼다. 숫자 면에서 우월한 한족의 위치를 본 것이 아니라 사실은 한족이 지배해 온 중원 대륙의 속성과 특질을 제대로 간파하고 있었던 것이다. 한(漢)나라 이후 국가교학(國家敎學)으로 자리 잡아 온 유학(儒學)으로 눈을 돌리게 되었다. 황제 스스로 어릴 적부터 유교적 교육을 받았다. 즉위 후 16년째인 24세 때(1678) 박학홍사과(博學鴻詞科)라는 과거의 특례를 열어 유학자들의 관료 사회 진출을 용이하게 했다. 또한 유학자들을 지원하여 수많은 서적을 편찬하게 했다. 〈강희자전(康熙字典)〉이나 중국 역사상 최대 분량인 〈고금도서집성(古今圖書集成)〉 등이 그 대표적인 업적이다.

이슬람력인 회회력(回回曆)을 없애고 서양력(西洋曆)을 채택하여 세계화를 위한 기초를 닦았다. 예수회 선교사들(예 : F. 페르비스트)로부터 유클리드, 아르키메데스의 기하학과 수학을 받아들이고 또한 의학, 철학 등의 제(諸) 지식을 수용하여 지식 정보의 지평을 한층 넓혀 놓았다. 이들의 지식과 경험을 바탕으로 전국의 지리를 측량하게 하여 최초로 위도(緯度)를 표시한 〈황여전람도(皇輿全覽圖)〉를 만들게 했다. 통합과 개방을 위한 강희제의 여러 노력은 황제의 과감한 세계화 의지에 감동한 선교사들에 의해 많은 기록으로 남겨져 전 세계로 퍼져 나갔다.

그는 내치와 외치에도 남다른 공을 들였다. 60년이 넘는 재위 기간인 데다 8세에 즉위하여 68세에 죽기까지 그 영향력과 권위를 잃지 않았기 때문에 황제의 통합과 개방을 위한 의지는 곳곳에 깊숙이 스며들어 갔다. 장정세(壯丁稅)의 폐지를 통해 조세를 경감하여 국민의 생활을 안정되게 이끌었다. 인두세(人頭稅)를 정액화(定額化 : 1712)하여 세수 정책을 더욱 합리화했다. 강희제의 치세 기간에 백성들의 세금을 면제해 준 총액이 자그마치 1억 냥(兩) 이상이었다. 뿐만 아니라 그는 황하강(黃河江)의 치수를 비롯해 주요 하천을 정비하여 배를 통한 수송과 교통을 더욱 편리하고 원활하게 했다. 또 탐관오리를 대대적으로 숙청하여 민심을 근본적으로 수습했다. 15세 때부터 섭정을 물리치고 친정을 베풀며 먼저 삼번(三藩)의 난(亂)(1673~1682)을 평정하여 국가의 완전한 통합을 이룩해 놓았다. 대만을 20년간이나 점거하고 있던 정성공(鄭成功) 일당을 토벌(1684)

하여 국가의 통치 기반을 더욱 공고히 했다. 이로써 운남(雲南), 광동(廣東), 복건(福建)에 이어 대만(臺灣)이 청조의 통치권 안에 귀속되게 되었다. 그리고 내환(內患)으로 인한 국고(國庫)의 과다한 지출을 막을 수 있게 되자 순식간에 국가재정이 건실하게 되었다.

흑룡강(黑龍江 : 헤이룽강, 아무르강) 방면의 러시아를 몰아내고, 러시아와 중국 역사상 최초의 대외 조약인 네르친스크조약(Treaty of Nerchinsk : 1689)을 러시아의 네르친스크[니포초(尼布楚)]에서 맺었다. 스타노보이산맥(Stanovoi Mountains), 흥안령산맥(興安嶺山脈, 싱안링산맥), 액이고납하(額爾古納河, 아르군강)를 양국의 경계로 정해 불명확하던 국가 경계를 더욱 확실하게 해 놓았다. 또한 17세기 중엽 이후 활발해진 러시아의 남하 정책을 효과적으로 봉쇄하려 영구진지(永久陣地)인 애혼성(愛琿城)을 구축했다. 국경선을 확정 짓고 밀입국자 처리 문제를 정해 놓았다. 그리고 양국 간의 통상 자유를 보장했다. 이로써 동방의 중심이자 세계의 중심을 자처하는 중국이 유럽과 아시아에 걸쳐 있는 세계 강국인 러시아와 국경선을 놓고 조약을 맺은 것이다. 서역 이슬람권, 몽골고원, 티베트로 국경을 넓히며 내지화·속국화에 분주하던 중원 대륙이 마침내 가장 긴 국경선을 공유한 러시아와 대등(對等)한 외교 관계를 갖게 된 것이다. 강희제의 성공적이고 진취적인 북방정책(北方政策)의 산물이었다.

상대는 러시아 역사상 가장 광활한 영토를 확장한 표트르대제(Pyotr 1세 : 1672. 6. 9~1725. 2. 8 / 재위 1682~1725)였다. 로마노프 왕조의 제4대 황제로 등극한 그는 황제의 후처 태생으로 10세 때 궁중혁명이 일어나 궁궐에서 쫓겨나야 했다. 모스크바 근교의 한 마을에 살며 정규교육을 전혀 받지 못했다. 하지만 황제가 된 뒤 러시아에 거주하던 외국의 과학자와 지식인들로부터 포술(砲術), 조선술

(造船術) 등 각종 지식과 기술을 습득했다. 이복형인 이반 5세, 이복누나인 소피아와 함께 정무를 관장하다가 네르친스크조약이 맺어진 해(1689)부터 전권을 장악하게 되었다. 그 후 16세기 후반부터 동진을 시작한 러시아는 그가 집권하기 이전에 벌써 태평양에 진출해 있었다. 그는 실권을 장악하자마자 동진과 남하를 정력적으로 추진하여 바이칼호, 연해주, 캄차카반도까지 영역을 넓혀 놓았다. 서유럽 각국으로 파견한 사절단의 일원으로 변장한 후 각국의 문물을 직접 배우기도 하고 또 스스로 직공으로 들어가 선진 기술을 익히기도 했다. 총병대(銃兵隊)의 반란 소식을 듣고 급히 귀국해야 했지만, 초인적인 정력으로 자신의 탐구심과 모험심을 채워 나가는 대단히 특출한 사람이었다. 새 수도인 상트페테르부르크(표트르의 도시)를 건설하여 '유럽을 향한 창구'로 활용했다. 이처럼 부국강병에 심혈을 기울인 덕에 원로원은 그에게 '황제(皇帝 : 임페라톨 1721)' 칭호와 '대제(大帝)' 칭호를 붙여 주었다. 이처럼 강희제는 바로 러시아 제국 최고의 지도자를 만나 국경선을 확정 짓고 중국 역사상 최초로 국가 간 조약을 체결한 것이다.

42세 때(1696)는 서몽골족(오이라트) 중가르(Jungar : 오이라트족 부족 집단)부(部)의 부장(部長)인 갈단[(Galdan, 갈이단(噶爾丹), 1649~1697)]이 몽골 지역을 침범하자 직접 정벌에 나서 차오모도[소초다(昭草多)]에서 격퇴했다. 갈이단(噶爾丹)은 이듬해 알타이 산중에서 자결했다. 갈이단은 달라이 라마의 지지를 등에 업고 라마교를 국교로 한 중가르 세계 국가를 꿈꾸었다. 그는 28세 때 오이라트 전 부족의 수장이던 장인을 죽이고 중가르 왕국을 세웠다. 스스로 칸(한 : 汗)이라 칭하며 알타이를 넘어 몽골을 침략했다. 하지만, 곧 적봉(赤峰)에서 청군에 참패하고, 그 후 6년 뒤에 강희제의 친정(親

征)으로 완전히 와해되고 말았다. 명나라 때에 황제인 영종(英宗)을 사로잡기까지 하며 만주로부터 중앙아시아에 이르는 광대한 영역을 지배하던 서몽골족(오이라트)은 청조에 들어와서도 계속해서 가장 큰 위협이었다.

갈이단의 형인 갈이단책릉(噶爾丹策凌, 갈단첼렝 : 1745년 사망)으로 이어지며 티베트를 침략하는 등 계속해서 청조를 괴롭혔다. 하지만, 강희제의 뒤를 이어 옹정제와 건륭제가 계속해서 정벌에 나서자 후에는 알타이산(山)을 경계로 청조의 한 번부(藩部)로 정착되어 갔다. 송나라 악비(岳飛) 장군의 17세손으로 알려진 천섬총독(川陝總督)인 악종기(岳鍾琪 : 1686~1754)는 강희제, 옹정제, 건륭제를 섬기며 오이라트족 중가르부의 침략을 진압했다. 특히 티베트가 침략 당했을 때 출정하여 즉시 격퇴했다.

악종기(岳鍾琪)는 사천성의 성도(成都) 출신이다. 자(字)는 동의(東義)다. 천섬총독 시절에는 배만사상(排滿思想)으로 무장한 유학자인 증정(曾靜)의 반란에 연루되었다가 자칫 목숨을 잃을 뻔했지만 다행히 삭탈관작으로 끝나고 말았다. 하지만, 옹정제를 이은 건륭제의 사면으로 복직되어 청조에 충성을 다했다. 25세 연하의 건륭제(乾隆帝 : 1711~1799 / 재위 1735~1795)가 24세에 즉위하여 44세(1731)에 삭탈관작된 악종기를 49세에 다시 복직하게 한 것이다. 악종기(岳鍾琪)의 이름 속에는 '모은다, 거듭한다'는 의미가 곁들여져 있다. 변방의 이민족과 내부의 반란을 진압하며 평생을 바쳤다. 되풀이해서 잃어버린 땅과 백성을 한데 모으는 일을 했다. 자는 동의(東義)다. '동방의 의로운 빛'으로 서남(西南)의 변방을 지켰다. 참으로 신기한 일이다. '동방의 의로운 칼'을 지닌 그가 변방의 외환을 막는 역할을 했다는 것이 아무리 생각해도 신비롭기만 하다. 더욱이 청조의 전성기로 알려진 '강희건륭시대(康熙乾隆時代 : 1662~1795)'를 통틀어 '동방의 의로운 칼'로 당당히 서 있었다.

만주족 정권인 청조는 정복 왕조였음에도 불구하고 거란의 요, 여진의 금, 몽골의 원과는 달리 위압적 수단과 회유 방식을 적절히 병행하여 교묘하게 한족을 다스렸다. 당근과 채찍을 통한 더욱 개량화된 통치 전략이었다. 모든 왕조처럼 철저한 금서 목록 관리와 지속적인 검열 및 단속으로 문화 및 사상을 통제했다. 하지만, 강희제 때는 그래도 가장 개방적이고 통합적인 편이었다. 과거제도를 통한 한인 엘리트(elite) 충원(充員) 이외에 박학홍사과(博學鴻詞科)를 새로 두어 한족의 중견 지식인들을 국정에 참여시켰다. 북송의 굉사과(宏詞科)와 남송의 박학굉사과(博學宏詞科)를 모방한 것으로, 박학홍사(博學鴻詞)란 '학문에 박식하고 문장에도 웅대하다'는 뜻이다. 강희제는 칙령(勅令)을 내려 학행(學行)을 겸비하고 문장이 뛰어난 인재를 구하기 위해 대유(大儒) 143명을 응시하게 했다. 시부(詩賦)를 주로 시험하여 1등 20명과 2등 30명을 급제시켜 한림관(翰林官)에 임명했다.

한족의 양이사상(攘夷思想)과 화이사상(華夷思想)은 그 뿌리가 워낙 깊어 청조 역시 국정의 기본 방침 속에 대한족유화정책(對韓族柔化政策)이 필수적으로 들어갈 수밖에 없었다. 강희제는 민중 교화를 위해 성론(聖論) 16조를 지어 보급했다. 옹정제는 아버지의 16조에 1만 자(字)의 해석을 붙여 성론광훈(聖論廣訓)으로 공표(1724)했다. 민중으로 하여금 향리에서 지켜야 할 도덕과 의무를 깨달아 각자의 본분을 준수토록 하기 위한 내용이었다. 옹정제는 청조의 정통성을 강조하기 위해 칙령으로 〈대의각미록(大義覺迷錄)〉(1729)을 간행하여 보급했다. 주자학자인 여유량(呂留良 : 1629~1683)의 화이

사상(華夷思想)을 배운 증정(曾靜)이 배만(排滿)을 명분으로 거병(舉兵)하려다가 체포된 사건이 계기였다. 옹정제는 청조의 정통성을 주장하는 논설에 증정(曾靜) 일당의 신문(訊問)에서 나온 문답 그리고 전향(轉向)에 이른 경과 등을 기술하여 필독서(必讀書)로 간행했다. 옹정제는 여유량의 학설을 위험한 것으로 금지했지만, 그를 이은 건륭제는 아예 여유량의 무덤을 파헤치고 그의 일족을 처형했다. 순수 주자학자로서 이민족인 청조에 사역되기를 거절하고 스스로 승려가 된 사람이다. 그러므로 의용군을 조직하여 청군에 대항했던 주자학자인 황종희(黃宗羲 : 1610~1695)와 교류하기도 했다.

여유량(呂留良)의 이름은 '어진 천성으로 머문다'는 뜻이다. 광륜(光輪)으로도 불렸다. '빛을 발하는 수레바퀴'라는 뜻이다. 자는 장생(莊生) 혹은 용회(用晦)라고 했다. '엄숙하게 살아간다'는 뜻과 '우매한 것을 잘 사용한다'는 의미다. 아호는 만촌(晚村)이다. '해 저문 마을'이다. 전형적인 학자의 이름이다. 세상에 유익을 미치며 살겠다는 각오가 깃든 의미들이다. '해 저문 마을'이라는 아호는 마치 죽은 후 묘지가 파헤쳐지고 그 일족이 처참하게 죽게 될 것을 암시하는 의미 같기도 하다.

그와 잠시 교류했던 19세 연상인 황종희(黃宗羲)는 자(字)가 태충(太沖)이다. 아호로는 남뢰(南雷)와 이주(梨洲)를 사용했다. 이름인 종희(宗羲)는 '끝 숨'이고 자(字)인 태충(太沖)은 '깊은 물'이다. 두 개의 아호는 각각 '남쪽 하늘을 울리는 천둥'과 '배나무 섬'이다. 명나라 말기에는 환관들의 횡포에 저항하는 정치 운동을 펴기도 했다. 그러다가 청조가 들어서자 이민족 군주에게 충성할 수 없다며 고향 청년들 수백 명을 모아 무장투쟁을 벌이다가 낙향하여 독서와 저술에만 몰두했다. '천둥처럼 살기도 하고, 깊은 물처럼 고요하게 지내기도 한 삶'이었다. '끝 숨'처럼 아슬아슬하게 살기도 하고, '배나무 섬'처럼 스스로 자족하며 살기도 했다. 입신양명은 스스로 접었지만, 85세까지 장수하며 박람(博覽)과 실증(實證) 중심으로 학문하는 전통을 만들어 청조의 학풍에 지대한 영향을 미쳤다. 청조의 학풍을 대변하는 19세기 고증학(考證學)의 발달은 그의 학풍을 귀감으로 삼은 바가 컸다. 명대(明代)의 철학사인 〈명유학안(明儒學案)〉과 군주 독재를 신랄하게 비판한 〈명이대방록(明夷待訪錄)〉이 특히 유명했다.

〈명이대방록〉은 청말의 입헌군주제 주장과 민주혁명사상에 많은 영향을 미쳤다. 명나라를 자신의 유일한 왕조로 여겨 명사(明史) 편찬 시에는 아들과 제자들을 명사관(明史館)에 보내 역사 서술을 돕도록 했다. 한마디로 '천둥과 깊은 물', '끝 숨과 배나무 섬'을 적절히 조화시킨 긴 생애이자 긴 그림자였다.

여유량과 황종희는 똑같이 절강성 출신이다. 여유량은 석문(石門) 출신이고 황종희는 여요(餘姚) 출신이다. 황종희의 아버지인 황존소(黃尊素)는 동림당(東林黨) 탄압 때 옥사했다. 황종희는 아버지의 동림당을 이은 문학적 결사(結社)인 복사(復社)에 가담하여 환관파 배척운동(排斥運動)을 편 적이 있다. 아버지는 만력제(萬曆帝 : 재위 1572~1620)를 이어 등극한 천계제(天啓帝 : 재위 1620~1627) 때 환관인 위충현(魏忠賢)이 주도한 동림당 탄압으로 희생되었다. 아버지는 북송의 유학자인 양시(楊時)의 동림서원(東林書院)을 재건하고 고학부흥(古學復興)의 기치 아래 진보적이고 비판적인 학풍을 일으킨 고헌성(顧憲成), 추원표(鄒元標), 조남성(趙南星), 고반룡(高攀龍) 등과 교류하다가 옥사했다.

청조가 얼마나 문화와 사상을 통제하는 데 혈안이 되어 있었던

가는 문자(文字)의 옥(獄)에서 극명하게 드러난다. 강희건륭시대 (1662~1795)에 일어난 필화사건(筆禍事件)을 지칭하는 말이다. 단순한 금서 발표나 필화사건이 아니었다. 한족의 뿌리 깊은 양이사상 (攘夷思想)을 발본색원(拔本塞源)하려는 청조의 통치적 의지의 발현 (發顯)이었다. 강희제 때는 명대의 고사(古事)를 연구하며 명나라 멸망 후에 존속한 남명(南明)의 연호 영력(永曆)을 사용한 〈남산집(南山集)〉(1711) 때문에 대명세(戴名世)와 그의 일족이 처형당했다. 광동성(廣東省) 조경(肇慶)에서 22세에 즉위하여 37세에 죽은 명나라 마지막 황손인 영명왕(永明王 : 1625~1662 / 재위 1647~1662)의 연호가 바로 영력(永曆)이었다. 대명세는 영명왕의 연호인 영력(永曆)으로 편년체(編年體) 기록을 했다가 멸문지화(滅門之禍)를 당하고 말았다.

절강 부호인 장정롱(莊廷鑨)은 〈명사집략(明史輯略)〉을 편찬했는데, 후에 청조를 비방한 글을 실었다는 참소를 당해 장씨(莊氏) 일족과 편찬에 가담한 74인이 모두 처형되고 말았다. 이를 명사고사건 (明史稿事件 : 1661~1663)이라고 하는데, 이 또한 강희제 즉위 초에 발생했던 필화사건이었다. 옹정제 때는 향시(鄕試)에 출제한 '유민소지(維民所止)'라는 시제(試題) 속에 옹정제를 참수하려는 의도를 풍자적으로 묘사한 내용이 있다는 이유로 사사정(査嗣庭)의 무덤이 파헤쳐지고 그 일족이 참화를 당했다. 왕경기(汪景祺)의 서정수필(西征隨筆)에 얽힌 참화도 옹정제 때 일어났다. 건륭제 때는 숱한 필화사건이 일어났다. 예를 들어 문장가 호중조(胡中藻)는 자신의 시(詩)에서 '한 줌의 심장으로 청탁을 논한다[일파심장논탁청(一把心臟論濁淸)]'고 읊었다가 청조를 비방하는 글이라는 이유로 일족과 함께 처형을 당했다.

강희제가 역사상 가장 긴 통치 기간을 기록하면서도 몇 안 되는 명군(名君)으로 자리매김한 데는 그 나름의 분명한 이유가 있을 것이다. 한족 중심의 왕조처럼 그는 유학을 국가교학(國家敎學)으로 수용했다. 과거제도를 통해 신진 유학도들을 중앙 정치 무대에 진입시켰다. 박학홍사과(博學鴻詞科)라는 특별 고시를 만들어 초야에 묻혀 학문과 교육에 열중하는 중견 유학자들을 대거 중앙 정치 무대에 등장시켰다. 권력 기반이 탄탄한 통솔력 있는 군주가 아니면 감히 상상하기 힘든 혁신적 조치였다. 강희제(康熙帝) 식(式)의 통합이고 개방이었다. 만주족 중심 사상을 과감히 떨쳐 버리고 다수 민족인 한족의 문화와 정신에 스스로 동화한 것이다. 국민 통합과 국가 통일을 위한 통치 의지의 구현이었다. 예수회 선교사들의 지식과 경험을 십분 활용하여 서구의 과학 기술과 지식 정보를 과감히 수용한 것은 강희제 식의 개방이었다. 즉, 황제가 주도한 세계화를 위한 진일보였다. 황제가 보여 준 새로운 창조 정신이자 진취적인 기상이었다. 통합과 개방으로 18세기 초반을 마무리 짓고, 더욱 실증적이고 실천적인 발걸음으로 18세기 중반과 후반을 채우도록 하기 위한 현명한 수성전략(守城戰略)이었다. 아들인 옹정제와 손자인 건륭제를 합쳐 3대가 18세기 전 기간을 채웠다.

강희제의 이름은 현엽(玄燁)이다. '신묘한 빛' 곧 '하늘의 빛'이다. 아들인 옹정제의 이름은 윤진(胤禛)이다. '복을 이어받는다'는 뜻이다. 손자인 건륭제의 이름은 홍력(弘曆)이다. '긴 세월'이다. 참으로 기가 막힌 이름들이다. 강희제가 60년 이상 다스리며 '빛나는 업적'을 높이 쌓아 놓았다. 널찍하고 반듯한 신작로를 닦아 놓은 셈이다. 아들인 옹정제는 비록 10년 동안 다스렸지만 아버지의 '복'을 이어받아 아무 걱정 없이 보냈다. 손자는 다시 64년 동안 길게 다스리며 정말 '길고도 긴 통치 기간'을 기록했다. 강희제는 68세를 누리고 원정에서 돌아오다 진중에서 병사했다. 아들인 옹정제는 57세의 천수를 누렸다. 손자인 건륭제는 자그마치 88세까지 장수했다. 3대가 18세기 중원 대륙을 이끌며 통합과 개방 그리고 실증과 실천의 바람을 일으켜 빗물로 스며들게 했다. 그리하여 17세기 중반에 중원 대륙을 떠맡은 청조로 하여금 100년간의 융성기를 누리게 했다. 그로 인해 19세기를 힘겹게 지나 혁명과 격동으로 가득 찬 20세기를 맞게 했다.

중국 역사상 최대의 백과사전인 〈고금도서집성〉(1725년 완성)은 바로 청조의 문화적 르네상스(Renaissance)였다. 강희제 때 편찬에 착수했다. 옹정제 때 증보·개정하여 최종적으로 마무리를 했다. 1만 권으로 이루어진 방대한 분량이다. 6휘편(彙編), 32전(典), 6109부(部)로 세분하여 각 항목마다 고금(古今)의 모든 문헌을 망라했다. 황제의 칙명으로 진몽뢰(陳夢雷)와 장정석(蔣廷錫)이 총지휘했다. '꿈에 들은 천둥소리'인 진몽뢰(陳夢雷)와 '조정을 지키는 지팡이'인 장정석(蔣廷錫)이 중국 최대의 백과사전을 완성했다. 어떤 지식 정보든 '제 나름의 천둥소리'를 지니고 있다. 꿈에서도 천둥소리를 들을 정도라면 그 어디에 숨어 있는 지식 정보든 모두 찾아 낼 수 있다. '조정을 지키는 지팡이'는 권세와 위엄이 있다. 무슨 설명을 붙이든 그 설명마다 나라의 위엄과 권세가 따라붙기 마련이다. 두 사람의 이름과 맡은 소임이 정말 찰떡궁합이다.

〈강희자전(康熙字典)〉(1716년 완성)은 중국 최대의 한자사전이다. 강희제의 칙명으로 대학사(大學士) 장옥서(張玉書)와 진정경(陳廷敬)이 총지휘하여 5년 만에 완성했다. 단순한 사전이 아니다. 한나라 이후의 모든 창작과 저술을 망라하여 보기를 실어 놓았다. 장옥서(張玉書)는 이름부터가 정말 '옥 같이 소중한 책'이다. 진정경(陳廷敬)은 '조정의 지엄한 훈계'다. 두 사람의 이름이 정말 '자전' 편찬에 딱 어울린다. 장옥서는 책을 값지게 했고 진정경은 책을 위엄 있게 했다. 가치와 위엄을 합쳐 〈강희자전〉이 탄생한 것이다.

〈황여전람도〉는 강희제의 지시에 따라 프랑스 선교사인 J. B. 레지스[(Jean Baptiste Regis, 뇌효사(雷孝思) : 1663~1738)]가 삼각점(三角點)을 사용하여 중국 전체를 측량한 뒤 장장 17년 만에 완성했다. 레지스, 즉 뇌효사(雷孝思)는 35세에 중국에 도착하여 50대 중반까지 중국 전역을 실측하며 지도를 만드는 일에 종사했다. 몽골, 운남, 대만까지 포함하는 어마어마한 대역사였다. 뿐만 아니라 뇌효사는 조선의 지지(地誌)와 역사를 기록한 〈조선잡조(朝鮮雜俎)〉도 남겼다. 그는 또 〈역경(易經)〉을 라틴어로 번역하기도 했다. 7년 연상으로 선배 선교사인 부베[(Joachim Bouvet, 백진(白晉/白進) : 1656~1730)]를 따라 동료 선교사 10여 명과 함께 중국 땅을 밟은 것이 운명적인 대역사를 도맡아 하게 만들었다. 물론 부베, 즉 백진(白晉/白進)도 토지 측량과 지도 작성에 참여했다. 그는 또 강희제의 전기인 〈강희제전(康熙帝傳)〉도 펴냈다.

프랑스 루이 14세(Louis 14 : 1638. 9~1715. 9 / 재위 1643~1715)가 파견한 예수회 선교사들 덕분에 강희제는 유클리드기하학과 해부학도 배우고 수학, 약학, 화학, 천문학, 지리학도 익히게 되었다. 건륭제 때 제소남(齊召南)이 완성한 중국 전역의 하천 지도인 〈수도제강(水道提綱)〉은 〈황여전람도(皇輿全覽圖)〉를 기본으로 하여 만든 것이다. 제소남(齊召南)은 '남쪽을 부른다'는 이름이다. 중국 전역의 하천을 측량하고 조사하며 이국적인 풍물을 많이 체험했을 것이다. '아직 가보지 않은 땅과 하천이 부르는 소리'를 들으며 그 부름에 응해 대륙 전체를 종횡무진으로 쏘다녀야 했다.

　참으로 신기하지 않은가. 중원 대륙의 강희제, 러시아의 표트르대제, 프랑스의 태양왕 루이 14세가 신기하게도 동시대를 통치하며 직간접으로 서로 얽히고설키게 되었다. 표트르대제는 네르친스크조약을 맺어 국경 문제를 해결했다. 루이 14세는 예수회 선교사들을 보내 서구의 신지식과 신정보를 중원 대륙에 심어 놓게 했다. 이로써 강희제는 유럽과 전 세계를 향해 개방과 통합의 손짓을 보낸 것이다. 그리고 중체서용(中體西用)의 첫 걸음을 힘차게 내디딘 것이다. 역사의 전개 과정에는 단 하나의 우연도 존재하지 않는다. 모두 필연으로 엮이고 짜여 있다.

CHAPTER 5.

기록(記錄)의 주인공들

〈춘추(春秋)〉를 남긴 공자(孔子)와

〈여씨춘추(呂氏春秋)〉를 남긴 여불위(呂不韋)

〈사기(史記)〉를 남긴 사마천(司馬遷)

〈자치통감(資治通鑑)〉을 남긴 사마광(司馬光)

〈춘추(春秋)〉를 남긴 공자(孔子)

〈춘추〉는 춘추시대 노(魯)나라의 공자(孔子 : BC 552~BC 479)가 사관의 기록을 바탕으로, 은공(隱公) 원년(BC 722)부터 애공(哀公 : 재위 BC 494~BC 468) 14년(BC 481)에 이르는 기간의 일들을 편년체(編年體)로 엮어 놓은 역사책이다. 중국 최초의 편년사로 간결하고 평이한 서술이 특징이다. 〈춘추〉를 해설하고 보완한 노(魯)나라 좌구명(左丘明)의 〈춘추좌씨전(春秋左氏傳)〉 때문에 더 많이 읽히게 되었다. 공자는 애공 때에 위나라에서 돌아와 정계를 완전히 은퇴하고 오로지 학문과 교육에만 전념했다. 당시 노나라는 내우외환(內憂外患)에 시달리고 있었다. 밖으로는 오(吳)나라와 제(齊)나라의 협공에 시달리고, 안으로는 삼환(三桓)씨로 불린 공족삼가(公族三家)의 세력이 워낙 강대해져 군주의 권위가 제대로 설 수 없었다. 애공 스스로도 월(越)나라의 힘을 빌려 삼환씨를 제거하려다가 오히려 자신이 왕위에서 쫓겨나야 했다.

공자는 창평향의 속읍(昌平鄉 諏邑 : 산동성 곡부) 출신이다. 춘추 말엽을 살며 주(周)나라가 쇠락해지자 주나라 초기로 돌아가 봉건 질서를 다시 제대로 확립해야 한다고 생각했다. 어릴 때 여읜 아버지 공흘(孔紇)은 무장이었다. 어머니는 안징재(顔徵在)다. 공자는 주문왕(周文王)의 아들로 노나라를 창건한 주공(周公)을 흠모하며 청소년 시절부터 학문에 힘썼다. 노나라의 말단 관리로 시작했지만 50세 이후 애공(哀公)의 아버지인 정공(定公)에게 발탁되어 중책을 맡게 되었다. 삼환씨(三桓氏)로 통하는 세 명의 권신을 몰아내고 군주의 통치력을 회복하려 했다. 하지만, 사전에 들통 나 스스로 물러나고 말았다. 그의 나이 55세 때였다.

[그림 7] 수많은 제자들을 길러내는 '언덕' 역할을 한 공자

　그 후 14년간 제자들과 함께 여러 나라를 여행하며 자신의 이상을 실현해 보려 했다. 그러다가 68세 때(BC 484) 모든 꿈을 접고 다시 고향으로 돌아와 제자 양성에만 전념했다. 하지만, 아들 공리(孔鯉), 애제자(愛弟子) 안회(顔回)와 자로(子路)가 연이어 죽는 슬픔을 겪었다. 그 후 수제자인 자공(子貢)과 증삼(曾參)을 비롯하여 많은 제자가 지켜보는 가운데 73세의 나이로 생애를 마쳤다. 72명의 고제자(高弟子)와 3천 명의 제자들을 남겨 그의 사상을 전 세계로 확산하게 했다. 제자들이 기록한 〈논어(論語)〉는 공자의 사상을 집대성한 귀중한 자료가 되었다.

　그는 도덕과 예의로 교화하는 것이 가장 이상적인 통치라고 생각했다. '사람을 사랑하는' 인(仁)이 바로 최고의 덕이라고 생각했다. 부모형제에 대한 효제(孝悌)를 타인에 대한 인(仁)의 시작으로 보았다. 예의(禮儀)를 다하다 보면 자연히 인의(仁義)에 의해 움직이는 사회나 국가가 된다고 보고 전통과 관습을 존중했다. 형식의 굴레에 복종하는 삶이 아니라 타고난 바탕을 온전하게 개발하는 인간중심 사상을 강조했다.

제자백가(諸子百家)가 사상적 혼란을 초래하자 잠시 뒤로 물러섰다가 맹자에 의해 다시 중흥되었다. 그 후 한무제(漢武帝)가 유학(儒學)을 국가교학(國家敎學)으로 선택하자 공자의 위상은 한껏 고양(高揚)되었다. 몽골의 원나라나 만주족의 청나라 때도 공자의 사상은 존경되었다. 국가 관료의 선발을 위한 기준이자 통합과 통일을 위한 중요한 수단이었다.

20세기 들어와 유학의 종주국인 중국에서 시시때때로 공자를 봉건적 잔재(殘在)로 비하(卑下)하는 흐름이 존재했지만, 21세기 들어서는 국가위상(國家位相)을 높이는 핵심 가치 중의 하나로 인정받게 되었다. 21세기의 핵심 상품은 어디까지나 문화와 사상이다. 공자의 가르침은 2천 5백 년을 거뜬히 뛰어넘는 중국의 초일류 상품이다. 더욱이 21세기는 동양에서 부는 문화와 사상의 바람으로 서양이 변화되는 세기라고 하지 않는가. 공자 문화권이 서양을 구하고 더 나아가 세계 인류를 구원하게 될지 누가 아는가. 세계가 단일 문명 대국을 향해 줄달음치는 21세기는 누구나 다 문화적 혹은 사상적으로 피폐하고 궁핍하기 마련이다.

공자의 이름은 언덕 '구(丘)'다. 무덤이 되기도 하고 마을이 되기도 하는 그런 언덕이다. 사람이 살면 마을이 되고, 사람이 모두 떠나면 폐허가 될 그런 언덕이다. 자는 중니(仲尼)다. '중이 될 팔자'를 암시하고 있다. 도를 닦는 사람이라 세상과 잘 안 어울리게 마련이다. 그래서 벼슬길에도 우여곡절(迂餘曲折)이 많았다. 그래서 14년간 주유천하(周遊天下)했어도 문전박대(門前薄待)를 당했다. 70을 바라보는 나이에 고향으로 돌아와 3년여 동안 수천 명의 제자들을 양성했다. 고향 집이 바로 절간이고, 토굴이고, 언덕이었다. 공자의 이름인 언덕은 '학문과 교육에 몸 바쳐 깨달음의 세계를 넓히려는' 칠순의 노인을 맞아 마침내 진리를 깨우치는 숭고한 마을로 변한 것이다.

그의 아버지 이름은 흘(紇)이다. '묶는 실'이다. 자는 숙량(叔梁)이다. 대들보나 징검다리와 관련이 있다. 아재비 '숙(叔)'에는 '젊다'는 의미도 있고 '줍는다'는 뜻도 있다. 하여튼 아버지의 자(字)는 대들보나 징검다리와 인연이 닿아 있다. 실과 대들보, 실과 징검다리가 모두 교육 사업과 연관되어 있다. 즉, 그것은 제자 양성이자 사람 깨우치기다. 어머니의 이름은 징재(徵在)다. 앞 글자에는 '부른다, 캐묻는다, 구한다, 거둔다'는 뜻이 들어 있고 뒷 글자에는 '존재한다, 살핀다, 본다'는 의미가 있다. 학문이나 교육과 일맥상통(一脈相通)하는 의미들로 가득 차 있다. 부모의 이름과 자(字)에 위대한 교육가(敎育家)인 공자의 일생과 불꽃같은 마지막 삶이 아로새겨져 있다.

그는 칠순의 나이에 아들과 사랑하는 두 제자가 먼저 죽는 애통함을 겪어야 했다. 아들인 공리(孔鯉)는 잉어를 뜻하는 이름이다. 편지를 뜻하기도 한다. 결국 아들은 칠순이 된 아버지의 천수(天壽)를 늘려 달라는 메시지(message)를 들고 하늘나라로 먼저 떠난 것인가. 스승보다 먼저 이승을 하직한 제자는 안회(顔回)와 자로(子路)다. 안회(顔回)는 '돌이킨다'는 이름이다. 자로(子路)는 '큰길'이다. 안회는 스승과 함께 본래 자리로 돌아온 후 죽었다. 자로는 스승이 새로운 길을 닦기 시작하자 죽었다. '잉어'로 다시 태어날 아들은 아버지가 큰 연못을 파고 고기를 키우기 시작하자 죽었다. 천하 만물과 세상 만사에 어디 우연한 일이 있겠는가. 잘 살펴보면 모두 다 필연이다. 사람들이 우연과 필연 중 하필이면 우연을 더 선호하기 때문에 세상 일이 마치 우연으로 가득 찬 것처럼 보일 뿐이다. 사람이 본 것이 세상인가, 세상 자체가 세상인가.

〈여씨춘추(呂氏春秋)〉를 남긴 여불위(呂不韋)

〈여씨춘추〉는 진시황 때 상국(相國)을 지낸 여불위(呂不韋 : BC 235년 자결)가 3천 명의 빈객(賓客)을 모아 편찬한 역사서다. 춘추전국시대의 사실들을 포함하여 도가(道家), 유가(儒家), 병가(兵家), 농가(農家), 법가(法家) 등의 주장을 방대하게 수록했다. 십이기(十二紀), 팔람(八覽), 육론(六論)으로 내용을 세분해 놓았다. 여불위는 책이 완성되자 진나라 수도인 함양(咸陽)의 시문(市門)에 책을 걸어 놓고 '한 글자라도 고칠 수 있는 이가 나타나면 천금(千金)을 주겠다'고 공표했다.

여불위는 본래 양적(陽翟 : 하남)의 거상이었다. 조(趙)나라 수도인 한단(邯鄲)에 머물 때 진(秦)나라의 공자(公子)로 조나라에 볼모로 잡혀 와 있던 자초(子楚)를 만났다. 물심양면으로 도와주며 교분을 쌓아 공자(公子)로 하여금 본국에 귀국하여 장양왕(莊襄王)으로 즉위하게 했다. 장양왕은 볼모 시절에 입은 은공을 잊지 않고 여불위를 승상(丞相)으로 기용(起用)하고 또 문신후(文信侯)에 봉했다. 장양왕 사후 사마천(司馬遷)의 〈사기(史記)〉에 여불위의 친자식으로 기록된 태자 정(政)이 왕위를 계승했다. 태자 정(政)은 천하를 통일한후 중국 역사상 최초로 황제가 되어 시황제(始皇帝)라 칭했다. 그때 여불위는 중부(仲父)로 존칭되며 한때 전권을 장악했지만, 왕의 모후(母后)인 태후(太后)와의 밀통 사건에 연루되어 삭탈관작을 당했다.

여불위(呂不韋)의 이름은 '가죽이 아니라 속살'이라는 뜻이다. 결국 정체가 탄로 나자 황제의 노여움을 사게 되었다. 모든 걸 잃고 수치와 굴욕만 남게 되었다. 〈여씨춘추〉를 남길 정도로 명예욕과 자긍심이 강했다. 역사에 길이 남기 위해 역사서의 이름에도 자신의 성씨를 붙였다. 그런 그이기에 허울이 벗겨지고 속살 같은 과거사가 들통 나자 죽고 말았다. '단단하고 질긴 가죽이 아닌' 후반부의 '여리고 위태로운' 운세가 이어져 그만 자결하고 만 것이다. 하필이면 시황제의 이름이 철두철미한 성품을 암시하는 '정(政)' 자가 아닌가. 상벌(賞罰)을 엄하게 다스린다는 뜻이다. 여불위와 짝짜꿍을 이루던 장양왕 자초(子楚)는 '종아리를 치는 회초리'와 연관이 있는 이름이다. 아버지는 '회초리질'로 끝날 사람이었지만 아들 정(政)은 상벌을 엄격히 해야만 다스릴 수 있는 사람이었다. 여불위의 실체가 적나라하게 드러난 마당에 어떻게 유야무야(有耶無耶) 할 수 있었겠는가. 어느 한쪽이 반드시 죽어야만 해결될 가파른 상황이었다. 당연히 '가죽을 벗고 속살을 드러낸' 여불위가 먼저 죽어야 했다.

〈사기(史記)〉를 남긴 사마천(司馬遷)

사마천은 '인간과 하늘의 관계를 밝히고 고금(古今)의 변화를 꿰뚫어 분명하고 확실한 역사관(歷史觀)을 정립(定立)하기 위해' 〈사기(史記)〉를 기록했다. 〈춘추〉의 기록 방식인 편년체(編年體 : 연월에 따라 기술하는 방식) 대신 기전체(紀傳體 : 통치자 중심으로 기록하여 한 왕조의 모든 체제를 이해하는 데 편리)를 채택했다.

본기(本紀) 12편은 제왕(帝王)의 연대기다. 세가(世家) 30편은 제후왕(帝侯王)을 중심으로 기록한 것이다. 서(書) 8편은 제도와 문물의 연혁에 관한 서술이다. 표(表) 10편은 연표(年表)를 덧붙인 것이다. 열전(列傳) 70편은 탁월한 인물들을 골라 각자의 활약과 공헌을 다룬 것이다. 전부 합쳐서 130편(編)으로 구성되어 있다. '천문의 변화 주기에 따라 인간의 역사도 함께 변한다'는 생각을 염두에 두고 각 편의 숫자를 하늘의 별자리나 우주의 특성과 연관 지었다.

열전(列傳)에 가장 심혈을 기울여 인간의 열정과 희생이 역사의 주체임을 강조했다. 전설과 신화에 속한 자료는 제외하고 합리적으로 믿을 수 있는 자료만 수록했다. 열전의 첫머리에 대한 신념을 지키기 위해 모든 것을 희생한 백이와 숙제 형제로 하여금 형이상학적인 무형의 가치가 형이하학적인 유형의 세계보다 더 중요함을 웅변적으로 강조했다. 열전의 마지막 부분은 이익(利益)을 추구하는 상인(商人)들로 채워 유가적(儒家的)인 세계관과 달리 현실적이고 실천적인 삶의 현장을 적나라하게 반영하려 했다. 역사의 수레바퀴는 위대한 성현들에 의해서만이 아니라, 현실 속에서 온몸으로 부딪치며 살아가는 열정적이고 이기적인 사람들에 의해서도 힘차게 굴러간다는 것을 분명하게 입증하려 했다. 소위 '화식열전(貨殖列傳)'이다.

사마천은 글자 한 자, 표현 한 가지에도 자신의 신념과 통찰을 대입시켜 자신이 지향하는 역사관을 유감없이 전달하려 했다. 시(詩)와 산문(散文)의 장점만을 조화 있게 배합하여 저술함으로써 읽는 이로 하여금 생동감과 현장감을 만끽하게 했다. 각 편에 '태사공왈(太史公曰)'을 집어넣어 자신의 예리한 논평과 해설을 덧붙였다. 즉, 사마천의 비판 정신과 통찰력을 덧붙여 죽은 역사로 취급되기 쉬운 과거사(過去事)를 생생한 현실로 되살려 놓은 것이다. 혹자는 극형

(極刑)인 궁형(宮刑)을 당한 자신의 억울한 처지를 비관하여 한무제 (漢武帝)를 노골적으로 비방한 부분이 많다며 '비방(誹謗)의 서(書)' 라고도 부르지만, 사실과 전혀 다른 왜소하고 편협한 평가다. 70편 의 열전(列傳)을 통해 개개인의 생생한 발자취를 적나라하게 드러낸 그의 역사적 통찰을 생각하면 〈사기(史記)〉 전체에 흐르는 생동(生 動)하는 도도한 흐름을 쉽게 간파할 수 있다.

반고는 〈사기〉 중 10편은 목록만 있고 내용이 없었다고 했다. 한 무제(漢武帝) 본기(本紀)를 포함하여 삼왕(三王) 세가(世家)와 균책 (龜策), 일자(日者) 열전(列傳)은 전한(前漢) 말 저소손(褚少孫)이 첨 가한 것이라는 주장이 있다. 하지만, 전체 내용을 관통하는 사마천 의 독특하고 진취적인 역사관만은 추호(秋毫)도 흔들림이 없었다.

사마천(司馬遷 : BC 145~BC 86)은 용문(龍門 : 섬서성의 한성현) 출신이다. 아버지 사마담(司馬談)이 천문 역법과 도서를 관장하는 태사령(太史令)이 되자 6세 때부터 무릉(武陵)에 거주했다. 20세 무 렵 낭중(郎中)이 되어 한무제를 수행하며 강남(江南), 산동(山東), 하 남(河南) 등지를 여행했다. 한무제는 사마천보다 10세 정도 많았다. 20대의 사마천이 30대의 황제를 수행하여 전국 각지를 여행한 것이다. 파촉을 다녀와 이듬해에는 46세(BC 110)의 황제를 따라 태산 봉선(封禪) 의식에 참여했다. 하북(河北), 요서(遼西) 지방을 여행하며 견문을 넓혔다. 그리고 훗날 〈사기〉 저술에 참고가 될 만한 유익한 자료도 많이 수집했다.

아버지인 사마담이 죽자, 사마천은 30대 중반의 나이에 아버지가 시작한 〈사기〉 저술을 위임받게 되었다. 2년 후 아버지의 직책이던 태사령을 맡아 황실 도서관에서 자료를 수집하고 정리했다. 4년 후 〈사기〉 저술에 본격적으로 매달리기 시작했다. 그런데 바로 그 무렵 일생일대의 비운을 맞고 말았다. 명장(名將)인 이광(李廣) 장군의 손자인 친구 이릉(李陵) 장군을 옹호하다가 한무제의 노여움을 사 그만 생식기를 제거당하는 궁형을 받아야 했다. BC 99년, 그의 나이 어언 40대 중반이었다. 한무제 재위 42년째 되는 해였다. 50대 중반의 황제가 40대 중반의 측신(側臣)을 노엽다는 이유 하나로 그만 궁형에 처하고 만 것이다. 그 후 친구 이릉은 흉노왕의 사위가 되어 흉노 궁전의 실력자로 변신했고, 사마천은 황실 도서관 한구석을 지키며 아버지의 유업인 〈사기〉 완성에 혼신을 다해야 했다. 참으로 기구한 운명의 전환이었다.

한무제는 사마천의 친구인 이릉 장군의 항복을 반역으로 보고 이릉의 노모와 처자식을 처형하려 했다. 사마천은 '5천 명도 안 되는 병사로 8만 명의 흉노를 어찌 감당할 수 있었겠느냐'며, 피치 못할 항복이지 결코 역적질이 아니라고 극구 변호하다가 그만 천추의 한을 남기게 되었다. 이는 〈사기〉를 통해 면면히 흐르는 그의 독특하고 인본적(人本的)인 역사관의 일면을 엿보게 하는 중대한 사건이었다. 〈보임안서(報任安書)〉라는 글 속에서 그는 '아버지의 유훈이자 유업인 〈사기〉의 완성을 위해 죽음을 선택하는 대신 궁형을 선택할 수밖에 없었다'고 술회했다. 그러나 궁형으로 끝나지 않았다. 참수(斬首)에 해당하는 대역 죄인이 된 터라 옥중에서 〈사기〉 저술을 계속해야 했다. 그 결과 한무제의 총애를 다시 받게 되었다. 환관의 최고위직인 중서령(中書令)이 되었다. 그 후 5년을 매진하여 마침내 불후의 명저인 〈사기〉를 완성했다. BC 90년으로 한무제 즉위 후 51년째 되는 해였다. 50대 중반의 사마천이 60대 중반의 황제에게 최대의 선물을 선사한 셈이다. 황제 스스로 사마천의 〈사기〉로 자신의 위업이 휘황찬란하게 빛나리라는 것을 잘 알고 있었을 것이다.

사마천(司馬遷)의 이름은 이미 그의 비극적 운명을 암시하고 있었다. '옮긴다'는 '천(遷)' 속에는 이상하게도 '벼슬이 바뀐다'는 의미가 곁들여져 있다. 환관이 되어 환관의 벼슬을 하게 될 팔자가 이미 이름 속에 배어 있었다. 그리고 한무제를 따라 전국 각지를 여행할 '역마살(驛馬煞)'이 이미 그의 이름 속에 끼어 있었다. 하지만, 아무래도 '벼슬이 바뀐다'는 말이 범상치 않다. 제 벼슬이 아닌 것을 엉뚱하게 떠맡는다는 말에 더 가깝다. 승진이나 전직이 아니라, 아예 벼슬의 금지선(禁止線)을 넘어 버린 것이다. 어떻게 환관의 벼슬을 지닐 수 있는가. 환관이 되어야만 환관의 벼슬을 맡을 게 아닌가. 그는 죽음과 궁형 중에서 택일하라는 어명을 받고 궁형을 택해 살아남았다. 〈사기〉를 완성하여 불후의 이름을 남기고 자신의 가슴속 신념을 영원히 남겨 놓는 일이 바로 최후의 승자가 되는 길이라고 여겼다. 치욕스럽지만 살아남아 업적을 이루는 일이 인생의 가장 큰 가치이자 목표라고 보았다. 삶 그 자체보다도 어떤 삶을 사느냐가 더 중요하다고 여긴 것이다. 목표를 정하되 반드시 인류 보편의 신념이 뒷받침되어야 한다고 보았다. 신념으로 목표를 이루어 가는 그 발자취가 바로 역사의 내용이 되고 줄거리가 된다고 여겼다.

아버지의 이름은 사마담(司馬談/司馬談)이다. '토론을 좋아하는 천성'을 타고난 이름이다. 그는 온갖 학문을 연구하되, 특히 여러 학파의 주장들을 서로 비교하며 장·단점과 특징을 논하는 일에 관심이 많았다. 비교·검토하며 선후와 상하를 가늠하는 비판 정신과 토론 욕구가 특히 강했다는 증거다. 보통 사람 같으면 마음에 맞는 한두 가지만을 골라 탐식(貪食)하려 하지 않았겠는가.

대표작인 〈논육가요지(論六家要旨)〉를 통해 유가(儒家), 묵가(墨家), 명가(名家), 법가(法家), 음양가(陰陽家), 황로학(黃老學) 등 여러 학파의 학설을 알기 쉽게 해설하며 각각의 특징을 논했다. 대개의 경우 학문을 한다면서도 제대로 이해하지 못하고 있는 점을 한탄하여 스스로 각 학설 비교론을 저술한 것이다. 그는 육가(六家)의 학설이 한결같이 위정자들을 위한 '위치(爲治)의 학(學)'에 초점이 맞춰져 있다고 결론을 내렸다. 그 자신은 도가사상(道家思想)인 황로학을 가장 좋아했다. 학파를 연구 대상으로 삼아 한 시대의 학파를 체계적으로 연구한 최초의 저술이다.

한무제 재위 초기(BC 140~BC 135)와 중기(BC 110~BC 108)에 10여 년 남짓 벼슬길에 나섰지만 학구적이고 비판적인 천성만은 아들 사마천을 통해 고스란히 전수되었다. 천문과 역법을 주관하며 황실의 전적(典籍)을 관장했다. 주남(周南 : 하남성 낙양)에 머물다가 황제의 태산(泰山) 봉선의식(封禪儀式)에 참가하지 못한 것을 분하게 생각하여 화병(火病)으로 죽었다지만, 그 속사정은 알 길이 없다. 당도(唐都)로부터 천문을 배우고, 양하(楊何)로부터 〈주역(周易)〉을 배웠다. 황자(黃子), 즉 황생(黃生)으로부터 도가(道家)를 배워 늘 황자(黃子)를 자신의 유일한 스승으로 받들었다. 〈사기〉 중 '효문본기(孝文本紀)', '노장신한열전(老莊申韓列傳)', '일자열전(日者列傳)',

'자객열전(刺客列傳)' 찬(贊) 등은 그의 저술로 알려져 있다.

사마천의 조부는 사마희(司馬喜)다. '기뻐한다, 즐거워한다'는 이름이다. 낙천적이고 쾌활한 천성이었던 모양이다. 아들과 손자가 모두 불후의 명저를 남겨 사마씨(司馬氏) 가문을 빛냈으니 조부의 기쁨이 얼마나 크겠는가. 아들은 여러 학설을 두루 섭렵하여 가문의 문화적·지식적 수준을 한껏 높여 놓았다. 손자는 불후의 명저인 〈사기〉를 남겨 아버지 사마담과 조부 사마희를 모두 기쁘게 했다. 조부의 '기쁨과 즐거움으로 가득 찬 생애'가 아들과 손자로 이어지며 현실화·구체화된 것이다.

사마담과 사마천 부자의 독특한 역사관 덕분에 자객들마저도 〈사기〉의 '자객열전'에 당당히 올라 후대에 그 이름을 남기게 되었다. '자신을 인정해 주는 군주나 주인을 위해 목숨을 버리는 자객의 신의(信義)'를 높이 평가했기 때문이었다. 사마씨 부자는 자객의 피 묻은 칼을 보지 않고 칼자루를 쥔 자객의 심장을 보았던 것이다. 그리고 그 심장의 무게와 심장을 채운 내용물로 자객의 브랜드(brand) 가치를 따져 당당히 제왕(帝王)의 정사기록(正史記錄)에 붙여 놓은 것이다. 춘추시대 진(晉)나라의 자객이었던 예양(豫讓)과 전국시대 위(衛)나라의 자객이었던 형가(荊軻 : BC 227년 살해)가 가장 유명하다.

예양(豫讓)은 본래 진나라 경공(頃公 : 재위 BC 525~BC 512) 이후 왕족을 누를 정도로 위세가 막강한 육경 중 범씨(范氏)와 중행씨(中行氏)를 섬겼다. 하지만, 제대로 대접을 받지 못하다가 지씨(智氏)의 우두머리인 지백(智伯 : BC 453년 살해)을 섬기고부터는 국사(國士)로 대접받았다. 그런데 그 지백이 그만 육경 중의 하나인 한씨(韓氏), 위씨(魏氏)와 결탁하여 세력을 강화한 조씨(趙氏)의 우두머리인 조양자(趙襄子)에게 죽고 말았다. 조양자는 지백의 두개골에 옻칠을 하여 술잔으로 사용하며 죽은 지백을 마음껏 농락했다. 예양은 지백의 원수를 갚기로 마음먹고 죄수로 분장하여 조양자의 저택으로 숨어들었다. 곧 발각되었지만 조양자는 예양을 의로운 선비라며 살려 주었다. 하지만 예양은 다시 온몸에 옻칠을 하여 병자처럼 꾸미고 숯을 먹어 목소리를 바꾼 다음, 조양자가 지나가는 다리 밑에 잠복했다. 그러나 이번에도 실패하고 말았다. 예양은 세 번째 거사에 실패하면 죽게 될 것을 알고 칼로 조양자의 저고리를 대신 베고 자결했다.

형가(荊軻)는 위(衛)나라 하남성 출신으로 어려서부터 독서와 검술을 특히 좋아했다. 연(燕)나라 태자인 단(丹)을 섬기며 형경(荊卿) 혹은 경경(慶卿)으로 불렸다. 그런데 어느 날 태자 단은 형가에게 진(秦)나라에 빼앗긴 영토를 되찾아 주거나 진왕(秦王)을 암살해 달라고 부탁했다. 그러자 형가는 진나라에서 도망쳐 온 장수인 번어기(樊於期)의 수급(首級)과 연나라의 지도를 들고 진나라로 출발했다. 역수(易水 : 하북성)에서 태자 단(丹)과 헤어지며 '바람이 쓸쓸하니 역수 또한 차갑구나! 장사(壯士)는 한 번 가면 다시 돌아오지 못하리(풍소소혜역수한 風蕭蕭兮易水寒, 장사일거혜불복환 壯士一去兮不復還)'라는 시구를 남겼다. 형가는 진왕의 측근에게 뇌물을 주고 왕을 알현했다. 연나라를 위해 자결한 번어기의 머리와 연(燕)나라 곡창지대인 독항(督亢 : 하북성의 고안현)의 지도를 왕 앞에 꺼내 놓았다. 지도를 바치는 행위는 바로 나라를 송두리째 바친다는 뜻이었다. 형가는 지도 속에 감춰져 있던 독이 묻은 비수를 움켜쥐고 힘껏 찔렀다. 하지만 왕의 몸을 상하게 할 정도로 깊이 꽂지 못해 결국 실패하고 말았다. 형가는 그 자리에서 붙잡혀 죽고 말았다. 진왕(秦王) 영정(嬴政)은 5년 후 연(燕)나라를 무너뜨리고 천하를 통일하여 시황제(始皇帝)라 칭했다.

　사마천이나 그의 아버지 사마담은, 비록 자객의 신분으로 비극적인 최후를 맞이했지만, 은혜를 저버리지 않고 의리를 지켜 목숨을 바치는 그 일편단심(一片丹心)을 높이 평가한 것이다. 추호도 흔들림 없이 초지일관(初志一貫)하는 결연한 의지와 그 비장하고 장엄한 최후를 기려 제왕(帝王)의 정사(正史)에 당당하게 포함시킨 것이다.

　원수의 저고리를 갈기갈기 찢고 자결한 예양(豫讓)은 이름부터가 '사양하고 양보한다'는 뜻이다. 주인의 두개골이 술잔으로 빙글빙글 돌아다니는 판에 웬 저고리 타령이란 말인가. 죄수로 변장하고 병자로 위장한 것부터가 너무도 소극적이고 미온적이다. 죽기로 작정한 그 마음 하나만 붉을 뿐 나머지는 온통 희끄무레하다. '넘겨주고 뒤로 물러선다'는 이름 뜻에 너무도 걸맞은 최후다.

　형가(荊軻)의 이름은 수레바퀴의 굴대를 가리킨다. 그런데 참으로 이상하게도 '뜻대로 잘 안 된다'는 의미가 그 속에 들어 있다. 수레 '거(車)'와 옳을 '가(可)'가 합쳐진 글자다. 수레 '거(車)'에는 '그물'이라는 뜻도 들어 있다. 옳을 '가(可)'에는 '대략'이라는 의미도 들어 있고, '듣고 허락한다'는 뜻도 곁들여져 있다. 일단 순순히 '허락'은 했지만, 수레에 막히고 그물에 걸려 성사시키지 못했다. 얼마나 신기한가. 진시황이 되기 전의 진왕 정을 죽이려던 희대의 자객인 형가의 이름 속에 '뜻대로 잘 안 된다'는 괴상한 의미가 곁들여져 있기 때문에 천하 통일이 가능하게 되었다는 말인가.

　장예모(張藝謨 : 1950~) 감독이 만든 사극(史劇) "영웅(英雄)"에서처럼 형가는 결국 '누군가가 천하 통일을 이루어야만 비로소 피비린내 나는 전쟁을 멈추게 할 수 있다'고 생각해서 진왕을 일부러 살려 준 것인가. 당시의 정세로 보면 진왕 정이 가장 선두주자였다. 리더십이나 지략 면에서 여타 군웅을 압도했다. 초인적인 정열과 희생으로 진나라의 패권국화(覇權國化)를 추진하고 있었다. 중국의 역사를 영화로 다시 쓰는 현대판 태사령(太史令)이자, 신중국의 사마천인 장예모 감독의 귀재를 덧입어 역사 기록 속에서 뿌연 먼지를 뒤집어쓰고 있던 영웅호걸들이 하나 둘씩 다시 태어나고 있다. 망각된 이름 없는 일개 서민까지도 현대판 영웅호걸로 다시 등장시키는 장예모 감독의 예술혼(藝術魂)과 심미안(審美眼)은 가히 현대판 사성(史聖)에 견줄 만하다. 그는 영화로 중국 역사를 다시 쓰는 진정한 사마천(司馬遷)이다. 사마천은 황실 서고를 뒤지며 〈사기(史記)〉를 썼지만, 장예모 감독은 자신의 심장 속에 새겨진 중국의 혼(魂)을 꺼내 보며 현대판 〈사기(史記)〉를 쓰고 있는 것이다. 기원전 2세기에 시작하여 기원전 1세기에 완성한 사마천의 〈사기〉와 20세기 말과 21세기 초에 보게 되는 장예모 감독의 영화는 이상하게도 같은 밝기로 다가와 같은 감동을 안겨 주고 있다.

그는 국민당원이던 아버지 때문에 문화혁명 시기에는 가족 모두 북경 밖으로 쫓겨나야 했다. 야구에 특기가 있어 방직 공장에 다니게 되었다. 하지만, 매혈(賣血)로 얻은 약간의 돈으로 카메라를 살 정도로 야구보다는 사진에 더 관심이 많았다. 27세에 북경영화학교에 원서를 넣었지만 나이가 많아 낙방했다. 그러나 포기하지 않고 40개의 창작 목록을 작성해 문화부 부장에게 직접 보냈다. 문화부 부장의 개인적인 발탁 때문인지, 그는 마침내 입학 허가를 얻게 되었다. 34세 이후 영화를 찍으며 주연배우 역할도 했다. 4년여 기간의 각고(刻苦) 끝에 마침내 국제적인 주목을 받게 되었다. "붉은 수수밭"이 베를린국제영화제(1988)에서 대상을 거머쥐게 된 것이다. 장예모 감독의 성장 배경이나 본격적인 작업도 사마천의 인생역전

(人生逆轉)만큼이나 극적(劇的)이다. 이름마저도 '영화로 쓰는 사마천'에 걸맞다. 장예모(張藝謨)의 이름은 '재주와 꾀'를 의미한다. 그것은 단순한 재주, 평범한 꾀가 아니다. 재주는 가히 나라를 들었다 놓았다 할 정도인 경국지예(傾國之藝)에 버금간다. 또 꾀는 〈삼국지(三國志)〉의 그 많은 모사(謀士)처럼 천하 통일을 다투는 꾀다.

〈자치통감(資治通鑑)〉을 남긴 사마광(司馬光)

〈자치통감〉은 북송(北宋) 신종(神宗) 때 왕안석(王安石)의 신법당(新法黨)에 맞서 수구적(守舊的)인 구법당(舊法黨)을 이끌던 사마광이 편찬을 시작한 역사서다. 먼저 사마광이 〈통지(通志)〉 8권을 저술하자, 영종(英宗)이 편찬국(編纂局)을 만들고 적극 지원하기 시작하면서 유반(劉攽), 유서(劉恕), 범조우(范祖禹) 등이 협력하여 총 294권을 20여 년(1065~1084) 만에 완성하게 되었다. 주(周)나라 위열왕(威烈王)이 한씨(韓氏), 위씨(魏氏), 조씨(趙氏)를 제후(帝侯)로 공인한 시점(BC 403)부터 5대(五代) 후주(後周)의 세종 때(BC 960)까지 1362년간의 역사를 1년씩 묶어 편년체로 기술했다. 정사(正史) 이외에 실록(實錄), 야사(野史), 소설(小說), 묘지류(墓誌類) 등 322종의 각종 자료를 참고했다.

책이 완성되자 신종(神宗)은 서문을 붙이며 책의 이름을 〈자치통감〉으로 정했다. '통치의 자료가 될 뿐만 아니라 후세를 위한 거울이 되라'는 취지에서 그렇게 이름을 붙였다. 기록의 목적이 책 이름 속에 잘 드러나 있다. 왕조의 흥망성쇠를 밝히고, 크고 작은 사건들을 파헤쳐 대의명분(大義名分)을 찾아내고자 했다. 이것은 저술을 총지휘한 사마광(司馬光 : 1019~1086) 자신의 역사관이기도 했다. 40대에 들어 본격적으로 매달리기 시작하여 60대 중반에야 대작(大作)에 마침표를 찍었다. 3국(國)의 경우 위(魏)나라의 연호(年號)를 써서 촉한(蜀漢)과 동오(東吳)가 아니라 바로 조씨(曹氏) 왕조인 위(魏)나라가 정통임을 밝혔다. 남북조(南北朝)의 경우에도 한족(漢族) 중심의 왕조들이 차례로 선양 형식을 빌어 왕조를 교체한 남조(南朝)를 정통으로 보고 남조의 연호를 사용했다. 기계적으로 역사 자료를 채집하여 수록하지 않고 주관적이라 할 만큼 독특한 역사관으로 서술의 분량과 자료의 경중(輕重)을 가렸다. 특히 중요하다고 여겨지는 부분에서는 '신광왈(臣光曰)'이라고 시작하며 사마광 자신의 평론을 덧붙였다.

〈자치통감〉으로 다 담아내지 못한 사료들은 〈통감고이(通鑑考異)〉 30권을 따로 지어 사료의 고증(考證)에 참고하게 했다. 목록 및 범례는 〈통감목록(通鑑目錄)〉 30권과 〈통감석례(通鑑釋例)〉 1권으로 정리했다. 그러고도 부족하다고 여겨 사마광은 〈계고록(稽古錄)〉 20권을 지어 〈자치통감〉의 내용을 보충하게 했다.

〈자치통감〉은 줄여서 〈통감(通鑑)〉으로도 불렸다. 남송 때 이도(李燾 : 1115~1184)가 저술한 〈속자치통감장편(續資治通鑑長編)〉, 명말 청초의 학자인 왕부지(王夫之 : 1619~1692)가 저술한 〈독통감론(讀通鑑論)〉(1687), 청나라 때 필원(畢沅)이 저술한 〈속자치통감(續資治通鑑)〉 등 〈자치통감〉을 전범(典範)으로 삼아 많은 역사서가 편찬되었다. 왕부지는 호남성의 형양(衡陽) 출신으로 황종희(黃宗羲), 고염무(顧炎武)와 더불어 명말 청초의 3대 학자로 통했다. 세 사람 모두 공허한 담론을 배격하고 실증적이고 실천적인 지식과 정보를 학문의 대상으로 삼으며 유럽의 근대 과학과 서구의 종교까지도 담론의 대상으로 삼았다.

〈자치통감〉을 완성한 사마광(司馬光 : 1019~1086)은 하현(夏縣)의 속수향(涑水鄕) 출신이라 속수선생(涑水先生)으로 불리기도 했다. 진사로 관직을 시작하여 한림학사(翰林學士), 어사중승(御史中丞)을 역임하며 승승장구했다. 그런데 신종이 재야파(在野派)의 거두(巨頭)인 왕안석을 중용하여 국정을 전담하게 하자 대지주, 대상인과 직간접으로 연관되어 있는 관료들이 사마광을 중심으로 구법당을 만들게 되었다. 사마광은 왕안석의 개혁주의 노선에 반발하여 추밀부사(樞密副使)를 사퇴하고 낙향했다. 그의 나이 51세 때(1070)였다.

신종(神宗)은 〈자치통감〉을 마저 완성하라며 낙양(洛陽)에 거주하는 그를 물심양면으로 후원해 주었다. 책이 완성된 이듬해 신종이 죽고 어린 철종(哲宗)이 즉위하자, 조모인 선인태후가 섭정을 하게 되었다. 태후는 신법당을 못마땅하게 여겨 사마광을 다시 조정으로 불러들였다. 짧은 기간이지만 사마광은 다시 정계에 복귀하여 태후의 비호(庇護)하에 구법(舊法)으로의 회귀(回歸)를 진두지휘했다. 그러나 단지 몇 달 만에 태후가 67세를 일기로 숨을 거두자 모든 게 다시 제 자리로 돌아가고 말았다. 당연히 뒤이어 등장한 신법당은 사마광을 '원우(元祐)의 재상(宰相)'에서 '원우(元祐)의 당적(黨籍)'으로 격하(格下)시켜 국난의 주범으로 취급했다. 원우(元祐)는 철종 대의 연호였다.

사마광의 이름은 '빛'이다. 역사를 관통하는 '빛의 눈, 빛의 마음'이었다. 자(字)는 신기하게도 군실(君實)이다. '임금을 위한 탐스러운 열매'다. 〈자치통감〉이 북송 신종(神宗 : 재위 1067~1085) 대에 완성됨으로써 신종은 역사에 길이 남게 된 것이다. '역사를 관통하는 빛의 눈'을 지닌 신하로 인해 임금은 저절로 위업을 쌓게 된 것이다. 실로 진정한 '임금을 위한 열매'였다. 아호는 우부(迂夫)와 우수(迂叟)인데, 두 아호에는 이상하게도 멀 '우(迂)' 자가 들어 있다. 그는 불후의 역사서를 쓰기 위해 1362년간의 사료들을 샅샅이 뒤졌다. 먼 거리를 마다하지 않고 사료가 있는 곳이라면 발로 뛰었다. 정말 멀리 돌아서 다닌 길이었다. 정말 아주 먼 곳까지 수없이 오고 가야 했다.

사마광보다 8세 연상으로 9년 먼저 생을 마감한 소옹(邵雍 : 1011~1077)은 사마광의 역사 서술 방식을 총평하며 '사실을 확인하려고 발로 뛰어다니며 실제로 현장을 답사한 사람(군실각답실지인야 君實脚踏實地人也)'이라고 했다. 소옹의 이러한 호평에서 '일 처리가 꼼꼼하고 착실한 것'을 빗댈 때 사용하는 '각답실지(脚踏實地)'라는 말이 생겨났다.

소옹은 하남(河南)에 살며 이지재(李之才)로부터 천문과 역법을 배웠다. 인종(仁宗 : 재위 1056~1063)이 장작감(將作監)의 주부(主簿)로 불렀지만, 그는 응하지 않고 평생 낙양에 숨어 살며 학문에만 전념했다. 사마광을 필두로 한 구법당 인사들과 교류하며 재야 학자로서 일생을 마쳤다.

남송의 주자는 소옹을 주염계(周濂溪), 정명도(程明道), 정이천(程伊川) 등과 함께 도학(道學)의 중심인물로 보았다. 소옹은 주역(周易)이 음양(陰陽)으로만 우주의 모든 현상을 설명하는 것을 비판하며 음양 이외에 강유(剛柔)를 넣어 4원(元)이 우주 질서의 근본이라고 주장했다. 우주 질서의 변동을 4의 배수(倍數)로서 설명하려 했다.

〈황극경세서(皇極經世書)〉 62편을 저술하여 천지간의 모든 현상을 수리(數理)로 해석하고 예측하려 했다. 12진(辰)을 하루, 30일(日)을 한 달, 12개월을 1년, 30년을 1세(世), 12세를 1운(運), 30운을 1

회(會), 12회를 1원(元)으로 정해 천지는 1원마다 한차례씩 변화하고 만물은 이에 따라 진보한다고 보았다. 다시 말해 12만 9600년마다 우주와 세상이 한 번씩 크게 변화한다고 본 것이다.

소옹(邵雍)의 이름은 '느긋하게 살며 기쁨을 스스로 찾는다'는 뜻이다. 푹 익은 음식처럼 맛이 깊다는 뜻이다. 속이 깊어 경솔하지 않고 뜻이 높아 세파에 함부로 휩쓸리지 않았다는 뜻이다. 말 그대로 초야에 묻혀서도 세상사와 우주 만사를 속속들이 꿰뚫어 보고 있었다. 자는 요부(堯夫)다. '이상적인 군주인 요임금을 섬기고 싶은 사람'이다. 그의 아호는 안락선생(安樂先生)이다. 황제의 부름을 사양한 후 초야에 숨어 살며 오로지 도학과 진리 탐구에만 골몰할 팔자다. 소옹이라는 이름에 드러나 있듯이 타고난 천성이 워낙 느긋했기 때문에 조급한 마음으로 공연히 여기저기 기웃거리지 않았다. 다만 자(字)에서 드러나듯 '요임금 같은 군주가 있다면' 한번 세상 밖으로 나가 충성을 다하고 싶어 했다. 아호는 그가 지향하던 안락(安樂)의 실체(實體)가 무엇인가를 잘 암시하고 있다. 소옹이 '발로 직접 뛰어다니며 확인한 사료(史料)로 채운 방대한 작업'이라고 평가해 준 덕분에 사마광의 역사 기록은 한층 더 공신력(公信力)을 얻게 되었다. 역사 기록자의 발은 여느 발이 절대 아니다. 밝기와 순도(純度)를 조절하는 귀중한 발이다.

CHAPTER 6.

창작(創作)의 주인공들

건안칠자(建安七子)와 죽림칠현(竹林七賢)

종합적 예술혼(藝術魂)을 꽃피운 당송팔대가(唐宋八大家)

문선(文仙) 도연명(陶淵明)과 시선(詩仙) 이백(李白)

시성(詩聖) 두보(杜甫)와 민중시인(民衆詩人) 백거이(白居易)

중국 문학과 중국 정신을 결합(結合)하여 세계정신으로 승화(昇華)시킨 노신(魯迅)

건안칠자(建安七子)와 죽림칠현(竹林七賢)

동시대를 살면서도 극명하게 다른 길을 걸은 두 부류의 창작인들이 바로 건안칠자와 죽림칠현이다. 건안칠자는 자칫 관변문학(官邊文學)으로 오해를 받기 쉬울 만큼 당대의 세력가들을 중심으로 형성된 문학동인(文學同人)이다. 조조(曹操)와 그의 두 아들인 조비(曹丕), 조식(曹植)을 포함하는 소위 삼조(三曹)가 중심을 이루고 있는 까닭에 자칫 어용문학(御用文學)처럼 비하될 수 있다는 말이다. 하지만, 건안(建安)이라는 말 자체가 한(漢)나라 마지막 황제인 헌제(獻帝 : 재위 196~220)의 연호를 의미하듯 단순히 한 시대를 구분하는 말일 뿐이다. 신기한 것은 소설 〈삼국지〉에서 잘 드러나듯, 전쟁의 참화로 얼룩진 시대였는데도 불구하고 문학의 향기로 세상을 훈훈하게 녹이고자 했다는 것이다. 쉽게 생각하면 출세한 사람들이니, 전쟁을 치르면서도 그렇게 유유자적(悠悠自適)할 수 있었지 않았겠느냐고 단정 지을지 모르지만 문학의 향기는 형편이 나아진다고 덩달아 그 품질이 달라지는 것이 아니다. 전쟁의 와중에서도 문학적 열정과 감수성을 그대로 유지할 수 있었다는 사실이 무엇보다 중요하다. 조조 삼부자는 아마도 그런 문학적 발산을 통해 전쟁으로 인한 스트레스를 현명하게 해결하고 있었는지도 모른다. 세금을 더 거두는 일도 아니고, 누군가를 죽이기 위해 혈안(血眼)이 되는 일도 아니지 않는가. 차라리 문학의 향기를 맡으며 마음을 순화(純化)하고 평안하게 하려 애쓰지 않았을까.

이들은 오언시(五言詩)를 특히 즐겨 썼다. 민간의 가요로 유행되던 오언시(五言詩) 형태를 격조(格調) 높은 문학 형식으로 승격시켜 놓았다. 이로써 문학의 형태가 부(賦 : 운문적 요소와 산문적 요소의 절충 형식)에 치중하던 시대에서 시(詩)를 선호하는 시대로 옮겨가게 되었다. 도학적강론(道學的講論)에 치우치거나 신화와 전설을 너저분하게 늘어놓기 쉬운 문학적 사치(奢侈)와 함정(陷穽)에서 벗어나 참다운 서정적(抒情的) 취향을 마음껏 드러내게 된 것이다. 사부 혹은 부의 뜻 자체가 '바닥에 깔아서 늘어놓는' 것을 말한다. 미사여구의 나열이나 문답 형식을 빌려 쓸데없이 길게 펼치는 글이라는 뜻이다. 건안문학은 이런 느슨하고 너저분한 형식을 거부하고, 한 구절을 다섯 글자로 제한하며 서정과 사색을 격조 있게 풀어냈다.

아버지인 조조가 이룩한 권력 기반을 십분 활용하여 위나라 초대 황제가 된 조비의 〈전론(典論)〉에 의하면 건안칠자란 공융(孔融), 진림(陳琳), 왕찬(王粲), 서간(徐幹), 완우(阮瑀), 응창(應瑒), 유정(劉楨) 등 일곱 명을 일컫는다. 이들은 조조의 아성이나 마찬가지인 업(鄴 : 하남성)에 모여 문학 동인 모임을 갖고는 했다.

공융(孔融 : 153~208)은 공자의 20대손으로 헌제 때 북해(北海)의 실력자로 군림하기도 했다. 동탁(董卓)이 득세하자 산동 지역의 황건적 토벌에만 전념했다. 조조가 헌제를 누르고 지나치게 세도를 강화하자 조조의 횡포를 낱낱이 들며 비방하다가 일족과 함께 처형되고 말았다. 자는 문거(文擧)다. 문학과 정치를 병행하다가 결국 둘 사이의 충돌로 죽고 말았다. 위(魏)나라 초대 황제인 조비(曹丕 : 재위 220~226)는 그의 시문이 담긴 〈공북해집(孔北海集)〉(10권)을 보고 극찬을 아끼지 않았다.

이름인 '융(融)' 자에는 '녹아들듯이 변화하여 합친다'는 의미가 들어 있다. 자(字)인 문거(文擧)는 '글로서 행동한다'는 의미를 지니고 있다. 공융의 일생과 최후를 암시하는 의미들이다. 글을 쓰되 사생결단을 하듯이 쓴 것 같다. 글과 말과 행동을 하나로 보고 그 세

가지에 모두 불타는 양심을 싣고자 한 듯하다. '행동하는 글'이라는 자(字)의 뜻이 참으로 의미심장하고 비장하다.

왕찬(王粲 : 177~217)은 산양(山陽 : 강소성) 고평(高平)의 귀족 집안 출신으로 한나라의 쇠락 징후를 도처에서 목격한 사람이다. 동탁의 횡포로 헌제가 낙양을 등진 채 장안으로 떠나게 되자 황제를 수행하며 불타는 낙양을 직접 목격했다. 동탁이 살해된 뒤 혼란이 극에 달하자 형주(荊州 : 호북성)의 태수인 유표(劉表 : 208년 사망)에게 의탁했다. 또 유표 사후에는 유표의 아들인 유종(劉琮)을 조조에게 귀순하도록 설득했다. 그 공로로 승상연(丞相椽)이 되어 관문후(關門侯)에 봉해졌다. 그 후 조조가 위공(魏公)에서 위왕(魏王)으로 작위가 격상되자 시중(侍中)으로 제도 개혁에 앞장섰다. 조씨 일족이 중심이 된 문학 모임에 자주 참여하며 표현력이 풍부하고 애수에 찬 시를 많이 남겼다. '종군시(從軍詩)' 5수와 '칠애시(七哀詩)' 3수가 특히 유명하다.

그의 자는 중선(仲宣)이다. 이름은 '갓 정미한 쌀처럼 해맑다'는 의미를 지닌 찬(粲)이다. 자(字)는 '늘 베풀며 산다'는 의미를 지니고 있다. 천성이 해맑고 자애롭다는 암시가 이름과 자(字)에 가득히 배어 있다. 되도록이면 타협하고 화해하며 둥글둥글 살려고 했을 것이다. 그렇기에 유표의 아들인 유종을 조조 진영으로 끌어들이지 않았겠는가. 장렬(壯烈)하게 죽는 것보다는 조금 구차(苟且)하지만 그래도 목숨을 부지하며 할 일을 열심히 해 나가는 것이 무엇보다 중요하다고 본 것이다. 천성이 강포(强暴)하지 못하니 자연히 수양버들처럼 구부러지며 살고자 했을 것이다. 그리고 마음과 양심이야 문학적 표현을 통해 얼마든지 마음껏 펼칠 수 있었지 않은가. 또한 귀족으로 태어났으니 어느 정도는 이미 삶의 방식이 정해지고 만 것이 아닌가.

서간(徐幹 : 170~217)은 북해(北海 : 산동성) 출신으로 어려서부터 이미 천재 문장가로 소문이 자자했다. 제주연속(祭酒掾屬, 오관중랑장문학 五官中郎將文學) 등 하급 관직을 전전(轉轉)하다가 정치현실을 비판하는 쪽으로 기울게 되었다. 또 이상과 현실의 괴리 속에서 고심하다가 두문불출(杜門不出)하며 학문에만 전념했다. 20대 중반에 잠시 조조 진영에 참여하기도 했지만 곧 병을 얻어 낙향하고 말았다. 문학을 통해 못 이룬 이상을 표현하며 살다가 47세에 병사했다. 그의 시 '실사(室思)'는 절절한 내용과 풍부한 시정 때문에 많은 이를 감동시켰다. 그는 저서 〈중론(中論)〉을 남겼다. 자구(字句)를 지나치게 따지는 훈고학적(訓詁學的)인 풍조를 배격하고 순수한 창작열과 서정성을 중시했다.

서간의 이름은 줄기(기둥) '간(幹)'이다. 자는 위장(偉長)이다. '훌륭하고 오래간다'는 뜻이다. 서간은 결국 나라의 기둥이 되고자 관직에 나갔지만 이상하게도 꿈을 이루지 못하고 '더욱 오래가며 두고두고 빛을 내는' 문학에 더 쏠리게 되었다. 세상일이야 산야나 물길처럼 어디든 뻗어 있는 것이 아닌가. 문학은 서간을 위한 아늑한 둥지이자 비밀스러운 도피처였다.

건안문학 동인이 조조를 비롯한 삼조(三曹)의 주동으로 가능했다면 무엇보다도 조조(曹操) 3부자(父子)의 문학적 소양과 공헌을 높이 평가해야 할 것이다. 우선 조조(曹操 : 155~220)를 살펴보자.

〈삼국지〉의 주인공 중 한 사람이니 새삼스럽게 재론할 여지조차 없을 정도로 매우 유명하다. 패국(沛國 : 안휘성) 출신으로 아버지가 환관의 양자로 들어간 탓에 일찍 관직과 인연이 닿았다. 황건적 평정에 많은 공을 세우자 자연히 두각을 나타내게 되었다. 헌제를 도와 난세를 평정한다는 명분으로 실권을 장악하여 정적이 많았지만, 황제의 측신으로 대의명분을 지니고 있었기 때문에 군웅들의 쟁투 속에서 항상 패자(覇者)로 군림했다. 화북의 실질적인 패자로 군림 하던 원소(袁紹)를 관도전투(官渡戰鬪 : 200~201)에서 참패시키고 화북(華北)을 손아귀에 넣었다. 호북성(湖北省)의 가어현(嘉魚縣) 양 자강 남안 적벽(赤壁)에서 벌어진 적벽대전(赤壁大戰 : 208)에서 손 권과 유비의 연합 세력에게 참패했지만, 개인적으로는 오히려 승승 장구하는 계기가 되었다. 그는 같은 해에 승상이 되더니, 5년 후에 는 다시 위공(魏公 : 213)으로 작위가 격상되었다. 그 뒤 다시 3년이 지나자 한나라는 완전히 조조의 손아귀에 들어가고 말았다. 그는 위 왕(魏王 : 216)으로 작위가 승격되어 천자를 능가하는 위세를 누렸 다. 하지만, 낙양에서 병사하기까지 황제로 등극하지 않고 위왕으로 만 만족했다.

그는 문학을 좋아해 많은 문인을 주위에 불러 모았다. 두 아들인 조비, 조식과 함께 건안문학 발전을 위해 많이 노력한 덕으로 후세 에 '난세의 간웅(奸雄)'으로서 뿐만 아니라 뛰어난 문장가로서도 그 이름을 남기게 되었다. 자는 맹덕(孟德)이다. 이름은 지조(志操)를 나타낸다. 자(字)는 '큰 덕'을 나타낸다. 권세와 영광을 위해 평생을 바친 사람이지만 이름이나 자(字)에 들어 있는 '지조와 덕망' 때문에 문학을 좋아하게 되고 또한 문인들과 늘 가까이 지냈을 것이다. 〈삼 국지〉 속에서는 간웅으로 기록되었지만, 건안문학 동인을 통해서는 돋보이는 문장가로 후세에 길이 남게 되었다.

조비(曹丕 : 재위 220~226)는 아버지 조조가 이룩한 기반을 통 해 4백 년의 한나라 유씨 왕조를 손쉽게 무너뜨리고 위나라를 세워 초대 황제가 되었다. 조조는 얼마든지 황제가 될 수 있는 처지였지만 아들 조비를 위해 마지막 한 단계를 그대로 남겨 두었다. 아버지 때처럼 3국 정립의 시대를 살다 갔고 또 아버지처럼 문학을 좋아해 100여 편의 작품을 남겼다. 결국 삼조(三曹)의 한 사람으로 기록되어 건안문학의 중심인물로 남게 되었다.

조식(曹植 : 192~232)은 문장으로는 조씨(曹氏) 문인들 중 가장 뛰어났지만, 정치적으로는 형인 조비의 견제를 심하게 받아 항상 불안했다. 실제로 그를 따르던 시인 정의(丁儀) 같은 이들은 정치적 희생양이 되어 죽음을 당해야 했다. 조비는 해마다 봉지를 바꾸게 하며 조식에게 변방을 이리저리 떠돌게 했다. 그러나 감시가 워낙 심해 봉지를 함부로 떠날 수조차 없었다. '일곱 걸음을 걷는 사이에 시 한 수를 짓지 못하면 대법(大法 : 사형)으로 다스리겠다'며 위협하는 조비 앞에서 '콩을 삶기 위해 콩대를 태우니 콩이 가마솥에서 소리 없이 우는구나! 본디 한 뿌리에서 함께 태어났는데 서로 괴롭히기가 왜 이리 심한가!(자두연두기 煮豆燃豆其 두재부중읍 豆在釜中泣 본시동근생 本是同根生 상전하태급 相煎何太急)'라는 시를 지어 위기를 모면하기도 했다. 자신을 콩에 견주고 형을 콩대로 빗대며 형의 정치적 탄압을 비통해했던 것이다. 소위 '칠보지시(七步之詩)'다. 여기서 '즉흥시'나 '시재(詩才)가 뛰어나 시를 쉽게 짓는 사람'을 두고 '칠보지시'라고 부르게 되었다. 건안문인들 중 최연소자로서 건안문학 집대성에 기여하며 화려한 작품을 많이 남겼다.

조비의 아들인 조예(曹叡)의 치세 때도 심한 견제를 받아야 했다. 마지막 봉지인 진(陳 : 하남성의 회양현)에서 진사왕(陳思王)으로 불리며 말년을 쓸쓸히 보내다가 40세에 병사했다. 그는 자신의 불우한 처지를 문학으로 표현하는 독특한 재주를 유일한 무기로 삼아 비애와 격정으로 얼룩진 생애를 문학적 표현으로 승화시켰다.

조식의 이름은 '뿌리를 든든하게 내린다'는 뜻이다. 자는 자건(子建)이다. '탄탄하게 세운다'는 뜻이다. 그런데 이상하게도 세울 '건(建)'에는 '엎지른다'는 의미도 곁들여져 있다. 조식의 불우한 처지를 암암리에 표출하고 있는 의미가 아닌가. 하지만, 최후의 승자는 조식이었다. 그는 두보(杜甫 : 712~770)가 나오기까지 문인재사들이나 민초(民草)들 사이에서 '시인의 이상상(理想像)'으로 5백 년 이상 널리 칭송되었다. '증백마왕표칠수(贈白馬王彪七首)', '기부시(棄婦詩)', '칠애시(七哀詩)', '낙신부(洛神賦)', '유사부(幽思賦)' 등이 특히 유명하다. 문집으로 〈조자건집(曹子建集)〉(10권)을 남겼다.

　'칠애시(七哀詩)'는 남편과 오랫동안 떨어져 있는 한 아낙네의 슬픔과 고통을 읊은 오언시다. '낙신부'는 낙양 조정에 들렀다가 다시 임지로 돌아가는 도중에 낙수(洛水)의 여신(女神)을 생각하며 지은 산문이다. 낙수 여신과 만나 사랑하게 되지만 인신(人神) 사이의 불가항력적인 거리 때문에 안타까워하는 심정을 이야기한 것이다. 현실과 이상 사이의 괴리감 때문에 고뇌(苦惱)하는 심정이 잘 드러나 있다. 2백여 년 뒤 동진(東晋)의 화가인 고개지(顧愷之)는 조식의 '낙신부'를 근거로 젊은 선비 조식이 낙수의 선녀 복비(宓妃)와 사랑에 빠졌다가 헤어지는 장면을 '낙신부도(洛神賦圖)' 속에 그려 놓았다. 고개지는 송(宋)나라 육탐미(陸探微), 양(梁)나라 장승요(張僧繇)와 더불어 육조(六朝)의 3대가(大家)로 통한다.

　자(字)에는 장강(長康)과 호두(虎頭)가 있다. '열린 마음으로 즐겁게 지낸다'는 고개지의 이름과 '뿌리를 잘 내리게 한다'는 조식의 이름 사이에는 과연 어떤 인연의 줄이 있는 것인지……. 고개지의 자(字) 중에는 '호랑이 머리'도 있다. 조식의 '낙신부'를 읽고 시인의 비통한 심정을 헤아린 고개지는 젊은 시인과 강물의 여신을 아름답고 슬픈 연인 사이로 그려 놓았다. '호랑이 머리'라는 자(字)를 지닌 화백(畵伯)이 꿈에서 본 강물의 여신 복비(宓妃)를 생생하게 되살려 낸 것이다. 보통 인연이 아니다. 꿈에서나 상상 속에서나 나날의 일상 속에서 또렷하게 보고 있고 늘 만나고 있다는 뜻이 아닌가.

건안문학과 달리 죽림문학은 냉소적이고 자학적인 분위기가 지배적이었다. 17세기 뒤에 태어난 노신(魯迅 : 1881~1936)은 죽림문인들의 도피적이고 기괴한 생활을 두고 '정치적 탄압에 대한 소극적인 저항'이라고 했다. 현실 정치와 담을 쌓고 음악과 여흥 그리고 문학으로 소일했다. 극단적인 개인주의적 취향을 드러내며 노장사상(老莊思想)의 무위철학(無爲哲學)을 지고지선(至高至善)으로 여겼다. 국가교학(國家敎學)으로 굳어진 유학(儒學)의 형식적 예교(禮敎)를 조소하며 파격적인 생활 모습으로 위선적인 일면을 폭로하려 했다. 하지만, 권력의 외압을 견디지 못하고 타협하거나 비참한 최후를 맞아야 했다. 완적(阮籍), 혜강(嵇康), 산도(山濤), 향수(向秀), 유영(劉伶), 완함(阮咸), 왕융(王戎) 등을 일컬어 죽림칠현으로 불렀다.

완적(阮籍 : 210~263)은 진류(陳留 : 하남성의 개봉) 출신으로 후한 말엽의 명사이자 건안문학의 핵심 문인인 완우(阮瑀)의 아들이다. 아버지 완우의 정제(精製)되고 세련(洗練)된 작품 활동과 달리 술과 기행(奇行)으로 자신을 위장하며 철저한 비주류(非主流)와 권외자(圈外者)로 평생을 살았다. 위(魏)나라 말기 권신들인 사마씨(司馬氏) 일족의 막료(幕僚)로 봉사했지만, 천성이 비타협적이라 일찍 그만두고 초야(草野)에 은둔했다. 자신의 복잡한 내면세계를 문학적 표현으로 승화하며 전통적인 유교 사상과 기성 권력에 비타협적으로 일관했다. '영회(詠懷)', '대인선생전(大人先生傳)' 등의 작품과 〈달장론(達莊論)〉, 〈통역론(通易論)〉 등의 저서를 남겼다.

완적의 일대기는 〈삼국지(三國志)〉나 〈진서(晉書)〉에 잘 소개되어 있다. 마음에 안 들면 눈의 흰자위를 많이 드러내며 흘겨보고, 마음에 들면 눈을 곱게 떠서 그의 표정만 살피면 호오(好惡)를 분명하게 알 수 있었다고 해서 백안시(白眼視)와 청안시(靑眼視)가 그로부터 유래되었다. 이름은 이상하게도 '서적'이다. 자는 사종(嗣宗)으로 '근본을 계승한다'는 뜻이다. 근본과 핵심에 대한 탐구에 집착하다 보니 자연히 현실 도피적이고 비타협적인 처신으로 일관하게 되었을 것이다. 그는 '근본을 계승하며 책을 채워 나가는 사람'이다. 죽림칠현의 고매(高邁)한 속뜻을 엿보게 하는 완적의 이름과 자(字)다. 아버지의 이름은 완우(阮瑀)다. '돌은 돌이지만 옥처럼 귀하게 다루어지는 돌'이라는 뜻이다. '겉으로는 괴팍하고 기이한 삶을 살지만 속으로는 고귀한 목표를 지향하는' 아들 완적의 생애를 암시하는 부친의 이름이다.

혜강(嵆康 : 223~262)은 안휘성 출신으로 왕족과 결혼해 중산대부(中散大夫)에 올랐는데, 반유교적이고 비타협적이라 기성 권력층의 미움을 많이 샀다. 결국 친구가 일으킨 사건에 휘말려 39세의 나이로 그만 처형되고 말았다. 수다한 논설과 편지로 유교 사상을 비판하며 인간 본래의 진실된 심성으로 되돌아갈 것을 역설했다. 건안 문인들이 오언시를 즐겨 쓴 반면, 혜강은 〈시경(詩經)〉 이래로 널리 애용된 사언시(四言詩)를 주로 썼다. 그는 〈고사전(高士傳)〉, 〈성무애악론(聲無哀樂論)〉, 〈석사론(釋私論)〉 등의 저서를 남겼다.

혜강의 이름은 '편안하다'는 뜻이다. 자는 숙야(叔夜)다. 과연 어떤 어둠이고 밤인가. 그저 '편안한 밤이고 생기를 되찾는 밤'이다. 혜강은 결국 밤을 찾아 그 고단한 다툼을 계속한 것인가. 시간만 기다리면 저절로 다가오는 어둠이고 밤인데 왜 그토록 밤과 어둠을 찾아 헤매야 했는가. 왕족과의 결혼으로 너무 밝은 빛 아래 놓이게 되었던 것이다. 편안한 어둠과 기운을 되찾아 주는 밤이 꼭 필요했다. 그래서 그토록 광기 어린 걸음과 몸짓으로 오래 찾아 헤매야 했다. 하지만, 기괴한 일상을 살면서도 후손에게 주는 가훈(家訓)에 있어서는 상식적이고 건전한 훈계로 일관했다.

완함(阮咸)은 비파 연주의 달인이라, 그가 연주하던 악기 자체에 완함이라는 이름이 붙고 말았다. 이름을 남기는 방법에도 참으로 여러 가지가 있는 모양이다. 혜강은 거문고 연주의 달인으로 '금부(琴賦)'라는 작품을 남기기까지 했는데도 여전히 기인문인(奇人文人)으로만 남아 있다. 완함(阮咸)의 이름에는 '두루 미친다'는 의미와 '부드러워진다'는 뜻이 함께 들어 있다. 악기 소리를 암시한다. 이 모든 게 즐길 만한 아름다운 선율을 암시한다.

건안문학의 핵심 문인들은 공융(孔融), 진림(陳琳), 왕찬(王粲), 서간(徐幹), 완우(阮瑀), 응창(應瑒), 유정(劉楨) 등이다. 조조, 조비, 조식 3부자는 건안칠자와 교류하며 건안문학을 융성하게 하고 결실을 맺게 해준 건안문학동인회(建安文學同人會)의 막강한 후원자들이었다.

죽림칠현은 완적(阮籍), 혜강(嵇康), 산도(山濤), 향수(向秀), 유영(劉伶), 완함(阮咸), 왕융(王戎) 등을 일컫는 말이다. 말은 매우 낭만적이고 은둔적이지만, 실제로는 세상 사람들의 주목과 소문 속에서 산 듯하다. 권력에 회유당하거나 아니면 권력의 탄압에 죽어야 했던 것을 보면 결코 세상 밖으로 멀리 도망치지 못한 것 같다.

건안칠자와 죽림칠현의 이름을 비교해 보자.

건안칠자의 이름은 화(化)할 '융(融)', 아름다운 '림(琳)', 정백미(精白米) 혹은 정미(精米) '찬(粲)', 줄기 '간(幹)', 패옥(佩玉) '우

(瑀)’, 제향(祭享) 혹은 제사(祭祀)에 쓰는 옥잔 ‘창(瑒)’, 쥐똥나무 (privet) ‘정(楨)’ 등이다. 아름다운 옥을 가리키는 ‘림(琳)’, 껍질을 벗긴 쌀처럼 깨끗함을 가리키는 ‘찬(粲)’, 기둥이 될 나무줄기를 의미하는 ‘간(幹)’, 궁정의 각종 의복에 위엄을 더하기 위해 늘어뜨리는 옥(玉)을 가리키는 ‘우(瑀)’, 나라의 제사에 쓰는 옥잔을 가리키는 ‘창(瑒)’, 촘촘하게 들어찬 산울타리를 연상시키는 ‘정(楨)’, 그리고 스스로 변하여 같아진다는 ‘융(融)’ 등이 모두 제도권 밖의 비주류나 세상 밖의 은둔자보다는 제도권 내의 주류와 세상의 중심을 이루는 주체세력(主體勢力)을 암시한다.

죽림칠현의 이름은 서적 ‘적(籍)’, 편안할 ‘강(康)’, 물결 ‘도(濤)’, 빼어날 ‘수(秀)’, 영리할 ‘영(伶)’, 두루(모두) ‘함(咸)’, 오랑캐 ‘융(戎)’ 등이다. 쾨쾨한 서고를 생각하게 하는 ‘적(籍)’, 개인주의적인 천성을 암시하는 ‘강(康)’, 전원적이고 목가적인 냄새가 나는 ‘도(濤)’, 유아독존적일 듯한 ‘수(秀)’와 ‘영(伶)’, 욕심이 과할 듯한 ‘함(咸)’, 방랑자나 유목민처럼 초원을 누빌 듯한 ‘융(戎)’ 등이 모두 은둔적이거나 개인주의적인 취향과 어느 정도 연관이 있어 보인다. 하지만, 어딘가 지나칠 정도로 강인하고 고집이 센 듯하다. 세상 밖에 홀로 머물 수 있고, 세상의 온갖 괴소문(怪所聞)과 백안시(白眼視)를 무릅쓸 각오가 되어 있다는 것부터가 얼마나 지독(至毒)한 일인가.

하지만, 새는 좌우의 두 날개로 날고 물은 겉과 속이 함께 흐르지 않는가. 센바람과 여린 바람, 찬바람과 더운 바람이 함께 불어 세상 만물을 지어낸다. 낮의 따가운 햇살과 밤의 차가운 달빛, 별빛을 받아 산천초목이 자라는 것이다. 건안칠자와 죽림칠현은 하늘을 마음껏 나는 좌우의 날개였다. 건안문학과 죽림문학은 낮과 밤처럼 서로 다르면서도 둘이 함께 붙어 있는 그런 불가분의 관계이자 질서였다.

해와 달, 낮과 밤, 비와 눈, 먼지와 돌이 서로 맞물려 돌아가듯 두 부류의 문학은 한 묶음이고 또 한 다발이었다. 당대를 살던 이들의 상상력과 창작열이 씨줄과 날줄로 서로 맞물려 있는 아름답고 질긴 옷이었다. 한 시대를 살던 천재적 창작인들의 꿈과 이상이 만들어 낸 가장 아름답고 상서로운 무지개였다.

종합적 예술혼(藝術魂)을 꽃피운 당송팔대가(唐宋八大家)

당나라와 송나라의 대표적 문인들을 지칭하는 당송팔대가라는 명칭은 진서산(眞西山), 당순지(唐順之 : 1507~1560), 모곤(茅坤) 등이 당송의 작품을 묶어 책을 펴내며 대표 작가들을 여덟 명으로 축약한 데서 비롯되었다. 명나라의 모곤(茅坤)은 아예 〈당송팔대가문초(唐宋八大家文鈔)〉(160권)를 편집하여 널리 보급했다. 당나라 때는 간결하고 명료한 문체로, 유학의 가르침 그리고 진대(秦代)와 한대(漢代)의 고문을 주로 참조하고 인용하는 산문 운동이 주축이었다. 송나라 때는 당대(唐代)의 새로운 표현 기법에 문학 본래의 탐미적(耽美的) 색채를 더해 쉽고 유려(流麗)한 산문 운동으로 발전했다. 당대(唐代)의 한유(韓愈)와 유종원(柳宗元), 송대(宋代)의 구양수(歐陽脩), 소순(蘇洵), 소식(蘇軾), 소철(蘇轍), 증공(曾鞏), 왕안석(王安石) 등 총 8명의 산문 작가들을 일컫는다.

한유(韓愈 : 768~824)는 회주(懷州 : 하남성)의 수무현(修武縣) 출신으로 24세 때 진사에 급제했다. 절도사의 속관(屬官)을 거쳐 감찰어사(監察御史)에 이르렀다. 그런데 고위직자를 탄핵하다가 오히려 자신이 양산현(陽山縣 : 광동성)의 현령(803)으로 좌천되었다. 이 듬해 풀려나 국자감(國子監)에서 근무하다가 오원제(吳元濟)의 반란 (817) 평정에 공을 세우고 형부시랑(刑部侍郎)에 올랐다. 하지만, 헌종(憲宗) 황제의 불교 숭상을 반대하다가 조주(潮州 : 광동성)의 자사(刺史)로 다시 좌천되었다. 헌종 사후 이부시랑(吏部侍郎)으로 중앙 무대에 다시 복귀했다. 도교와 불교를 배격하고 유교 정신을 따르며 대구(對句) 형식의 병문(倂文) 작풍(作風)에 반대하고, 더욱 자유로운 형식인 고문(古文) 답습을 선호했다. 작품은 〈창려선생집(昌黎先生集)〉(40권), 〈외집(外集)〉(10권), 〈유문(遺文)〉(1권) 등의 문집에 수록되어 전한다.

한유(韓愈)의 이름은 '병이 낫듯이 점점 더 나아지는 것'을 의미한다. 자는 퇴지(退之)다. '물러나고 물리치는 것을 겸양(謙讓)에 따라 한다'는 뜻이다.

유종원(柳宗元 : 773~819)은 당나라 수도인 장안(長安) 출신으로 유하동(柳河東)이나 유유주(柳柳州)로도 불렸다. 왕안석의 신법운동에 참여했다가 왕안석이 실각하자 그도 변방으로 13년 동안 좌천되었다. 5세 연상의 한유와 교류하면서도 유교적 정신에 치우친 한유와 달리 유교, 불교, 도교를 모두 좋아했다. 단, 폐쇄적이고 독선적인 신비주의를 배격하고 자유로운 합리주의를 선호했다. 산수(山水)를 묘사한 간결한 산문과 산수를 주제로 한 시에 특히 능해 도연명(陶淵明)에 견주기도 하며 왕유(王維), 맹호연(孟浩然) 등과 함께 자연주의적 작풍(作風)으로 분류되기도 했다. 울분을 문학으로 승화시킨 부분은 굴원(屈原) 등에 견주기도 했다. '걸교문(乞巧文)' 속에서 과거의 귀족적이고 지나치게 수사적(修辭的)인 문체를 사륙변려문(四六騈儷文) 혹은 변려체(騈儷體)로 지칭하며 까다로운 형식주의에 빠져 문장의 세련미만 따지는 작풍을 비판했다. '천설(天說)', '비국어(非國語)', '봉건론(封建論)' 등이 대표작이다. 시문집으로는 〈유하동집(柳河東集)〉(45권), 〈외집(外集)〉(2권), 〈보유(補遺)〉(1권) 등이 있다.

유종원(柳宗元)의 이름은 '처음과 으뜸이 된다'는 뜻이다. 자는 자후(子厚)다. '무겁고 두껍고 양이 많다'는 뜻이다. 이름이나 자(字) 모두 큰 야심과 의욕으로 똘똘 뭉쳐 있다. 벼슬길에서 이루지 못한 이상을 글로 적어 남긴 셈이다. 느낌과 주장을 함께 풀어내기 위해 산문을 택한 것이다.

왕유(王維), 맹호연(孟浩然), 위응물(韋應物), 유종원(柳宗元)을 합쳐 "왕맹위유(王孟韋柳)"로 부른 이들도 있었다.

왕유(王維 : 699~761)는 8세부터 시를 쓰기 시작하여 글씨와 음악에도 조예(造詣)가 깊었다. 아우인 왕진(王縉)과 더불어 문명(文名)을 날렸다. 벼슬길에 나서면서도 대체로 승승장구했다. 그런데 안녹산(安祿山)의 난(亂) 때 반란군에 붙들려 잠시 봉사한 것이 후에 문제가 되었지만, 아우의 도움과 함께 본인 스스로 반란군 진중에서도 천자(天子)를 그리는 글을 지었기 때문에 가벼운 처벌로 그치고 다시 등용되었다. 뿐만 아니라 상서우승(尙書右丞)에 올라 왕우승(王右丞)으로 불리기도 했다. 장안(長安)의 귀족 사회에서는 많은 칭송과 존경을 받았다. 남전(藍田 : 섬서성의 장안 동남쪽)의 별장인 망천장(輞川莊)에서 쓴 일련의 작품들이 특히 수작(秀作)으로 통한다. 독실한 불교 신자로서 불교 사상의 영향을 많이 받았다. 그는 수묵산수화에도 일가견이 있어 화적(畵蹟)도 많이 남겼다. 남송문인화(南宋文人畵)의 시조로 여겨지기도 한다. 송대(宋代)의 문장가인 소동파(蘇東坡), 즉 소식은 왕유의 그림을 두고 '시 속에 그림이 있고 그림 속에 시가 있다'고 평하기도 했다. '장벽산수화(牆壁山水畵)', '창주도(滄州圖)', '망천도(輞川圖)' 등이 그의 작품으로 알려져 있다. 그는 또 〈왕우승집(王右丞集)〉(28권) 등을 남겼다. 산을 탐미적으로 읊은 '산거추명(山居秋暝)'과 강을 아름답게 읊은 '한강임범(漢江臨泛)'이 유명하다. 해 저물녘 외로운 성채를 바라보며 읊은 칠언절구(七言絶句)인 '송위평사(送韋評事)'에서는 '쓸쓸한 심정이나 삭막한 풍경을 비유하는 말'인 고성낙일(孤城落日)이 유래했다.

왕유(王維)의 이름은 '굵은 밧줄'이다. 자는 마힐(摩詰)이다. '보석을 갈아 광채를 내듯 꼬치꼬치 캐물어 밝힌다'는 뜻이다. 굵은 밧줄로 넋을 하늘에 붙들어 맨 후 보석을 갈아 빛을 내듯 삶을 통찰하고, 관조(觀照)하고, 조감(鳥瞰)한다는 뜻인가. 한편, 형인 왕유의 목숨을 구해 준 아우인 왕진(王縉)의 이름은 '붉은 비단 깃발을 꽂는다'는 뜻이다. 얼마나 신기한가. 형의 '굵은 밧줄'과 아우의 '붉은 비단 깃발'이 합하여 형의 목숨을 구한 것이다.

위응물(韋應物 : 737~804)은 당 현종의 경호 책임을 맡을 정도로 협객다운 데가 있었다. 현종 사후, 학문에 열중하여 정통 관료로 새 출발을 했다. 좌사낭중(左司郎中)과 소주(蘇州) 자사(刺史)를 역임했다. 전원생활을 그린 작품이 많다. 한편 맹호연(孟浩然 : 689~740)은 40세 무렵에 진사 시험을 쳤지만 낙방하고 낙향하여 은둔 생활을 했다. 만년에 재상인 장구령의 부름을 받고 잠시 일한 것이 전부다. 고독한 전원생활을 그린 '춘효(春曉)'가 특히 유명하다. 그의 시집으로 〈맹호연집(孟浩然集)〉(4권)이 있다.

위응물(韋應物)의 이름은 '천지 만물에 순응한다'는 뜻이다. 맹호연(孟浩然)의 이름은 맹자(孟子)가 '도의와 조화를 이룬 인격의 이상적 기상(氣像)'으로 여긴 호연지기(浩然之氣)를 생각하게 한다. 호연지기는 공명정대하고, 지고지선(至高至善)하며, 지대지강(至大至剛)한 천지의 참 기운이다. 남송이 몽골의 원나라에 함락된 후 벼슬을 한사코 거부하다 처형당한 문천상(文天祥 : 1236~1282)은 맹자의 호연지기를 정기(正氣)로 보고 옥중에서 '정기가(正氣歌)'를 지어 남겼다. 위응물, 맹호연 두 사람의 이름이 모두 전원에 묻혀 자연을 탐미(耽美)하는 한가로운 생활을 암시하고 있다.

호연지기를 정기로 해석한 남송의 마지막 충신인 문천상(文天祥)의 이름이나 자(字)가 참으로 신기하다. 자는 송서(宋瑞)와 이선(履善)이고, 아호는 문산(文山)이다. 19세에 진사 시험에 수석으로 합격한 후 관가에 나갔지만, 가사도와 천도를 놓고 격돌하다가 사직했다. 그 후 원나라가 남송의 수도인 임안을 함락했을 때는 원나라 총수 백안과 담판하다가 투옥되었다. 북송 도중에 탈출하여 원나라를 공격했지만 이내 패배하고 3년간 옥살이를 했다. 그 후에는 원나라 세조의 부름을 거부하다가 처형을 당했다.

이름은 '하늘의 복'이다. 송서(宋瑞)라는 자는 '송나라를 길이 보전한다'는 뜻이고, 또 다른 자인 이선(履善)은 '참다운 것을 신처럼 신고 다닌다'는 의미다. 아호 문산(文山)은 '글을 산처럼 써서 남긴다'는 대단한 호언장담(豪言壯談)이다. 이름과 자 그리고 아호가 어쩌면 그리도 문천상의 파란만장한 일생이나 비극적인 최후와 똑같은지 모르겠다. 사람의 일생과 최후는 결국 타고난 천성과 기질을 따라 정직하고 공정하게 펼쳐지게 마련인가 보다.

구양수(歐陽修 : 1007~1072)는 말 그대로 찢어지게 가난한 집안에서 자라 불후의 이름을 남긴 위대한 작가다. 3세 때 아버지를 여의고 어머니가 모래 위에 갈대로 써 주는 글자를 보고 글공부를 시작했다. 9세 때 한유의 문집을 읽고 문학에 눈을 떴다. 23세 때는 진사가 되어 한림원(翰林院) 학사(學士), 참지정사(參知政事) 등을 거쳐 태자소사(太子少師)에 이르렀다. 하지만, 신종(神宗) 때 왕안석의 신법운동에 반대하다가 사직했다. 그는 송나라 초기의 미문조(美文調) 시문인 서곤체(西崑體) 대신 당대(唐代)의 한유(韓愈)를 따르고자 했다. 전집으로 〈구양문충공집(歐陽文忠公集)〉(153권)이 있다. 그는 또 〈신당서(新唐書)〉와 〈오대사기(五代史記)〉의 편찬에 참여했다.

구양수(歐陽修)의 이름은 '닦는다, 기른다'는 뜻이다. 어려운 환경에서도 독학으로 자수성가하여 문명(文名)을 길이 남겼으니, 이름의 뜻과 걸맞게 산 셈이다.

소순(蘇洵 : 1009~1066)은 젊어서 협객 노릇을 하다가 20대 후반에야 학문에 뜻을 두었다. 진사 시험에 낙방 후 관직을 포기한 채 평론과 저술에만 전념했다. 47세 때 힘차면서도 날카로운 평론이 2세 연상인 구양수의 인정을 받게 되자 일약 유명해졌다. 그 덕으로 조정에 나가 북송 이래의 예교에 관한 글을 모은 〈태상인혁례(太常因革禮)〉(100권)를 편찬했다. 그의 아들인 소식(蘇軾), 소철(蘇轍)과 함께 '삼소(三蘇)'로 불린다. 대소(大蘇)나 소소(小蘇)로 불리는 두 아들 소식이나 소철과는 달리 그는 노소(老蘇)로 불리기도 한다. 문집으로 〈가우집(嘉祐集)〉 혹은 〈노천선생집(老泉先生集)〉이 있고, 저서로 〈시법(諡法)〉(4권)이 있다.

소순(蘇洵)의 이름이 참으로 특이하다. '눈물을 흘린다'는 뜻도 있고 또 '멀다'는 의미도 있다. 40대 후반에 세상의 인정을 받아 마지막 10년은 그런대로 괜찮은 편이었다. 자는 명윤(明允)이다. '떳떳한 일이어야만 따른다'는 뜻이다. 아호는 노천(老泉)이다. '오래된 샘물'이기도 하고 '늦게야 샘물이 솟는 우물'이기도 하다. 소순이 맞이한 말년의 반짝거린 대운(大運)을 암시하는 아호 같다. 자(字)는 협객 노릇으로 기른 품성과 기질을 암시하고, 아호는 늦게 찾아온 말년의 복을 암시한다. 고향은 미산(眉山 : 사천성)이다. '눈썹을 닮은 산'이다. 문명(文名)을 떨칠 3부자의 탄생을 예고하는 '눈썹 산'이다. '눈물을 흘린다'는 소순은 결국 '닦아 주는 손길'인 구양수를 만나 40대 후반에 인생 역전을 이룰 수 있었다. 참으로 신기하지 않은가.

소식(蘇軾 : 1036. 12. 19~1101. 7. 28)은 아호가 동파거사(東坡居士)인 탓에 소동파로 더 잘 알려져 있다. 소파공(蘇坡公)이나 소파선(蘇坡仙)으로 불리기도 했다. 21세 때 진사 시험에 합격하여 시험관이던 구양수의 눈에 들어 문단에 등장하게 되었다. 하지만, 왕안석의 신법운동 때는 지방관으로 좌천되었다. 구법당과 신법당의 권력 다툼에 끼어 투옥과 유배를 거듭해야 했다. '독서가 만 권에 이르러도 율령은 읽지 않는다'고 쓴 대목이 필화(筆禍)(1079)로 이어져 어사대(御史臺) 감옥에 투옥되었다. 그는 황주(黃州 : 호북성)로 유배되었다가, 철종(哲宗)이 즉위하고 구법당이 실권을 장악하자 예부상서를 역임했다. 하지만, 구법당을 후원하던 황태후가 죽자 다시 신법당이 득세하여 그는 다시 최남단인 해남도(海南島)로 유배되었다. 7년 후 휘종(徽宗)이 즉위하자 곧 풀려나 귀향하게 되었다. 그러나 상주(常州 : 강소성)에서 65세에 병사하고 말았다. 천성이 명랑하고 좌담(座談)을 즐겨 문인들이 그의 주위에 많이 모였다. 서정적 흐름이 강한 당대의 분위기와 달리 철학적인 분위기가 강한 글을 주로 썼다. 시문서화(詩文書畵)에 모두 능해 다양한 예술가들과 깊이 교류했다.

'적벽부(赤壁賦)'는 불후의 명작으로 통한다. 소식이 필화사건으로 황주에 유배되었을 때 황주 밖의 적벽에 들렀다가 지었다. 여름(1082. 7)에 들러 지은 것이 '전(前)적벽부'고 가을(1082. 10)에 들러 지은 것이 '후(後)적벽부'다. '전(前)적벽부'에는 '훌쩍 세상을 버리고 신선이 되어 하늘로 오르는 것만 같다'는 대목이 나오는데, 여기서 '신선이 되어 하늘로 올라감'을 이르는 우화등선(羽化登仙)이라는 말이 유래했다. 번데기가 나방으로 변하는 것을 이르는 말이, '적벽부'로 인해 '번잡한 세상일을 벗어나 즐겁게 지내는 삶'이나, '술에 취해 거나한 모습'을 일컫는 말로 변했다. '미인의 불운을 빗댄' 가인박명(佳人薄命)이라는 말도 소식의 '박명가인시(薄命佳人詩)'에서 유래했다. 소식은 양주지방 장관으로 있으면서 한 여승의 기구한 삶을 유추하여 '박명가인시'를 지었다. 후세 사람들은 안녹산(安祿山)의 난을 피해 현종과 함께 피난을 가다가 군인들의 소요로 죽게 된 양귀비(楊貴妃)의 기구한 삶을 가인박명의 대표적 사례로 손꼽았다. 그의 시에는 또한 '인생은 글자를 알 때부터 우환이 시작된다(인생식자우환시 人生識字憂患始)'는 말이 나온다. 〈삼국지(三國志)〉에 나오는 '식자우환(識字憂患)'이라는 말과 좋은 대비를 이룬다. 서서(徐庶)의 노모는 조조(曹操)의 심복인 모사 정욱(程昱)이 자신의 필체를 본떠 편지를 보내 아들을 조조 진영으로 불러들이자, '여자가 글을 안다는 것부터가 걱정을 낳게 한 원인'이라며 한탄한다.

소식의 제자인 황정견(黃庭堅 : 1045~1105)도 구법당에 속해 있다가 정권이 바뀔 때마다 우여곡절을 겪었다. 유배와 복직을 되풀이하다가 유배지인 의주(宜州 : 광서성)에서 60세에 병사했다. 21세 때 진사에 급제하여 국자감 교수를 거쳐 지방 관리를 역임했다. 41세 때야 비로소 중앙으로 돌아와 교서랑(校書郎)이 되어 역사 편찬에 참여했다. 고향이 홍주(洪州 : 강서성)인 덕에 강서파(江西派)의 시조로 통한다. 그는 〈예장황선생문집(豫章黃先生文集)〉(30권)을 남겼다. 글씨에도 뛰어나 채양(蔡襄), 소식(蘇軾), 미불(米市 :

1051~1107)과 더불어 '북송 4대가(大家)'로 통한다.

황정견의 자는 노직(魯直)이고 아호는 산곡(山谷)이다. 남송의 승려인 혜홍(惠洪)이 쓴 〈냉재야화(冷齋夜話)〉에는 '황정견이 시작법(詩作法)을 두고 환골법(換骨法)과 탈태법(奪胎法)을 이야기했다'는 내용이 나온다. '시의 뜻은 무궁한데 재주는 유한하다'며 '뜻을 바꾸지 않고 표현하는 것'을 환골법이라 하고, '그 무궁한 뜻을 본받아 형용(形容)하는 것'을 가리켜 탈태법이라고 했다는 것이다. 본래 선가(仙家)에서 새 사람이 되게 하는 연단법(鍊丹法)을 환골탈태(換骨奪胎)로 표현했는데, 황정견은 이를 시작법에 응용한 것이다. 이름이 참으로 특이하다. '궁중을 탄탄하게 해 놓는다'는 이름이다. 하지만, 신법당과 구법당의 정쟁에 휘말려 스승인 소식처럼 불우한 공직 생활을 했다. 그래도 문화와 예술을 통해 송나라 황실을 오래 기억되게 했다.

소철(蘇轍 : 1039~1112)은 형인 소식보다 3세 아래였다. 20세 전에 진사가 되어 관직을 가졌지만 곧 왕안석의 신법당에 밀려 지방으로 좌천되었다. 철종 즉위 후 구법당이 득세하자 우사간(右司諫), 상서우승(尙書右丞), 문하시랑(門下侍郎)을 역임했다. 신법당 복귀 후에는 뇌주(雷州 : 광동성)로 귀양을 갔다가 후에 사면되자 은퇴했다. 〈난성집(欒城集)〉(84권), 〈시전(詩傳)〉, 〈춘추집전(春秋集傳)〉, 〈고사(古史)〉 등의 저서를 남겼다.

그의 자는 자유(子由), 아호는 난성(欒城)이다. 이름은 '수레바퀴 자국'이다. '흔적을 남긴다'는 뜻이다. 즉, 계속 굴러간다는 의미다. 자유(子由)라는 자(字)는 '까닭을 따져 수긍하고 안 하고를 가린다'는 뜻이다. 남보다 일찍 공직 생활을 하며 나라 돌아가는 것과 사람들이 다투고 겨루는 것을 보았으니 상당히 신중하고 치밀했을 것이다. 경험이 많고 반성과 회고가 많은데 어떻게 적당히 살겠는가. '발자취 하나하나, 흔적 하나하나'를 되밟고 다시 살피며 살았을 것이다. 신중하고 치밀한 탓인지 그의 아버지인 소순은 57세, 형인 소식은 65세까지 살았는데 동생 소철은 73세까지 살았다.

증공(曾鞏 : 1019~1083)은 38세에 진사 시험에 합격하여 60세까지 지방 관리로 전전했다. 환갑이 지나서야 중앙 관직인 사관수찬(史館修撰), 중서사인(中書舍人)에 올랐다. 그는 시문집 〈원풍유고(元豊遺藁)〉와 고금의 전각(篆刻)을 모은 〈금석록(金石錄)〉(500권)을 남겼다.

자는 자고(子固)인데, 고향이 남풍(南豊 : 강서성)이라 남풍선생(南豊先生)으로도 불렸다. 이름에도 '단단하다'는 뜻이 들어 있고, 자(字)에도 '단단하다'는 의미가 곁들여져 있다. 중년에 관직 생활을 시작하여 평생 노력형의 사람으로 살며 객관적인 서술에 특히 뛰어났다. '단단하다'는 말 속에 이미 인고(忍苦)의 삶이 절절이 배어 있다.

당송팔대가의 한 사람인 왕안석(王安石 : 1021~1086)은 당파 싸움으로 더 잘 알려져 있다. 사마광(司馬光)의 구법당에 맞서 신법당의 영수(領袖)로 군림했기 때문이다. 21세에 진사가 되어 강남(江南)에 근무하며, 이재(理財)의 능력을 인정받았다. 48세(1069)에 참지정사(參知政事)가 되어 전권을 장악하게 되자 대대적인 개혁 운동을 펼쳤다. 소위 신법운동이었다. 그러다 보니 한기(韓琦)와 사마광(司馬光)을 필두로 한 구법 세력과 자연스럽게 충돌하게 되었다.

7년 후(1076) 왕안석을 물리친 신종(神宗 : 재위 1067~1085 / 19~37세)은 부국강병의 개혁 정책을 직접 진두지휘했다. 왕안석은 55세에 실각되자 낙향하여 학문에 전념했다. 그 덕에 그래도 문필가(文筆家)로 후세에 남게 된 것이다. 자는 개보(介甫)다. 이름 속의 '돌'처럼, 그리고 자(字) 속의 '큰 것으로 틈새를 메운다'는 의미처럼, 그는 송(宋)나라의 중흥을 위해 물불을 가리지 않았다. 21세 이후 55세까지 공직 생활을 했으니 결국 34년간 봉사하고 물러난 셈이다. 그리고 실각한 뒤 마지막 10년은 학문과 문학으로 승부했다. 역사는 그의 34년 공직 생활보다도 마지막 10년을 더 값지게 보고, 그를 당송팔대가(唐宋八大家)로 인정하는 것이다.

문선(文仙) 도연명(陶淵明)과 시선(詩仙) 이백(李白)

도연명과 이백은 여러모로 흡사한 데가 많다. 유교적 훈계보다도 주로 대자연의 신비하고 아름다운 면을 문학의 소재로 삼았다. 대자연과 하나가 되고 우주 만물과 조화를 이루는 것을 삶의 극치로 여겼다. 죽림칠현 식의 기행이 없지는 않았지만, 세상을 냉소하는 유아독존적인 독설이 아니라 그저 자연과 하나가 된 신기하고 오묘한 느낌과 감동을 표현하려 했다. 쉽게 말해 삶을 대자연에 비추어 보며 갑론을박으로 지새우는 속세를 벗어나 보려 했다. 그래서 은둔하지 않으면서도 은둔자처럼 살 수 있었다. 기행과 초월로 사람들을 놀라게 하면서도 선각자로서 예우를 받을 수 있었다. 문재(文才)를 마음껏 뽐내고 상상력을 깃발처럼 휘날렸지만 세상은 신선의 환생으로 인정해 주었다.

도잠(陶潛 : 365~427)은 구강현(九江縣 : 강서성)의 시상(柴桑) 출신으로 증조부는 서진(西晉)의 명장인 도간(陶侃)이고, 외조부는 당대의 명사인 맹가(孟嘉)였다. 집안은 소지주(小地主) 정도의 살림이었다. 28세 때 벼슬을 시작하여 주(州)의 제주(祭酒)가 되었지만 얼마 못 가 사임하고 말았다. 군웅이 할거할 때는 진군참군(鎭軍參軍)과 건위참군(建衛參軍)을 역임했다. 벼슬길에 나가서도 늘 전원생활에 대한 동경을 버리지 않았다. 결국 40세 때 누이가 죽자 핑계를 대고 팽택현(彭澤縣)의 현령(縣令)을 끝으로 벼슬 생활을 접었다.

이때 벼슬을 그만두는 심정을 '귀거래사(歸去來辭)'로 읊었다. 상관(上官)의 순시 때 '나는 5두미(五斗米 : 적은 월급)를 위해 향리의 소인(小人)에게 허리를 굽힐 수 없다'며 자신의 처지를 한탄할 정도였으니, 벼슬 생활이 체질에 맞을 리 없었다. 낙향한 후 스스로 열심히 농사를 지으며 대자연과 어울린 삶을 문학적 표현으로 승화시켰다. 전형적인 민중문학이요, 삶에 뿌리를 둔 생활문학이자 농경문학이었다. 담담하면서도 인간미가 물씬 배어 있는 시풍이었기 때문에 당대에는 크게 주목받지 못했지만, 얼마 지나지 않아 최고의 시인으로 추앙받게 되었다. 양(梁)나라 종영(鍾嶸)은 〈시품(詩品)〉에서 '고금(古今) 은일시인(隱逸詩人)의 종(宗)'이라고 평했다. 자연에 묻혀 평범한 한 인간으로 살아가는 생활 시인 중 고금동서를 통틀어 으뜸이라는 이야기다.

문학평론으로 유명했던 양(梁)나라 소명태자(昭明太子) 소통(蕭通 : 501~531 / 양무제의 장남)은 〈문선(文選)〉(30권)을 편찬하며 도연명의 시 9편을 수록했다. 그는 진(秦), 한(漢) 이후 양(梁)나라까지의 대표적 시문을 모아 〈문선(文選)〉으로 엮으며 '문장은 화려하되 부박(浮薄)하지 않아야 하고 전아(典雅)하면서도 거칠지 않아야 한다. 문(文)과 질(質)이 어울릴 때 군자(君子)의 극치(極致)를 지니게 된다'고 했다. 즉위하지 못한 채 황태자로서 생을 마감했지만 그의 문학관은 후대에 이르러 많은 영향을 미쳤다. 자는 덕시(德施)다. 그가 편집한 〈문선〉은 문학 학습의 교과서로 널리 활용되었다. 뿐만 아니라 그의 〈문선〉에 주석을 달기 시작하며 '문선학(文選學)' 혹은 선학(選學)이 탄생하여 6경(六經)에 견줄 정도였다. 당나라 학자인 이선(李善 : 630~689)이 날카로운 분석과 방대한 자료 수집으로 〈문선주(文選註)〉(60권)를 편찬하자 문선학이 하나의 학문으로 자리 잡게 되었다.

당대(唐代)에 들어와서는 더욱 많은 영향을 미쳐 모든 시인이 도연명의 자연주의적 시풍(詩風)을 닮고자 했다. 시 이외에 산문집으로 〈오류선생전(五柳先生傳)〉과 〈도화원기(桃花源記)〉가 있다. 소설(小說)을 묶은 〈수신후기(搜神後記)〉도 남겼다. 자는 연명(淵明) 혹은 원량(元亮)이다. 문 앞에 버드나무 다섯 그루를 심어 놓고 스스로 오류선생(五柳先生)이라고 부르기도 했다. 그가 62세로 죽자 정절선생(靖節先生)이라는 시호가 주어졌다. 수묵문인화에도 일가견이 있어 국화를 특히 즐겨 그렸다. 매란국죽(梅蘭菊竹)을 사군자(四君子)로 부르는 대신 매란연국(梅蘭蓮菊)을 사애(四愛)라 부르는 이유도 매화를 좋아한 임화정(林和靖), 난초를 좋아한 황산곡(黃山谷), 연꽃을 좋아한 주무숙(周茂叔), 국화를 좋아한 도연명(陶淵明)의 그 특별한 '사랑' 때문이다. 사군자(四君子)라는 말은 명나라 진계유(陳繼儒)가 〈매란국죽사보(梅蘭菊竹四譜)〉에서 처음 사용했다. 도연명의 국화 사랑이 워낙 특별하다 보니 국화마저도 '네 문인(文人)의 특별한 연인' 속에 들고 만 것이다.

'귀거래사(歸去來辭)'(405)는 구차스러운 벼슬 생활과 단절하는 심경을 적은 글이다. 모두 4장으로 되어 있는데, 1장에서는 벼슬을 그만두고 전원생활로 돌아가는 심경을 정신적 해방에 견주었다. 2장에서는 고향집에 도착하여 자녀들을 만나는 기쁨을 노래했다. 3

장에서는 번잡한 세상사를 떠나 전원에 묻혀 사는 즐거움을 노래했다. 4장에서는 자연의 섭리를 따라 살며 여생을 마치겠다는 다짐을 적었다.

기행문에 해당하는 〈도화원기(桃花源記)〉는 이상향을 그리는 도연명의 마음이 우화적으로 표현된 것이다. 무릉(武陵)의 한 어부가 배를 타고 가다가 도화림(桃花林) 속에서 길을 잃고 산속 동굴을 따라가다가 어떤 이상향(理想鄕)을 보게 되었다는 줄거리다. 대접을 잘 받고 돌아오며 표시를 해 두었지만 그 뒤로는 영영 다시 찾을 수 없었다는 것이다.

이후 사람들은 실향민 부락에 해당하는 〈도화원기〉 속의 진인동(秦人洞)을 노자(老子)의 소국과민(小國寡民)의 이상 사회와 도교(道敎)에서 제시하는 선경(仙境)의 한 모습으로 떠올리게 되었다. 무릉도원(武陵桃源)이나 도원경(桃源境)이 이상 사회의 대명사로 자리 잡게 된 것도 〈도화원기〉 덕분이다. 장자(莊子)가 말한 무위자연의 이상 사회인 무하유지향(無何有之鄕)이 도연명의 손을 빌려 '복숭아꽃 흐드러지게 핀 진(秦)나라 피난민들의 비밀스러운 촌락'으로 승화된 셈이다.

사람들은 〈후한서(後漢書)〉의 '방술전(方術傳)'에 나오는 호공(壺公)의 호중지천(壺中之天)을 상상하기도 했을 것이다. 여남현(汝南縣) 시장 관리인 비장방(費長房)이 약을 파는 호공(壺公)을 따라 항아리 속의 이상향을 보게 되었다는 이야기에서, '항아리 속의 세계'를 말하는 호중지천(壺中之天)은 별천지의 하나로 손꼽히게 되었다. 옥으로 만든 집들과 산해진미 그리고 호공을 따라 하늘나라로 갔다가 선술을 못 익혀 세상으로 돌아왔다는 비장방의 이야기 등이 얼마나 많은 이의 상상력을 자극했겠는가. 도연명의 무릉도원과 도원경은 바로 그런 호중지천을 더욱 현실감 있게 표현해 낸 것이다.

도연명의 문체를 전범(典範)으로 삼는 이들이 늘어나자 연명체(淵明體)라는 말마저 생겨났다. 평범하고 담백하면서도 자연에 심취한 전원생활의 묘미가 잘 드러나 있기에 많은 이에게 감동을 주었던 것이다. 굴원(屈原) 이후 오랫동안 못 보던 진정한 전원시인(田園詩人)의 모습을 도연명을 통해 다시 보게 되었던 것이다.

기원전 3세기, 전국시대의 초(楚)나라 관리였던 굴원(屈原)은 회왕(懷王)과 경양왕(頃襄王)을 섬기며 내정과 외교의 실권을 쥐고 있었지만 정적들과 임금의 무능으로 뜻을 제대로 펴지 못한 채 불우한 일생을 보낸 사람이다. 사마천은 〈사기〉 속에 굴원의 작품인 '이소(離騷)'와 '회사부(懷沙賦)'를 실어 굴원의 억울하고 비통한 심경을 후세에 전했다. '어부사(漁父辭)'는 회왕을 진나라에 보내 객사하게 한 왕의 막내인 자란(子蘭)이 영윤(令尹 : 재상)이 되자 그를 비판하다가 다시 모함을 받아 양자강 이남으로 추방되며 지은 글이다. '내가 옳고 세상이 그르다'는 생각을 곳곳에 남겼다. 죽어서 세상에 한 전범(典範)을 만들겠다는 문학 속의 결연한 의지대로 그는 결국 장사 멱라수(汨羅水)에 몸을 던져 영원한 전설로 남았다. 세상 사람들은 60세를 훨씬 넘긴 나이에 물에 빠져 죽은 굴원이 7백 년 뒤 도연명으로 다시 환생한 것으로 여겼다. 벼슬 운이 없었던 점과 문장을 통해 심경을 풀어내는 뛰어난 문재(文才)가 무척 닮았다고 본 것이다.

굴원의 이름은 평(平)이고 도연명의 이름은 잠(潛)이다. 두 사람 다 이름보다도 자(字)로 더 널리 알려져 있다. 굴원의 이름은 '세상을 고르게 만든다'는 뜻이다. 도연명의 이름은 '물속 깊이 잠기듯 세상으로부터 멀리 도망친다'는 뜻이다. 이름으로만 보면 도연명이 물에 빠져 죽었어야 했다. 자(字)마저도 연명(淵明)이 아닌가. '물에 비친 모습처럼 모든 걸 분명하게 한다'는 뜻이니 그 또한 물에 더 가까운 운세가 아닌가. 굴원(屈原)은 자(字)의 의미대로 늘 '세상의 으뜸이 되고 근원이 되고자' 했던 것 같다. 근원 '원(原)'에는 '용서한다'는 의미도 들어 있는데, 이상하게도 그는 타협과 굴종을 거부하다가 끝내 비극적인 최후를 맞았다. 이름인 평평할 '평(平)'을 좇아 바른 세상을 만들기 위해 애쓰다가 이상과 현실의 괴리만 통감한 채 그만 모든 걸 스스로 접고 말았다.

청련거사(靑蓮居士)라고 불리는 이백(李白 : 701~762)은 자(字)인 태백(太白)으로 더 잘 알려져 있다. 두보(杜甫)와 함께 '이두(李杜)'로 불리며 중국 최고의 시인으로 평가받고 있다. 1천 1백 여 편의 시를 남긴 시선(詩仙)으로 불리고 있다. 그는 농서(隴西 : 감숙성) 출신으로 아버지는 서역(西域)의 대상(大商)이었다. 젊어서부터 호방(豪放)한 기질이라 20대 중반 이후 산중(山中)을 떠돌며 신선사상(神仙思想)에 빠져들기도 했다. 고적(高適), 맹호연(孟浩然), 원단구(元丹邱), 두보(杜甫) 등과 교류하며 중국 각지를 떠돌아다녔다. 40대 중반에 도사(道士)인 오균(吳筠)의 천거로 당현종을 만나 장안에서 한두 해 살며 한림공봉(翰林供奉)을 역임했다. 일종의 궁정시인이었다. 그래도 당현종과 양귀비의 향연에서 지은 '청평조사(淸平調詞)' 3수를 남겨 곧바로 장안에 필명을 날렸다.

그러던 중 자신을 '적선인(謫仙人 : 귀양 온 신선)'이라 평한 하지장(賀知章)과 술로 나날을 보내며 방약무인한 태도를 보이다가 권신인 고력사(高力士)의 미움을 받아 장안을 곧 떠나게 되었다. 날마다 술독에 빠져 '술 속의 팔선(八仙)'으로 불렸으니, 어떻게 딱딱하고 위선적인 궁중 생활에 적응할 수 있었겠는가. 50대 중반에 안녹산

[그림 9] 이백 「월하독작(月下獨酌)」

(安祿山)과 사사명(史思明)의 난(亂)(755~763)을 만나 사천으로 피
신한 현종을 대신해 군사를 일으킨 영왕(永王) 인(璘)을 따라 출정했
다. 하지만, 영왕이 현종(玄宗 : 685~762 / 재위 712~756) 대신 즉
위한 숙종(肅宗 : 711~762)과 대립하다가 패하게 되자, 이백도 심양
(尋陽 : 강서성의 구강현)의 옥중에 갇히게 되었다. 그 후 야랑(夜郎
: 귀주)으로 유배되었다가 당나라 최고의 무장(武將)으로 통하는 곽
자의(郭子儀 : 697~781)의 구명 운동으로 사면되었다. 금릉(金陵 :
남경)과 선성(宣城 : 안휘성)을 오고 가며 방랑 생활을 했으며, 이후
환갑의 나이로 당도(當塗 : 안휘성)에 사는 친척인 이양빙(李陽氷)에
게 얹혀살다가 병사했다. 원나라 소사빈(蕭士贇)의 〈분류보주이태백
시(分類補註李太白詩)〉와 청나라 왕기(王琦)의 〈이태백전집(李太白

全集)〉 등을 통해 그의 시를 만날 수 있다.

인생의 덧없음을 표현한 '백발삼천장(白髮三千丈)'이라는 말은 그의 '추포가(秋浦歌)' 속에 나온다. 말년의 고독과 비애를 표현한 시다. 강서성(江西省)에 있는 여산폭포의 장엄함을 칠언절구(七言絶句)로 노래한 '망여산폭포(望廬山瀑布)'는 이백의 심경과 생애를 가장 잘 표현한 수작(秀作)으로 평가된다. 강물을 높이 매단 듯하다는 '괘장천(掛長川)'이라는 표현이나 폭포의 힘참을 표현한 '비류직하삼천척(飛流直下三千尺)', 그리고 은하수가 쏟아지는 듯하다는 '은하락구천(銀河落九天)'이라는 표현은 마치 웅장한 산수화 속의 환상적인 경치를 보는 듯하다. 실로 자연에 완전히 동화된 물아일체(物我一體)의 차원이다.

'산중문답(山中問答)'에서는 이백의 도학적인 시풍이 물씬 묻어난다. '왜 푸른 산에 사느냐'고 자문한 후 '아무 말 없이 웃기만 하니 저절로 마음이 한가롭다'고 했다. 소이부답심자한(笑而不答心自閑)이라는 구절이 참으로 도학적이다. '참으로 별천지로다! 정말 인간 세상이 아니구나!'라는 별유천지비인간(別有天地非人間)에 다다르면 저절로 탄복하게 된다. 머리와 가슴속에 이미 시(詩)가 다발다발 들어 있어 물이 흐르듯, 바람이 일 듯 저절로 술술 토해 내는 듯하다. 그토록 낭만적이고 도학적이던 이백은 결국 예로부터 채석장으로 쓰던 채석기(采石磯 : 안휘성의 마안산 서남쪽) 근처 양자강에서 물에 비친 달을 잡으려다 익사하고 말았다. 취주도강착월(醉酒跳江捉月)이다. '술이 취해 강으로 뛰어들어 달을 잡는다'는 뜻이다. 최후마저도 마치 신화(神話) 속 신의 모습 같고, 선경(仙境) 속 신선의 몸짓 같다. 하지장이 말한 '적선인(謫仙人)'이 최적의 표현 같다. '귀양 온 신선'이니 이래저래 엉터리 같을 수밖에 없었을 것이다.

그래서 늘 아슬아슬하고 엉뚱할 수밖에 없었던 게 아닐까.

환관 고력사(高力士 : 684~762) 같은 이들이 황제를 멋대로 세우고 넘어뜨리는 세상이었다. 당나라 말기까지 열 명에 가까운 황제들을 환관들이 중심이 되어 세웠다. 두 명의 황제들은 환관 무리에게 죽기까지 했다. 오죽하면 '문생천자(門生天子)'라는 말이 나왔겠는가. 문생(門生)은 권세가(權勢家)를 일컫는다. 공식적인 교육기관에서 배우는 사람은 제생(諸生)이라 하고, 학자 밑에서 배우는 사람은 문생(門生)이라고 했다. 문생의 경우 사제지간으로 뭉쳐 영향력을 행사했기 때문에 권문세가나 환관들조차도 많은 문생을 두어 그 위세를 과시하고자 했다.

문생천자란 안녹산-사사명의 난 이후 환관들이 황제를 마음대로 세우기도 하고 없애기도 한 것을 뜻한다. 황제의 권위가 땅에 떨어져 마치 환관의 문생, 즉 제자처럼 되었다는 뜻이다. 스승이 제자를 천거하듯 환관이 황제를 옹립하고 제거했다는 뜻이다. 소종(昭宗)을 옹립한 환관인 양복공(楊復恭)이 소종의 배은망덕을 질타하며 '대원로(大元老)인 우리를 거역하는 것은 은혜를 모르는 문생천자(門生天子)'라고 말한 것이 시초라고 한다. 이와 같은 환관의 전횡은 이백을 미워한 고력사로부터 시작되었다.

태평공주를 제거하는 일에 가담하여 당현종의 총애를 받게 된 고력사는 이임보(李林甫)와 결탁하여 국정을 좌지우지하며 안녹산(安祿山)을 막강한 실세로 키워 놓기도 했다. 환관들은 황제가 어려울 때 측근에서 도울 수 있었기 때문에 일등 공신으로 대우받기가 아주 용이했다. 황제의 명령을 전달하는 추밀사(樞密使), 지방 군사를 감시하는 감군(監軍), 황제의 호위군인 금군(禁軍) 대장 등을 거머쥐고 당나라를 패망으로 급히 질주하게 했다.

이백이 살던 시대는 바로 망해가는 단초였다. 백성들은 그나마 이백이 토해 내는 시를 읊조리며 암울한 현실을 망각하려 했다. 생식기를 도려낸 특수 신분인 환관들이 황제를 좌지우지하며 마치 자신들의 양자나 제자 취급을 하는 것을 보고 백성들은 이미 희망과 기대를 버리고 있었다. 이백의 시는 더 이상 신선의 것이 아니었다. 퀴퀴한 바람 속에서 한 줄기 신선한 바람을 찾아내려 발버둥치는 백성들의 차지였다. 천지 만물을 새롭게 발견하고 대자연을 새롭게 끌어안는 비결이 이백의 시 속에 가득히 들어 있었다.

백성들은 도잠(陶潛)과 이백(李白)을 통해 진짜 부자(富者)는 바로 자기들임을 새삼스럽게 깨달았다. 민초들은 도잠과 이백의 시를 통해 진정한 강자(强者)는 바로 자신들임을 속속들이 알게 되었다. 대자연과 하나로 어우러져 사는 삶이 바로 부자라는 생각을 했다. 강자라면 그 길은 너무도 가까이 있고 또 너무도 손쉬운 데 있었다. 이미 대자연 속에 속해 있는 자신들이 바로 부자이자 강자였던 것이다. 그래서 도잠과 이백은 단순한 문인으로 다가오지 않고 불세출의 구원자로 다가왔다. 글을 몰라도 깨달을 수 있었고, 낮은 벼슬조차 낯설기만 해도 환하게 웃으며 따라나설 수 있었다. 해 뜨는 낮에는 달과 별처럼 비밀스럽게 다가오고, 달과 별이 빛나는 밤에는 뜨거운 태양으로 소나기처럼 달려왔다. 한쪽에 도잠이 있고, 다른 한쪽에 이백이 있어 무척이나 행복하고 의기양양했다. 나라야 이미 환관이 차지했어도 천지는 여전히 도잠과 이백의 시를 품고 글을 외우는 백성들 차지였다.

시성(詩聖) 두보(杜甫)와 민중시인(民衆詩人) 백거이(白居易)

두보는 나라를 이끄는 이들이 독차지하고, 백거이는 민초들이 멋대로 독차지했다. 두보의 시는 우국충정으로 통하고 애민애인(愛民愛人)의 일념으로 통했다. 그러다 보니 과거 시험의 단골 시제(試題)였다. 나라에서 책을 펴낼 때마다 두보를 맨 앞에 올려놓았다. 그래서 백성들은 백거이를 슬금슬금 끌어당기기 시작했다. 풀을 베다가도 한바탕 노래하고, 밭고랑과 논두렁을 고르다가도 한차례 신명 나게 읊어 댔다. 참으로 공평한 일이었다. 지배 계층은 두보를 차지하고 피지배 계층은 백거이를 차지했다. 위아래 없이 모두 시를 노래하고 읊조리니 진정한 태평성대였다. 문학이 만든 별천지(別天地)요, 요지경(瑤池鏡) 속이었다.

두보(杜甫 : 712~770)는 공현(鞏縣 : 하남성) 출신으로 진대(晉代)의 위인(偉人)인 두예(杜預) 후손이다. 조부인 두심언(杜審言)도 시인이었다. 소년 시절부터 시재(詩才)가 뛰어났지만, 불운한 탓인지 벼슬 운이 전혀 없었다. 그런데 40대 중반에 만난 안녹산-사사명의 난이 하나의 계기를 만들어 주었다. 일 년간 포로로 장안에 잡혀 있다가 새로 즉위한 숙종의 행재소(行在所)로 달려갔다. 두보는 그 공으로 좌습유(左拾遺)에 올랐다. 반란을 진압하고 황제가 장안으로 환도하자 조정에 나갔지만, 일 년 만에 화주의 지방관으로 좌천되었다. 거기서도 대기근을 만나 40대 후반에 관직을 버리고 처자를 거느린 채 성도(成都 : 사천성)의 교외에 있는 완화계(浣花溪)에 완화초당(浣花草堂)을 지었다. 이때 성도 절도사인 엄무(嚴武)의 막료로서 공부원외랑(工部員外郞)을 지냈기 때문에 이후 두공부(杜工部)로 불리게 되었다. 50대 중반에 성도를 떠나 양자강을 따라 귀향하다가

기주(夔州 : 사천성) 협곡에서 2년간 살았다. 그 후 2년간 강상(江上)에서 생활하다가 배 안에서 병을 얻어 동정호(洞庭湖)에서 58세를 일기로 생을 마감했다.

그는 도피적이거나 훈계적이지 않고 주로 사회참여적인 시를 썼다. 사회 현실을 시 속에 고스란히 담아냄으로써 그의 시는 이미 시가 아니라 역사였다. 그래서 그의 시를 두고 시사(詩史)라고 부르게 되었다. '시로 쓴 생생한 역사'라는 뜻이다. 매우 소박하여 거칠기까지 하던 당대(唐代) 이전의 시풍(詩風)과 한낱 장식품처럼 여겨지기 쉽던 당나라 초기의 시풍을 적절히 절충하고 접목하여, 엄격히 형식을 따르면서도 더욱 성숙한 기교로 사회 현실 하나하나를 적나라하게 녹여 냈다. 그는 형식과 내용을 하나로 일치시킨 시(詩)의 완성자였던 것이다.

'북정(北征)', '추흥(秋興)', '삼리삼별(三吏三別)', '병거행(兵車行)', '여인행(麗人行)' 등이 대표작이다. 북송의 왕수(王洙)가 편찬한 〈두공부집(杜工部集)〉(20권)에는 두보의 시 1천 4백여 편이 수록되어 있다. 송나라 곽지달(郭知達)의 〈구가집주(九家集註)〉, 청나라 전겸익(錢謙益)의 〈두시전주(杜詩箋註)〉, 구조오(仇兆鰲)의 〈두시상주(杜詩詳註)〉 등도 두보의 시를 집대성하거나 주석을 달아 놓은 것이다.

'사람의 일이란 언제 어떻게 될지 예측할 수 없다'는 뜻으로 사용하는 개관사정(蓋棺事定)은 '군불견(君不見)'이라는 시 속에 있는 말이다. 기주(夔州 : 사천성)에 머물 때 친구의 아들인 소혜(蘇徯)가 유배를 와서 실의에 찬 나날을 보내고 있었다. 두보는 이를 보다 못해 시를 지어 보냄으로써 용기를 북돋아 주고자 했다. 그래서 '관 뚜껑을 닫고 나야 결과를 가늠할 수 있다'고 시로 격려하고 충고했던 것이다.

 칠언고시인 '음중팔선가(飮中八仙歌)'는 처음 장안에 이르러 술로 나날을 보내며 시를 짓는 호방(豪放)한 시인들을 보고 워낙 인상적이라 시로 남긴 것이다. 최연장자인 하지장(賀知章), 여양왕(汝陽王), 이진(李璡), 좌승상 이적지(李適之), 최종지(崔宗之), 소진(蘇晉), 이백(李白), 장욱(張旭), 초수(焦遂) 등 여덟 명을 두고 '술 취한 여덟 선인(仙人)'이라 읊은 것이다. 최연장자인 비서감(秘書監) 하지장(賀知章 : 659~744)을 앞에 놓고, 그 다음에는 관작순(官爵順)으로 배열했다. 81세까지 장수한 하지장은 월주(越州)의 영흥(永興), 즉 절강성의 회계(會稽) 태생으로 자는 계진, 유마였고 아호는 사명광객(四明狂客)이다. 초수(焦遂)는 관작(官爵)이 없었다. 각자의 인품과 행적을 특징적으로 묘사했다. 특히 이백을 두고 '이백일두시백편(李白一斗詩百篇)'이라고 읊어 이백의 호방하고 뛰어난 시재(詩才)를 칭송했다. 이백은 술 한 말을 마시고 시 백 편을 짓는다는 뜻이다. 술과 이백이 함께 시를 쓰니 그만큼 많이 토해 냈을 것이다.

 '나라는 망하고 백성은 흩어졌지만, 산과 강은 그대로 남아 있다'는 뜻인 국파산하재(國破山河在)는 '춘망(春望)'에 나오는 한 구절이다. '시국을 생각하니 꽃마저도 눈물을 뿌리게 한다'는 감시화천루(感時花濺淚)는 임금과 위정자가 공감할 만한 대목이다. '봉화가 세 달이나 이어졌다'는 봉화연삼월(烽火連三月)은 아직도 가슴을 졸이게 한다. 그리고 '집에서 온 편지는 만금보다 값지다'라는 의미의 가서저만금(家書抵萬金)은 전란과 궁핍 속에서도 가족을 그리는 그 간절함이 절절이 배어 나온다. '흰 머리를 긁으니 수가 적어져 비녀마저 이겨 내지 못할 것 같다'라는 의미의 백두소경단(白頭搔更短) 혼욕불승잠(渾欲不勝簪)은 덧없이 늙어가는 한 시인의 초조한 심경을 적나라하게 드러낸다. 이 모든 게 40대 중반에 겪은 안사(安史)의 난(亂)에 포로가 되어 읊은 시다.

두보의 자는 자미(子美)다. 아호는 소릉(少陵)이다. 두보의 먼 조상인 두예(杜預 : 222~284)는 경조(京兆 : 섬서성)의 두릉(杜陵 : 장안현) 사람으로서 오(吳)나라를 평정하고 당양현후(當陽縣侯)에 봉해졌는데, 만년에는 학문에만 전념하여 〈춘추좌씨경전집해(春秋左氏經傳集解)〉와 〈춘추석례(春秋釋例)〉를 남겼다. 〈춘추좌씨경전집해〉는 〈춘추(春秋)〉와 〈좌씨전(左氏傳)〉을 한 권으로 묶어 주석을 달아 놓은 것이다. 자는 원개(元凱)다.

두보의 조부인 두심언(杜審言 : 648~708)은 측천무후와 중종을 섬기다가 교지(交趾 : 베트남)로 유배를 간 적도 있다. 풀려난 뒤에는 국자감(國子監) 주부(主簿), 수문관(修文館) 직학사(直學士)를 역임했다. 시 43수가 전한다. 자는 필간(必簡)이다.

두보(杜甫)의 이름은 '큰 벼슬'이고 '깊은 뿌리'다. 자인 자미(子美)는 '좋은 사람을 많이 만나 기쁨을 나눈다'는 뜻이다. 여러 곳을 여행하며 많은 사람을 만날 팔자를 타고난 것이다. '아름다움'은 서로 견줘 더 나을 때 비로소 생기는 것이다. 많이 보고, 많이 듣고, 많이 만나야만 진정한 아름다움을 찾을 수 있다. 아호는 소릉(少陵)이다. '작고 낮은 언덕'이다. 다투고 싸워 남의 것을 뺏는 배짱이 없었던 모양이다. '소(少)'에는 '업신여긴다'는 뜻이 있다. '능(陵)'에는 '짓밟다, 가파르다'는 의미가 들어 있다. 수세적인 운세를 암시하는 의미들이다. 고달프고 박복한 생애를 가늠하게 하는 의미들이다. 결국 '큰 벼슬'은 못 얻었지만 시를 쓰는 성인(聖人)으로 추앙을 받았으니 문학 세계에서는 큰 별, 빛나는 별, 가장 밝은 별이 된 것이다. 천길 땅속을 지키는 보석처럼 그는 암울한 현실, 구차스러운 일생,

궁핍과 병마에 시달린 나날을 통해 보석보다 더 값진 시들을 남겼다. 58세의 생애가 길지도 짧지도 않지만 시성(詩聖)이라는 그 한마디가 모든 걸 다 누르고 덮을 만하다.

민중이 한 목소리로 즐겨 부른 백거이의 시는 가히 민중시(民衆詩)요, 대중시(大衆詩)였다. 그는 이백의 사후 10년, 두보의 사후 2년이 지나 낙양 신정(新鄭)에서 태어났다. 4세 때부터 시를 짓기 시작하여 14세가 지나자 이미 주위를 놀라게 할 정도로 시재(詩才)가 뛰어났다. 가난한 관리 집안의 멍에를 벗기 위해 28세(800)에 진사시험을 치러 당당히 급제했다. 31세 때는 황제의 친시(親試)에 합격했다. 이 무렵 '장한가(長恨歌)'를 지었다. 35세에 한림학사(翰林學士)가 되고 이듬해에 좌습유(左拾遺)에 올랐다. '신악부(新樂府)'(50수)는 이 시기의 대표작이다. 39세에 어머니를 여의고 이듬해에는 다시 어린 딸을 여의게 되자 죽음의 문제를 깊이 성찰하게 되었다. 이 무렵부터 불교에 관심을 갖기 시작했다. 42세 때 태자의 좌찬선태부(左贊善太夫)가 되었지만 고위 관료들과의 불화로 구강(九江)사마(司馬)로 좌천되었다. '비파행(琵琶行)'(816)은 이때의 복잡한 심경과 회한을 읊은 것이다.

46세에 충주자사(忠州刺史)로 복직되어 임기를 무사히 마치고 장안으로 돌아왔다. 하지만, 중앙의 권력 다툼에 휘말리기 싫어 다시 자원하여 50세에 항주자사(杭州刺史)로 나갔다. 항주의 아름다운 풍광을 시에 담으며 52세 때(824) 지인(知人)인 원진(元稹)과 함께 〈백씨장경집(白氏長慶集)〉(50권)을 편집했다. 그는 소주자사(蘇州刺史)로 전임되었다가 55세 때에 다시 중앙으로 복귀하여 비서감(秘書監)에 올랐다. 57세 이후에는 하남부(河南府) 장관, 태자보도관(太子補導官) 등으로 있으면서 시, 술, 거문고를 삼우(三友)로 삼아 취음선생(醉吟先生)을 자칭했다. 친구들이 하나둘 세상을 뜨자 낙양 교외 용문의 여러 절을 돌아다니며 말년의 회한을 시에 담았다.

그는 향산사(香山寺)를 보수하여 거주하며 향산거사(香山居士)로 불리기도 했다. 이때 〈유백창화집(劉白唱和集)〉(5권)과 〈백씨문집 (白氏文集)〉(67권)을 편찬하여 아는 사찰에 봉납했다. 70세 때 형부 상서(刑部尙書)의 직위로 퇴직했다. 〈백씨문집〉이 75권으로 완성된 이듬해에 74세의 나이로 생을 마감했다. 죽기 전에 고사성어를 한데 묶어 〈백씨육첩사류집(白氏六帖事類集)〉(30권)으로 펴냈다.

그는 젊은 날에는 이상주의적 경향을 띠었지만, 차츰 나이가 들며 정치 및 사회적인 현실에 대한 냉철한 비판으로 일관했다. 이후 자 신의 내면세계를 관조하는 쪽으로 기울어 인생의 지혜를 시로 옮기 고자 했다. 한때는 시의 정형(定型)에 충실하며 언어의 마술을 마음 껏 구사하는 '창화(唱和)'라는 새로운 형태의 창작(創作)에 열중하기 도 했다. 하지만, 문학의 근본 목표를 늘 인간의 삶에 두었다. 인간 을 주제로 삼고 인간의 삶을 통찰하지 않으면 문학의 생명이나 가치 는 없다고 확신했다.

첫째, 실제 경험한 것들을 시제(詩題)로 택했다. 둘째, 일상적인 평이한 언어로 시를 썼다. 셋째, 인간의 자연적인 심리를 바탕으로 시상(詩想)을 풀어 나갔다. 넷째, 논리적인 필연을 따져 내용을 전개 했다. 다섯째, 보편적이고 상식적인 주제를 택했다. 결론적으로 백 거이는 쉬우면서도 알차고 품격 있는 글을 즐겨 썼다. 소위 '유려(流 麗)하되 지극히 평이(平易)한' 작풍을 뿌리내렸다. 그래서 그의 생존 시부터 각양각색의 민초들이 각양각처에서 소리 높여 읊으며 여기 저기에 써 붙여 놓기를 즐겨 했다.

3천 8백여 수가 전해 내려오며 만인의 문화적 지평을 넓혀 놓았다. 그리고 무엇보다도 인생과 자연에 대한 관조의 세계를 한껏 드높여 만인의 삶을 더욱 풍요롭게 해 주었다. 특히 '비파행(琵琶行)', '장한가(長恨歌)', '유오진사시(遊悟眞寺詩)' 등이 삶의 현장에 깊숙이 뛰어든 민초들의 사랑을 듬뿍 받았다. 백거이의 시풍이 워낙 평이하고 통속적이기까지 하여 백거이의 독특한 문학 세계를 빗댄 '백속(白俗)'이란 말까지 생겨났다. 동파(東坡) 소식(蘇軾)이 〈제류자옥문(祭柳子玉文)〉에서 '원진의 시는 경박하고, 백거이의 시는 속되다'는 뜻에서 '원경백속(元輕白俗)'이라고 평한 데서 유래했다. 남송(南宋) 초의 〈냉재야화(冷齋夜話)〉에는 '백거이는 시를 지을 때마다 노파 한 사람에게 이를 해독시켰다. 할머니가 알 만하다고 말하면 이를 기록하고, 잘 모르겠다고 하면 어휘를 고쳤다. 그래서 그의 시는 통속에 가깝다'는 말이 나온다.

'비파인(琵琶引)'으로도 부르는 '비파행(琵琶行)'(816, 44세)은 정치 현실을 비판한 '신악부' 등으로 인해 고관대작들의 미움을 사 천애(天涯 : 하늘 끝)라고 불린 구강(九江)에 좌천되어 있을 때 쓴 작품이다. 어느 가을 저녁에 우연히 듣게 된 비파 소리를 듣고 느낀 바 있어 단숨에 지은 글이다. 칠언(七言)으로 88행에 걸쳐 음악을 시각적으로 표현했다. '한때 미모와 슬기로 만인의 이목을 끌던 미인이 한낱 상인의 아내로 변해 강물에 흔들리는 뱃전에서 외로이 남편을 기다린다'는 시각적이고 또 소설적인 기법으로 나라의 끝자락에 떨어져 있는 자신의 처지를 노래했다. 음악을 문자로 표현한 걸작으로 손꼽혀 문학과 음악 쪽에서 두루 애송되었다. 서구에서는 '장한가(長恨歌 : Everlasting Remorse)'와 더불어 입에서 입으로 회자되며 '류트 송(Lute Song)'으로 더 잘 알려져 있다.

'신악부(新樂府)'는 칠언가시(七言歌詩)의 한 형태인데, 전통적인 오언(五言)의 '악부(樂府)'와 달리 현실을 묘사한 창작이라는 차원에서 백거이 스스로 '신(新)'자를 붙여 '신악부'로 명명했다. 50편의 작품을 실었는데, 한결같이 정치 현실과 사회 현실을 날카롭게 풍자하며 민중의 한탄과 분노를 노래했다. 이 시가 발표되자마자 당나라 수도인 장안이 시끄러웠다. 문제작으로 많은 논란을 일으켰지만, 후에는 하나의 현실 비판적 시체(詩體)로 자리 잡게 되었다.

당현종(唐玄宗)과 양귀비(楊貴妃)의 슬픈 사랑을 주제로 한 '장한가(長恨歌)'는 총 4장으로 구성되어 있다. 여기에는 두 사람의 만남과 황제의 지극한 사랑, 안녹산의 난에 쫓겨 남행하다가 불행히도 양귀비를 죽게 만든 황제의 통한과 고독, 환도 후 양귀비 생각으로 지새우는 황제, 도사의 환술(幻術)로 양귀비의 영혼을 불러내 미래의 재회를 기약했지만 천상(天上)과 인계(人界)의 단절로 애통해하는 황제를 그렸다. 칠언(七言)으로 120행에 걸쳐 선율처럼 시구를 펼치며 외길 사랑의 포로가 되었던 황제를 새로운 한 인간으로 다시 일으켜 세웠다. '동자해음장한곡(童子解吟長恨曲)'이라는 말처럼 무수한 사람들이 애송하며 시가(詩歌), 소설, 희곡 등의 주제가 되었다. 진홍(陳鴻)은 '이야기로 엮어 보라'는 백거이의 권유를 받고 〈장한가전(長恨歌傳)〉을 썼다. 양귀비의 입궐에서부터 죽은 후 현종의 명을 받은 방사(方士)가 그녀의 영혼을 불러낼 때까지를 전기소설(傳奇小說)로 엮어 냈다.

'장한가(長恨歌)'에는 〈후한서(後漢書)〉의 '채옹전(蔡邕傳)'에서 유래된 '연리지(連理枝)'라는 말도 나온다. 원래는 후한 말 문인인 채옹의 극진한 효심에서 유래된 말이다. 노모를 극진히 모시다가 별세(別世) 후에는 시묘(侍墓)살이를 했는데, 어느 날 방문 앞에 두 그루의 나무가 자라나더니 곧이어 가지가 서로 뒤엉키며 마치 한 그루처럼 되었다. 사람들은 효심이 깊은 아들과 노모가 하나로 엉킨 두 가지처럼 한 몸이 된 것이라고 했다. 황제와 양귀비가 칠월 칠석에 장생전(長生殿)에서 남몰래 약속하기를, '하늘에서는 비익조(比翼鳥)가 되기를 바라고 땅에서는 연리지(連理枝)가 되기를 원했다'는 것이다. 비익조는 날개가 하나뿐이라서 암수가 함께 날아야만 비로소 날 수 있는 새다. 연리지 또한 가지가 하나로 뒤엉켜 있으니 이래저래 함께 있어야 한다. 당현종과 양귀비의 전설 같은 사랑 이야기를 비익조와 연리지로 엮어 낸 시인의 놀라운 시상(詩想)과 시감(詩感)이 참으로 감탄할 만하다.

백거이는 변화무쌍한 자연경(自然景)을 그림, 수석(壽石), 정원 꾸미기나 분재(盆栽) 등으로 축소시켜 감상하는 '축경(縮景)의 기예(技藝)'에도 일가견이 있었다. 산수를 닮은 돌을 놓고 가짜 속에서 진짜를 감상하는 비결이 바로 축경의 묘미였다. 백거이는 산수석(山水石) 애완(愛玩)을 두고 '삼산오악(三山五岳)의 수백 골짜기와 수천 구렁 등이 한군데로 축소되어 그 돌 가운데에 다 나타나 있다. 백 길이나 되는 것도 한주먹 안에 들어 있고, 천 리나 멀리 떨어진 경치도 한눈에 들어오니 이것을 앉아서 다 볼 수 있다'고 했다. 실로 사소한 취미 생활을 통해 가공할 것들을 통찰하고 사색하는 시인철학자(詩人哲學者)의 놀라운 경지가 아닐 수 없다. 자연미(自然美)를 바로 지근거리에 옮겨 놓고 늘 감상하고 사색하며, 달관(達觀)의 경지에 이르는 초탈(超脫)과 탈속(脫俗)의 모습이다.

백거이(白居易)의 이름은 '쉽게쉽게 살아간다'는 뜻이기도 하고 '손쉽게 고쳐 가며 매이지 않고 자유롭게 산다'는 의미이기도 하다. 자는 낙천(樂天)이다. '하늘을 편안하게 한다'는 뜻이기도 하고 '하늘처럼 얽매이거나 한군데에 빠지지 않고 두루 섭렵하고 포용하며 너그럽게 산다'는 의미도 있다. 술, 시, 거문고의 세 가지를 삼우(三友)로 삼고 한껏 자유롭게 살려 했다. 첫째, 술은 스스로 마실 만큼 마시면 될 문제였다. 둘째, 시는 스스로 짓기도 하고 읊기도 하고 잊기도 하면 될 것이었다. 셋째, 거문고는 눈을 감고 마음으로 듣기도 하고 눈을 뜨고 바람과 빛과 색깔로 듣기도 하면 될 일이었다. 모든 게 그저 제 할 노릇이고 제 마음 다스리기 나름이었다. 그래서 취음(醉吟)이라는 말과 향산(香山)이라는 말을 특히 좋아했다. 취음거사(醉吟居士)라는 말을 들으면 저절로 취해 무한정 시를 토해 내게 되었다. 향산거사(香山居士)라는 말을 들으면 저절로 산부처가 되어 산속으로, 구름 속으로 마음껏 날아다닐 수 있었다.

백성은 참으로 행복했다. 한손에 두보의 시를 들고, 다른 한손에 백거이의 시를 들면 온몸이 금방 공중으로 두둥실 떠올라 세상의 모든 괴로움과 슬픔 그리고 외로움을 한꺼번에 잊을 수 있었다. 두보를 보면 누구나 평균적인 삶 이상이라고 자각하게 되었다. 그의 고단한 인생 여로를 따라가다 보면 스스로 눈물이 왈칵 쏟아져 다시 제자리로 돌아오게 되었다. 고통과 울분을 주옥같은 시로 승화시킨 두보는 '천상(天上)의 누에'였다. 하늘의 비단실을 훔쳐다가 세상 사람들에게 나누어 주는 '하늘의 누에'였다. 그래서 사람들은 두보가 그들의 가슴속에 오래 살아 있기를 바랐다. 그가 짜주는 비단옷을 입고 하늘로 날아오르게 될 날을 학수고대하며 다들 숨죽인 채 가만히 기다렸다.

이백과 두보가 사라지자 너무도 허전했는데, 그때 백거이가 태어났다. 이백이 훔쳐 낸 날개와 두보가 훔쳐 낸 비단실을 양손에 들고 백거이는 성큼성큼 백성의 품속으로 걸어갔다. 처음부터 외롭고 괴로운 백성들을 위해 하늘이 예약해 둔 민중시인이었다. 그가 마시는 술은 그저 아무 주막에서나 구할 수 있는 텁텁한 맛이고 퀴퀴한 냄새였다. 백성들이 쉽게 빚어 마시는 그런 편한 농주(農酒)요, 가주(家酒)였다. 그가 타는 거문고 소리 또한 무척이나 편하게 들을 수 있는 그런 가락이고 화음(和音)이었다. 그의 가슴을 통해 쏟아져 나오는 시도 자연스럽게 알싸한 풀 냄새와 편한 흙냄새로 가득했다. 민초들이 바람에 넘어진 들풀을 보며 들을 수 있고, 가뭄에 목 타는 들녘을 달래며 얼마든지 노래할 수 있었다. 그가 자랑하는 삼우(三友)는 이미 민초들 누구나 태어나면서 지니게 되는 그런 필수 품목이고 공동 자산이었다. 시성 두보는 백성을 하늘 너머 새로운 사색과 관조로 안내했다. 민중시인 백거이는 백성의 설움과 슬픔을 한순간에 녹여 주며 날마다 바라보는 숲과 흙 그리고 물속에서 하늘의 흔적과 소리를 스스로 발견하게 했다. 누구나 그 덕분에 시인이 될 수 있었다. 누구나 그의 시(詩) 덕분에 자유인 혹은 자유혼이 될 수 있었다. 손으로 비지땀을 훔쳐도 가슴으로 그의 시를 노래하면 언제든지 멍에를 벗고 자유를 얻었다. 피땀으로 일군 것들이 송두리째 달아나고 쓸려 나가도 그의 시를 온 가슴으로 외면 저절로 자유의 혼(魂)이 가슴 가득 깃들어 금방 훨훨 날아갈 수 있었다. 두보(杜甫)가 정성스레 놓아 준 돌다리를 건너가면 백성들은 누구나 백거이(白居易)를 만날 수 있었다. 그리고 사방이 까마득한 들판에 질펀히 앉아 그를 좇아 '몇 걸음 먼저 찾아온 자유와 평화 그리고 행복'을 마음껏 맛볼 수 있었다.

중국 문학과 중국 정신을 결합(結合)하여
세계정신으로 승화(昇華)시킨 노신(魯迅)

원(元)나라, 명(明)나라, 청(淸)나라로 이어지며 대중문학이 중심을 이루기 시작했다. 꽃을 피운 것이 아니다. 창작의 세계가 스스로 방향을 엉뚱한 곳으로 튼 것이다. 내면을 천착(穿鑿)하던 시대에서 일탈(逸脫)하여 대중의 구미(口味)와 주목(注目)을 인식하기 시작한 것이다. 대중의 인기가 모든 것을 좌우하는 대중 중심의 사회로 그 흐름이 근본적으로 바뀌고 말았다. 대중과 눈높이를 맞추며 대중의 영혼으로 창작의 방향이 바뀌게 되었다. 대중에게 이야깃거리를 제공하며 대중의 상식과 교양으로 남는 것이 바로 성공의 기준이 되었다.

일종의 집단문화(集團文化), 집체문화(集體文化)가 싹트기 시작한 것이다. 함께 즐겨야 그 즐거움이 배가된다는 대중 수학이 자리 잡기 시작했다. 다들 같은 것을 읽고 같은 쪽을 보아야 비로소 현실이 보이기 시작한다는 괴상한 대중 논리가 고개를 들기 시작했다. 모든 이가 걷는 길이 진정한 길이고, 모든 이가 같은 말을 해야 참 진리라는 식이다. 서로 다른 감상법이 전혀 필요하지 않았다. 인쇄기로 찍어 내는 돈을 연상한 것이다. '세상에서 가장 고귀한 돈마저도 기계를 통해 똑같은 모습으로 찍혀 나오지 않느냐'며 문학을 비롯한 창작도 그처럼 일률적으로 찍혀 나올 수 있다고 확신하게 되었다. 그래서 함께 앉아서 웃고 손뼉을 치는 갖가지 형태의 구경거리가 유행하기 시작했다. 실제로 사람이 무대에 올라가 주인공 노릇을 하는 것이 그처럼 신기할 수 없었다. 천자는 밀실에서 만들어지고 족보에 의해 순번이 정해지지만, 무대 위의 주인공들은 대중의 표정과 환호성 그리고 박수로 결판이 났다. 대중의 푼돈이 곧 배우를 세우는 밑 거름이 되고, 대중의 웃음소리와 눈물 그리고 표정 하나하나가 무대를 넓히고 좁히는 칼자루가 되었다.

몽골의 원나라는 다수의 한족이 2천 년 이상 이룩한 한족 문화를 한순간에 교체하려 했다. 우선 유목민 식으로 앞머리와 옆머리만 놓아두고 나머지는 모두 민둥산처럼 깎으라고 했다. 소위 양쪽 귀밑으로 땋은 머리를 늘어뜨리는 개체변발령(開剃辮髮令)이었다. 그리고 16세기 이상 다져지고 뿌리내린 유교 문화를 송두리째 뿌리 뽑으려 했다. 아예 전 국민을 9등급으로 나누어 유학도를 맨 밑에 놓았다. 거지보다 나을 게 없는 최하위 계급이고 맨 밑바닥 신분이었다. 언제든지 노예로 전락할 수 있는 명목상의 등급이고 신분이었다. 관(官)-이(吏)-승(僧)-도(道)-의(醫)-공(工)-엽(獵)-민(民)-유(儒)로 나누었다. 명예나 신분으로 보아 최상위 등급이던 이들이 하루아침에 천민(賤民) 내지 노예로 전락하고 만 것이다. 이유는 오로지 한 가지였다. 몽골의 유목민이 중원 대륙의 주인이 되었다는 사실을 만천하에 공표하기 위한 것이었다.

그러나 문제는 엉뚱한 곳에서 생겨났다. 품위와 교양을 핵심으로 한 사대부문화(士大夫文化)가 순식간에 사라지고 절대다수를 차지하던 민초들의 생활문화가 급상승했다. 하층이다, 상층이다 하며 굳이 높낮이를 따질 것까지야 없다고 하더라도 일단 사색의 깊이와 지식 정보의 축적도 측면에서 전혀 색다른 문화가 주류로 등장한 것이다. 절대다수의 사람들이 독자층과 관객층을 이루고 있다는 이유 하나만으로 사회 전체가 한 방향으로 쏠리고 있었다.

이름하여 민중문화 혹은 대중문화였다. 연극과 예능을 뒤섞은 잡극(雜劇)이 유행했다. 소위 원나라 특유의 희곡(戲曲), 즉 원곡(元曲)

이었다. 서민층 지식인들이 창작을 맡았다. 그로 인해 〈서유기(西遊記)〉와 〈수호전(水滸傳)〉이 생겨났다. 위정자가 되어 나라를 다스리려고 공부하던 수많은 사대부는 과거제도가 사라지자 음풍농월(吟風弄月)로 소일했다. 학문을 연마하던 풍조가 사라진 대신 평생 창작에만 몰두하는 문인층(文人層)이 새롭게 생겨났다. 몽골의 원왕조(元王朝)는 통치 전략상 서민문화를 크게 일으켜 한족 고유의 국가교학과 사대부문화를 원천적으로 봉쇄했다.

이어 등장한 명나라는 몽골의 유목문화를 청산하고 다시 한족문화를 주류로 등장시켰지만 이미 눈을 크게 뜬 서민문화, 대중문화, 민중문화는 호수와 강물로 모여드는 물줄기처럼 점점 더 그 힘찬 기운을 더해 갔다. 요술 부리는 원숭이를 주인공으로 한 〈서유기〉와 도둑촌인 양산박(梁山泊)을 무대로 한 〈수호지〉가 유행했던 원나라처럼 명나라에서도 대중을 대상으로 한 통속소설이 대유행했다. 〈삼국지연의(三國志演義)〉, 〈수호전(水滸傳)〉, 〈서유기(西遊記)〉, 〈금병매(金瓶梅)〉 등이 명대(明代)의 4대 인기 장편소설이었다. 희곡에서는 북곡(北曲), 즉 잡극(雜劇) 대신 남곡(南曲)인 전기(傳奇)가 유행했다. 탕현조(湯顯祖)의 〈옥명당사몽(玉茗堂四夢)〉 중 '환혼기(還魂記)'가 특히 유명했다.

만주족 왕조인 청조(淸朝)가 들어서자 서민과 대중을 대상으로 한 통속적인 문화가 더욱 번창했다. 인기 있는 희곡인 〈장생전전기(長生殿傳奇)〉와 〈도화선전기(桃花扇傳奇)〉는 고전극의 집대성인 경극(京劇)으로 공연되어 새로운 볼거리로 자리를 잡았다. 소설로는 〈요재지이(聊齋志異)〉, 〈부생육기(浮生六記)〉, 〈유림외사(儒林外史)〉, 〈홍루몽(紅樓夢)〉, 〈관장현형기(官場現形記)〉, 〈노잔유기(老殘遊記)〉, 〈이십년목도지괴현상(二十年目睹之怪現狀)〉 등이 대중의 인기를 누렸다. 대중문화는 전통을 축적하거나 맥락을 이어가는 쪽보다 파급력과 영향력으로 즉시 승부하는 쪽을 선호했다. 속물근성이 지배하는 집단 문화의 속성상 늘 승부사의 기질로 대중의 취향과 동태를 예의주시했다. 그 결과 태어난 것이 신문(新聞)이었다. 청조 말엽에는 〈신보(申報)〉, 〈소보(蘇報)〉, 〈익문록(益聞錄)〉 등의 신문들이 발행되었다.

20세기에 들어서며 민중의 힘은 거의 절대적인 변수로 떠올랐다. 정치·사회적인 변화는 물론이고 문명사 전체가 민중의 힘에 좌우되기 시작했다. 세습과 밀실담합으로 유지되던 정치 권력마저 민중의 손에 의해 얼마든지 무너질 수 있었다. 호수처럼 고요하던 사회도 민중이 돌변하기 시작하면 순식간에 활화산처럼 끓어오르기 마련이었다. 민중혁명이 역사의 변화를 주도하게 되었던 것이다. 민중의 인기가 국가와 사회 자체를 운영하는 가장 큰 변수로 등장하고만 것이다. 황제를 중심으로 소수 권력층에 의해 이끌리던 수천 년의 역사가 20세기에 들어서며 민중의 손으로 완전히 넘어가고 말았다. 중원 대륙 전체가 곳곳에 흩어져 사는 민초들의 소유로 넘어간 것이다.

노신은 20세기 중국의 창작세계와 정신세계를 준비한 사람이다. 수천 년의 지성사(知性史)와 문화사를 20세기로 불러내 20세기에 걸맞게 총정리하고 집대성했다. 그리고 그 속에 20세기의 중국 정신을 녹여 놓았다. 모든 이가 그를 단순한 작가나 학자 그리고 지성인이 아니라 사상가나 철학자로 보는 이유가 바로 여기에 있다. 노신은 20세기의 공자이자 사마천이었다. 또 노신은 20세기의 두보이자 백거이였다. 공자처럼 지난 문화사와 지성사를 중심으로 역사를 새롭게 조명했다. 그리고 사마천처럼 '중국열전'을 다시 쓰며 민중의 삶을 20세기의 거울로 다시 비추어 주었다. 뿐만 아니라 두보처럼 격동의 한가운데 있는 민중의 삶과 질곡(桎梏)을 문학을 빌려 적나라하게 드러냈다. 그는 백거이처럼 민중의 손에 의식주 이외의 더욱 고귀한 그 무언가를 들려 주려 했다. 바로 수천 년을 끊이지 않고 이어져 온 중국의 정신(精神)이었다. 빗물처럼 흙 속에 스며드는 그런 존재 없는 정신이 아니었다. 황제 그리고 지배층과 피지배층이 혼연일체가 되어 보존하고 확장한 국가 정신, 국토 정신, 통일 정신이었다. 중원 대륙이 하나로 통일되어 모두 제 삶을 행복하게 누리는 것이 바로 하늘이 중원 대륙을 맡긴 이유요, 명령이라고 여겼다.

노신(魯迅 : 1881. 9~1936. 10)의 본명은 주준인(周俊人)이고 자는 예재(豫才)다. 절강성(浙江省)의 소흥(紹興)에서 태어나 일찍이 한문 교육을 받았다. 지주 집안이었지만 조부의 투옥(投獄)과 아버지의 병사(病死) 등으로 어렵게 지내야 했다. 17세에 남경으로 이주하여 남경수사학당(南京水師學堂)을 다니며 계몽적인 신학문을 배웠다. 그는 또 20세에 노광학당에 입학했다. 졸업 후 23세에는 강남독총공소(江南獨總公所)에 들어가 일본 유학의 기회를 얻었다. 동경의 홍문학원(弘文學院)과 선대의학전문학교(仙臺醫學專門學校)에서 수학했다. 국민성 개조를 통한 신중국 건설의 꿈을 꾸며 망명 중인 장병린(章炳麟)으로부터 국학(國學)을 배웠다. 하지만, 27세 때 노일전쟁(露日戰爭)에 관한 기록물을 보고 의학에서 문학으로 전공을 바꿨다. 약소민족들이 보여 준 저항의 발자취에 눈을 뜨며 20세기의 정신을 천착(穿鑿)하기 시작했다. 기독교 문명사로 채워진 유럽의 과거 역사를 철저히 부인하며 그 어디에도 얽매이지 않은 초인(超人)의 출현을 새로운 희망으로 바라본 니체(Nietzsche, Friedrich Wilhelm : 1844. 10. 15~1900. 8. 25)에 심취하기도 했다. 20세기를 이끌어 갈 새로운 세계정신을 찾아내려는 안간힘이었다. 또 그것은 20세기 중국의 새 희망을 찾으려는 몸부림이었다.

형을 따라 일본 입교대학(立敎大學)에서 공부한 동생 주작인(周作人 : 1885~1967)이 그에게 많은 힘이 되어 주었다. 형제가 함께 유럽 각국의 소설을 번역하여 동경에서 〈역외소설집(域外小說集)〉(1909)을 출간했다. 약육강식의 유럽 정치사 속에서 지치거나 쓰러지지 않고 힘 있게 살아가는 지성인들의 저항 정신과 그들의 손에 의해 그려지는 민초들의 고단한 삶을 20세기를 맞은 새로운 중국인들에게 숨김없이 그대로 전달하려는 목적이었다. 노신은 B. M. 가르신의 〈4일(日)〉, L. N. 안드레예프의 〈거짓말〉과 〈침묵(沈默)〉을 번역했다. 주작인(周作人)은 E. A. 포의 〈정적(靜寂)〉, A. P. 체호프의 〈지주 저택에서〉, H. 시엔키에비치의 〈등대지기〉 등 13편을 번역했다.

번역문학의 최고봉으로 평가되는 역작이었지만 겨우 40부만 팔렸다. 그는 28세에 귀국하여 고향에서 교원 생활을 하다가 고향 선배인 채원배(蔡元培)의 도움을 받아 교육부로 전근했다. 그 후 39세(1920)부터는 북경대학과 북경사범대학, 북경여자사범대학 등에서 학생들을 가르쳤다. 훗날 이를 강의록으로 묶어 〈중국소설사략(中國小說史略)〉으로 출간했다. 또한 동생 주작인과 함께 어사사(語絲社), 주명사(朱名社) 등을 만들어 외국 문학 연구를 중심으로 청년들에게 새로운 정신을 불어넣어 주었다.

45세 때(1926)에는 북양군벌(北洋軍閥)의 문화에 대한 탄압이 본격화된 북경을 피해 남하(南下)하여 하문대학(廈門大學)과 광동중산대학(廣東中山大學)에서 학생들을 가르쳤다. 국공 분열 뒤 탄압이 더욱 심해지자 상해의 조계(租界)에 숨어 살며 17세 연하의 제자인 허광평(許廣平 : 1898~1968)과 동거에 들어갔다. 훗날 평생의 반려자이자 동지가 되는 허광평은 북경여자사범대학의 자치위원장이 되었다. 노신이 북경을 탈출할 때 함께 동행한 것이 평생의 인연으로 발전했다. 4년 뒤부터는 중국좌익작가연맹(中國左翼作家聯盟)의 중심인물이 되어 프롤레타리아 문학의 이론을 정립했다.

처녀작인 〈광인일기(狂人日記)〉(1918)에 이어 〈공을기(孔乙己)〉, 〈약(藥)〉, 〈명일(明日)〉, 〈일건소사(一件小事)〉, 〈두발고사(頭髮古事)〉, 〈풍파(風波)〉, 〈고향(故鄕)〉, 〈아큐정전(阿Q正傳)〉, 〈단오절(端午節)〉, 〈백광(白光)〉, 〈토화묘(兎花猫)〉, 〈압적희극(鴨的喜劇)〉, 〈사극(社劇)〉, 〈축복(祝福)〉, 〈재주누상(在酒樓上)〉, 〈행복적 가정(幸福的 家庭)〉, 〈장명등(長明燈)〉, 〈고독자(孤獨者)〉, 〈상서(傷逝)〉, 〈형제(兄弟)〉, 〈제례극(祭禮劇)〉, 〈이혼(離婚)〉, 〈비누〉, 〈조리돌리기〉, 〈까오선생〉 등 많은 작품을 내놓으며 격동기의 중국 민중에게 새로운 메시지(message)를 전했다. 소설집으로 〈눌함(訥喊)〉(14편 수록)과 〈방황(彷徨)〉(단편 11편 수록)이 있고, 산문집으로는 〈야초(野草)〉 등이 있다. 산문집 〈야초(野草)〉에는 '추야(秋夜)', '과객(過客)', '묘비명(墓碑銘)', '제사(題辭)' 등을 수록했다.

특히, 〈아큐정전(阿Q正傳)〉은 세계적인 명성을 얻어 중국문학의 새로운 희망으로 부각되었다. 양실추(梁實秋), 두형(杜衡), 임어당(林語堂) 등과 21세기 중국의 정신사 및 지성사의 한 흐름을 좌우하게 될 문학의 장래를 놓고 격론을 벌이면서도 항상 민중의 삶에 주목하며 그 밑바닥에 흐르는 불굴의 저항 정신을 문학으로 승화시키려 했다. 민중의 삶을 이끌고 가는 에너지(energy)가 바로 저항 정신이라고 본 것이다. 대자연의 쉴 새 없는 도전과 변덕스럽기 한이 없는 역사의 굴곡(屈曲)을 오로지 그 저항 정신 하나로 이겨낼 수 있었다. 희생양을 찾아 공격하는 그런 폭력적이고 파괴적인 저항 정신이 아니었다. 뚜렷한 목표를 내건 그런 목표 지상주의적인 저항도 아니었다. 태어난 이상 행복하게 살아야 한다는 당연한 저항이자 최소한의 요구였다. 수만 년, 수천 년을 이어져 내려온 저항이고 요구이므로 차라리 본능에 가까운 욕구였다. 물이 흐르고, 바람이 불고, 빛이 퍼져 나가는 것 같은 그런 천연적(天然的)인 에너지였다. 노신은 중국 민중의 핏줄과 가슴속에 흐르고 있는 바로 그 욕구와 힘을 문학으로 옮겨 놓고 또 문학으로 다시 꽃피우려 했다.

그는 또 19세기 러시아의 작가인 고골리(Gogoli, Nikolai Vasilievich : 1809~1852)가 43세에 죽기까지 거의 10여 년 동안 고심하며 완성하려 했던 문제작인 〈죽은 넋(Mertvye dushi)〉을 번역했다. 관료 사회의 부패를 통렬하게 비판한 희곡인 〈검찰관(檢察官 : Revizor)〉을 펴낸 후, 조국을 떠나 10여 년 이상 유럽을 떠돌아다니며 쓰기 시작한 문제작이었다. 치열한 현실에 초점을 맞춰 놓고 온몸으로 그 현실에 부딪치며 글을 쓴 고골리의 능동적(能動的)이고 주체적(主體的)인 작가 정신을 중국 민중에게 전하고 싶었던 것이다. 고골리는 〈죽은 넋〉을 통해 농노제에 찌들어 가는 러시아 민중과 민중의 삶과 넋을 갉아먹는 모든 사회악을 풍자적으로 그려냈다. 노신은 사실 중국 민중의 삶을 이끌어 온 '중국의 넋'을 파헤쳐 보려 했던 것이다. 그리고 그 넋이 과연 죽었는지 살았는지를 치열(熾烈)하고 면밀(綿密)하게 가늠해 보려 했다.

노신은 언어의 유희로 일관하는 사치스러운 문학을 배격하고 나날의 현실에 눈길을 주며 민중의 삶을 따라가는 다큐멘터리(documentary) 정신을 지향했다. 작가는 주변 현실과 그 현실 속에서 몸부림치며 돌진하고 저항하는 민중의 삶에서 단 한시라도 눈을 떼어서는 안된다고 보았다. 멋과 기교에 치중하며 한가로운 고급 여

흥으로 끝나고 마는 소수만의 문학을 소굴(巢窟) 밖으로 끌어내려 했다. 그리하여 방황하는 민중을 지도하고 향도(嚮導)하는 실천적인 문학으로 다시 태어나게 하고 싶었다.

대학에서 최초로 중국 소설사를 가르친 후 〈중국소설사략〉을 펴냈다. 역사가들의 견해와 평론을 소개한 후 역대 소설 작가와 작품을 실었다. 그는 중국 소설을 신마소설(神魔小說), 인정소설(人情小說), 협사소설(狹邪小說), 풍자소설(諷刺小說), 견책소설(譴責小說), 흑막소설(黑幕小說) 등으로 분류했다. 유명 작가와 작품뿐만 아니라 알려지지 않은 작가와 작품도 함께 수록해 중국 소설의 변천과 발전상을 더욱 폭넓게 소개하려 했다. 〈고소설구침(古小說鉤沈)〉(사후 1938년에 출간)을 통해 〈소림(笑林)〉, 〈열이전(列異傳)〉, 〈술이전(述異傳)〉, 〈제해기(齊諧記)〉, 〈유명록(幽明錄)〉, 〈한무고사(漢武故事)〉, 〈현중기(玄中記)〉, 〈집이기(集異記)〉, 〈명상기(冥祥記)〉 등 36종의 소설을 수록했다. 또한 〈당송전기집(唐宋傳奇集)〉(8권)을 통해 〈고경기(古鏡記)〉, 〈침중기(沈中記)〉, 〈남가태수전(南柯太守傳)〉, 〈이왜전(李娃傳)〉, 〈앵앵전(鶯鶯傳)〉, 〈녹주전(綠珠傳)〉, 〈양태진외전(楊太眞外傳)〉, 〈유홍기(流紅記)〉 등을 소개했다. 당나라 작품 36편과 송나라 작품 9편을 합쳐 총 45편을 소개했다. 세간에 확산되며 많이 변질되었기 때문에 〈태평광기(太平廣記)〉, 〈문원영화(文苑英華)〉, 〈청쇄고의(靑瑣高議)〉, 〈설부(說郛)〉 등 고전을 중심으로 그 원본과 대조하여 바로잡고 각 편마다 해제(解題) 즉 '패변소철(稗邊小綴)'을 붙여 놓았다.

잡지 '신청년(新靑年)'에 발표한 〈광인일기(狂人日記)〉(1918. 5)는 '주위 사람들이 자신을 잡아먹으려 한다'는 강박관념을 중심으로 전개한 작품이다. 피해망상광(被害妄想狂)의 일기를 통해 낡은 사회의

해묵은 전통과 인습 그리고 유교의 도덕과 가족제도가 안겨 주는 위선과 비인간성을 고발하고 있다. 예전부터 인의(仁義)를 앞세워 사람이 사람을 잡아먹었다고 생각한다. 누이동생의 죽음도 바로 형이 잡아먹은 것으로 확신한다. 자신도 곧 누군가를 잡아먹은 후 결국 누군가에게 잡아먹히게 된다고 굳게 믿는다. 그래서 아직 식인(食人)의 경험을 갖고 있지 않은 아이들을 구해야 한다고 역설한다. 마지막으로 '어린이를 구하라!'고 절규한다. 제목은 고골리(Gogoli)의 동명 작품인 〈광인일기〉에서 따왔다. 유교 사상에 대한 비판과 구어체 문장을 강조한 당시의 신문학사조(新文學思潮)와 맥을 같이하는 작품이다.

'신보(晨報)'의 부록으로 연재되었던 〈아큐정전(阿Q正傳)〉은 신해혁명을 전후한 어느 농촌을 배경으로 하고 있다. 이름도 제대로 모르는 날품팔이 농민이 주인공이다. 혁명당원을 자처하다가 도둑으로 몰려 총살당하고 마는 '아큐(阿Q)'의 운명적 일생을 통해 신해혁명의 절망적인 결말을 신랄하게 꼬집고 있다. 혁명의 폭풍 앞에서도 여전이 지배력을 행사하는 지주(地主)인 조가(趙家)의 군림과 '아큐(阿Q)'를 대비시켜 혁명의 폭풍우에 휩쓸린 민중의 삶을 처절하게 묘사했다. 특히, 저항할 줄 모르면서도 '정신적으로는 내가 이긴 것'이라고 자족하는 '아큐(阿Q)'의 모습을 부각(浮刻)시켜 당시 선각자(先覺者)로 자임하던 많은 지식인을 예리하게 비판하고 있다. 중국 현대문학의 출발점이 된 작품으로 평가받고 있다. 파인(巴人)이라는 필명(筆名)으로 발표했다.

소설집 〈고사신편(故事新編)〉(1936. 1 출간)에 수록된 역사소설인 〈채미(采薇)〉(1935)에서는 주(周)나라의 곡식을 먹지 않겠다며 수양산(首陽山)으로 들어가 고사리를 먹다 죽은 은(殷)나라의 충신인 백이(伯夷)와 숙제(叔弟)의 고사를 주제로 삼았다. 왕도(王道)나 인정(仁政)을 구실로 이웃 나라를 괴롭히는 역사적 발자취를 반인륜적(反人倫的)이고 비윤리적(非倫理的)인 폭력으로 비판했다. 또 〈기사(起死)〉(1935)에서는 장자(莊子)의 무위철학(無爲哲學)을 인용하며 시비(是非)나 애증(愛憎) 표시에 애매모호한 태도를 보이는 것을 비판했다. 그리고 〈비공(非攻)〉(1934)에서는 구름사다리를 만들어 송(宋)나라를 공격하려 한 초(楚)나라의 기술자인 공수반(公輸盤)을 주인공으로 삼고 있다. 묵자(墨子)가 나서서 초나라 왕과 공수반을 설복시켜 전쟁을 막는다는 줄거리를 통해 부질없이 부전(不戰)만 주장하는 무책임하고 비현실적인 지식인들을 비판했다. 한편, 〈이수(理水)〉(1935)에서는 하(夏)나라 때 치수(治水)에 성공한 대우(大禹)의 실사구시적(實事求是的)인 모습을 그려 공허한 이념을 내세우는 유가(儒家)를 비판했다.

〈공을기(孔乙己)〉는 식인적(食人的)인 봉건제도의 구습(舊習)에 죽어 가면서도 끝내 그 모순과 병폐를 분간하지 못한 채 오히려 그 구습의 멍에를 짊어지고 나가려는 한 건달 지식인을 주인공으로 삼고 있다. 또 일인칭으로 기술한 〈고향(故鄉)〉에서는 죽마고우인 윤토(閏土)를 등장시켜 비록 오랜 인습(因習)에 찌들었지만 농민이야말로 미래의 진정한 희망임을 암시하고 있다. 긴 역사를 통해 줄기차게 착취(搾取) 당하고 유린(蹂躪) 당했지만, 흙을 유일한 터전으로 삼은 농촌과 그 농촌을 일구며 뿌리내리고 사는 농민들이야말로 신중국 건설의 진정한 토대(土臺)이자 주인이라고 보았다.

당시 노신의 친동생이자 북경대학 교수인 주작인(周作人)이 편집장을 맡고 있던 잡지 '신조(新潮)'는 '신청년(新靑年)'과 함께 신문학 운동의 진원지(震源地)로서 5·4운동의 기폭제(起爆劑) 구실을 했다.

노신을 비롯하여 엽성도(葉聖陶), 왕경희(汪敬熙), 유평백(俞平伯), 호적(胡適), 강백정(康白情) 등이 문학지 '신조'를 통해 배출되었다.

노신(魯迅)은 유년시절의 사진 뒤에 '장차 조국과 인민을 위해 피와 일생을 바치겠다'고 적어 놓았다. 그리고 자신의 묘비명에서는 '무덤으로 가는 길은 여러 갈래'라고 했다. 일본 유학 시절이던 23세 때(1903)는 만주족 왕조가 치발령(薙髮令)을 내려 250년 가까이 강요했던 체두변발(剃頭辮髮)을 가장 먼저 깎았다. 그는 55년간의 일생을 살며 정말 불꽃같은 삶을 살다가 갔다. 자료가 부족하던 시절에 수많은 고전(古典)을 정리하고 또 교정(矯正)하며 중국의 혼(魂)을 되찾고자 했다. 하지만, 무모한 실험주의나 폭력 혁명에는 반대했다. 민중의 삶을 개선하여 튼튼한 나라를 만드는 쪽에 더욱 많은 관심을 두었다. 그래서 '혁명이란 아무도 죽이지 않고 살리는 것'이라고 역설했다. 복고(復古)와 혁신(革新)과 현상 유지를 모두 비판하며 공허하고 선동적(煽動的)인 주의나 주장보다도 실천적이고 현실적인 이상(理想)을 좇아야 한다고 보았다. 하지만, '잉크로 쓴 거짓이 피로 쓴 진실을 덮을 수 없다'며 현실의 모순과 병폐를 근절하지 않으면 진보와 발전이 불가능하다고 보았다. 희망을 '길'에 비유하며 많은 이가 걸어가면 길이 자연스럽게 닦이듯 모두 깨어나서 멍에를 스스로 벗고자 노력해야만 참된 희망의 큰 길을 개척할 수 있다고 했다.

노신은 깨어 있는 민중에게 희망을 걸었다. 깨어 있는 개개인에게 소망을 걸었다. 깨어 있는 선량(選良 : elite)들에 의해 힘겹게 이끌려 온 역사의 수레바퀴는 이제 깨어 있는 민중(民衆 : people)이 떠맡아야 한다고 보았다. 명군(名君), 명신(名臣), 명장(名將)에 의해 이끌린 역사는 이제 깨어 있는 민중, 깨어 있는 개개인의 손에 맡겨져 있다고 보았다. 민중의 의지가 현인(賢人)의 의지와 같아지고 또 개개인의 목표가 현인(賢人)의 목표와 일치해야만 비로소 미래 역사가 희망으로 다가올 것이라고 역설했다. 노신은 현인과 같아지는 길, 현인이 되는 길을 '깨어 두리번거리며 길을 잃지 않고 스스로 줄기차게 걸어가는 것'으로 보았다. 바로 민중의 삶, 농민의 삶, 최선을 다해 운명을 개척하는 개개인의 삶 속에 현인의 눈과, 현인의 가슴과, 현인의 걸음이 있다고 보았다.

〈아큐정전(阿Q正傳)〉의 아큐(阿Q), 〈고향(故鄉)〉의 윤토(閏土), 〈광인일기(狂人日記)〉의 피해망상광(被害妄想狂), 〈공을기(孔乙己)〉의 건달 지식인, 〈비공(非攻)〉의 묵자(墨子), 〈채미(采薇)〉의 주무왕(周武王), 〈아큐정전(阿Q正傳)〉의 지주(地主) 조가(趙家)…….

이들 모두 노신이 생각하고 꿈꾸었던 깨어 있는 민중과 너무도 거리가 멀었다. 아무리 반대편에 서 있더라도 이들 모두 봉건적 구질서의 희생자들이었다. 지배 계층으로 군림해 왔든, 아니면 피지배 계층으로 짓밟혀 왔든, 이들 모두 현실의 모순과 병폐에 눈을 감고 있거나 아니면 본인 스스로 그 모순과 병폐를 이용하고 있다고 여겼다. 〈고향(故鄉)〉의 '나'만이 깨어 있는 개인이었다. 우선 무엇이 모순이고 병폐인지를 분명하게 알고 있었다. 그리고 어떻게 해야만 그 모순과 병폐를 깨뜨리고 새 길을 열 수 있는지 확실하게 깨닫고 있었다. '아무도 죽이지 않는 혁명, 모두 다 함께 사는 혁명'이 바로 노신이 바라본 참 희망이자 참 혁명이었다.

노신(魯迅)은 주준인(周俊人 혹은 '周樹人')의 필명('巴人'도 사용)이다. 노신은 '무엇을 하든 재빠르다'는 뜻이다. 주준인이라는 본명은 '영웅호걸의 반열에 오를 사람'이라는 의미다. 최소한 그런 배짱과 그런 소질을 타고났다는 뜻이다. 자는 예재(豫才)다. '준비된 재능'이다. 모든 이를 즐겁게 해줄 '예비한 재능'이다. 현실을 밝게 고쳐 줄 그런 낙천적(樂天的)인 '재능'이다. '빠르다'는 필명은 55년 인생을 공분(公憤)과 공의(公義)로 채우며 공기(公器)가 되고자 했던 실천적이고 행동 제일주의적인 노신의 이상(理想)을 엿보게 한다. 본명인 주준인(周俊人)이나 예재(豫才)라는 자(字)는 결코 잠재워 둘 수 없었던 노신의 깨어 있는 이성(理性)과 빛나는 지혜를 엿보게 한다. 일찌감치 조국과 국민의 암울한 현실과 뿌리 깊은 고통을 깨닫고, '마지막 한 방울의 피까지 다 바치려' 굳게 다짐했다. 영웅호걸을 의미하는 '준인(俊人)'과 현인을 뜻하는 '예재(豫才)' 그리고 혁명적 실천력을 암시하는 '신(迅)'이 모두 합쳐져 20세기 신중국의 미래상을 설계하게 만들었다.

평생의 동지이자 반려자였던 허광평(許廣平)은 노신에게 '민중의 삶을 직시하며 신중국 건설의 비전(vision)을 잊지 않도록' 끊임없이 독려하고 격려했다. 또한 네 살 아래 동생인 주작인(周作人)은 평생의 동반자이자 후원자였다. 작인(作人)은 '일으켜 세워 새 길을 걸어가게 하는 사람'이다. 참으로 신기하지 않은가. 또한 광평(廣平)은 끊임없이 혁명적 에너지를 채워 준 반려자였다. 작인(作人)은 형이 바라는 공명정대한 광명 세계를 위해 함께 일하며 등불을 높이 들고 형의 앞길을 비춰 주었다.

장병린(章炳麟: 1868. 12~1936. 6)은 노신이 일본에 있을 때 중국의 참 정신이 무엇인가를 일깨워 준 스승이다. 손문을 도와 그가 주도하는 중국혁명동맹회의 동경 본부에서 기관지인 〈민보(民報)〉의 주필을 맡은 장병린은 13세 연하의 노신에게 신중국 건설을 역설하며 중국 민중 속에서 참 희망을 발견하도록 격려했다. 그는 같은 절강성 출신이라 노신을 특별히 아껴 주었다. 손문과 거리를 두고 원세개에게 희망을 거는 등 한동안 우여곡절을 겪었지만, 신중국 건설을 위한 그의 일념은 변함이 없었다.

장병린(章炳麟)의 이름은 '무늬가 선명한 기린'이다. 미래를 투시하는 눈을 지니고 있었다는 뜻이다. 새로운 중국을 바라보는 통찰력을 지니고 있었다는 뜻이다. 자는 매숙(枚叔)이고 아호는 태염(太炎)이다. 자는 '채찍이 되고 서까래가 되는 사람'이다. 아호는 무시무시하게도 '엄청난 화염(火焰)'이다. 절강성 출신으로, 최고의 학자인 유월(俞樾 : 1821~1906)로부터 실증적인 고증학을 배웠으니 함부로 아호를 정했을 리 없다. 분명히 무슨 저의(底意)가 있어서 태염(太炎)으로 정했을 것이다. 그는 자신의 이름대로 '무늬가 분명한 신중국'을 보여주려 했다. 그리고 자(字)처럼 청년을 가르치는 채찍이 되려 했다. 또 아호처럼 '무시무시한 불기둥'이 되어 청년들을 신중국 건설의 대역사에 내몰려 했다. 노신보다 꼭 4개월 먼저 세상을 떠났다. 스승과 제자가 모두 그쯤이면 사명이 다 끝났다고 본 것인가. 둘 다 신중국 건설을 민중의 손에 맡기고 훌쩍 떠나갔다.

채원배(蔡元培)는 노신으로 하여금 북경으로 진출하여 중원 대륙의 중심에 서서 20세기의 새로운 중국을 그려 보게 한 고마운 선배다. '근본을 북돋운다'는 이름이다. 노신의 자질을 보고 장차 큰일을 할 사람으로 여겼을 것이다. 그래서 발 벗고 나서서 북경으로 오게 했다. 노신은 북경을 무대로 신중국 건설의 진정한 비전(vision)을 발견했다. 그리고 동생과 함께 필명을 날리며 청년계몽(靑年啓蒙)과 민중교화(民衆敎化)에 앞장섰다. 무엇보다도 평생의 반려자인 허광평을 만나 북경을 무사히 탈출할 수 있었다. 부모가 못해 준 도움의 손길을 고향 선배인 채원배가 도맡아 해준 것이다. 진정으로 '북돋우는 손길'이 되어 준 것이다.

국립중앙도서관 출판시도서목록(CIP)

(중국과 중국인의 혼(魂)찾기) 쉽게 풀어쓰는 중국이야기 : 한 권으로 끝내는 중국 역사
〈이름 속에 숨겨진 중국 역사의 비밀〉 / 지은이: 이우각. —— 용인 : 생각과 사람들, 2015
   p. ; cm

ISBN 978-89-98739-26-3 03900 : ₩13000

중국사[中國史]

912-KDC6
951-DDC23   CIP2015004253

한 권으로 끝내는 중국 역사 〈이름 속에 숨겨진 중국 역사의 비밀〉
중국과 중국인의 혼(魂) 찾기, 쉽게 풀어쓰는 중국이야기

2015년 2월 27일 초판 1쇄

지은이	이우각
펴낸이	오준석
교정교열	신동소
디자인	변영지
기획자문	변형규
인쇄	예림인쇄
펴낸곳	도서출판 생각과 사람들
	경기도 용인시 수지구 신봉2로 72
	전화 031-272-8015 팩스 031-601-8015 이메일 inforead@naver.com

· ISBN 978-89-98739-26-3 03900